Nina Ruge
Stefan Wachtel
(Hrsg.)
Achtung Aufnahme!

Nina Ruge
Stefan Wachtel
(Hrsg.)

Achtung Aufnahme!

Erfolgsgeheimnisse
prominenter
Fernsehmoderatoren

ECON

Die Deutsche Bibliothek – CIP-Einheitsaufnahme

Achtung Aufnahme! : Erfolgsgeheimnisse
prominenter Fernsehmoderatoren /
Nina Ruge ; Stefan Wachtel (Hrsg.). –
Düsseldorf : ECON, 1997
ISBN 3-430-17872-X
NE: Ruge, Nina

© 1997 by ECON Verlag GmbH, Düsseldorf
Alle Rechte der Verbreitung, auch durch Film, Funk
und Fernsehen, fotomechanische Wiedergabe,
Tonträger jeder Art, auszugsweisen Nachdruck oder
Einspeicherung und Rückgewinnung in Daten-
verarbeitungsanlagen aller Art, sind vorbehalten.
Gesetzt aus der Lucida Bright
Satz: Heinrich Fanslau GmbH
Papier: Papierfabrik Schleipen GmbH, Bad Dürkheim
Druck und Bindearbeiten: Ebner Ulm
Printed in Germany
ISBN 3-430-17872-X

Inhalt

Vorwort von Nina Ruge 9

Vorwort von Stefan Wachtel 13

Dagmar Berghoff
Nachrichten sprechen, locker und professionell 15

Rudi Carrell
Früher war alles anders 23

Sabine Christiansen
Nachrichten von der Nachrichtenfrau –
der kleine Unterschied? 31

Fritz Egner
(Versteckte) Kameras sind gnadenlos 37

Herbert Feuerstein
Ich und mein Team und ich 43

Joachim Filliés
Die größten Aussprachefehler der Moderatoren 53

Jürgen Fliege
Große Gefühle auffangen 61

Martin Hecht
Das große Versprechen 67

Elmar Hörig
Neue Show – neues Glück 75

Jan Hofer
Moderieren zu dritt 85

Jörg Kachelmann
Der etwas andere Wetterbericht 91

Johannes B. Kerner
Die Sportmoderation 97

Arabella Kiesbauer
Die junge Talkshow – und was, bitte, ist jung? 105

Ulla Kock am Brink
Riesenshow, riesen Aufwand –
und alles sieht so leicht aus 111

Wolfgang Korruhn
Wie machen Sie's eigentlich? 121

Florian Langenscheidt
Vom »nachtClub« zur »Münchner Runde« 137

Ramona Leiß
Von der Moderatorin zum Menschen und zurück 149

Hera Lind
Chaos hinter den Kulissen 155

Wolf von Lojewski
Wer ist die Moderatorin,
der Moderator der Zukunft? 173

Hans Meiser
Fernsehen find' ich blöd 181

Ulrich Meyer
Kein Kuß für Bibi 193

Geert Müller-Gerbes
»Wie bitte?!« zwischen Kult und Quote 199

Jean Pütz
Das trojanische Steckenpferd 205

Andrea Rubio Sanchez
Dame mit Unterleib 217

Gerd Ruge
Verständlich berichten aus einem Land,
das eh keiner versteht 227

Nina Ruge
Wie wär's mit heute Nacht? 235

Max Schautzer
Moderieren vor großem Publikum 251

Birgit Schrowange
Boulevard-Magazin 261

Petra Schürmann
Moderatorin – eine leicht verderbliche Ware? 271

Werner Schulze-Erdel
Die hohe Kunst des Einfachen 279

Claus Seibel
25 Jahre Redakteur im Studio 287

Dénes Törzs
Mit offenen Karten spielen 293

Stefan Wachtel
War ich gut? 301

Ulrich Wickert
Die Kunst der Pointe 311

Roger Willemsen
Am Ende aller Fragen 317

Jörg Wontorra
Bitte melde dich – der Drahtseilakt mit der
Betroffenheit 327

Bücher über Moderation und Moderatoren 336

Vorwort

von Nina Ruge

Dieses Buch hat Ihnen gerade noch gefehlt. Denn es befaßt sich mit einem der letzten Geheimnisse Ihres Privatlebens, liebe Leser. Oder gehören Dagmar Berghoff, Johannes B. Kerner und all die anderen so vertrauten Namen etwa nicht dorthin, in Ihr Privatleben? Geben Sie's doch zu, Dagmar Berghoff sitzt häufiger bei Ihnen im Wohnzimmer als die Schwiegermutter – was nicht unbedingt viel heißen muß –, aber sie sitzt dort vielleicht auch öfter als Ihre besten Freunde. Und seien Sie doch ehrlich! Auf Johannes B. Kerner freuen Sie sich manchmal mehr als auf die eigene Ehefrau – klammheimlich, versteht sich. Frank Elstner mit seinem sanften Lausbuben-Charme – der ist doch auch schon längst Teil der Familie.

Und wie viele von Ihnen am Abend um 21.45 Uhr sehnsüchtig auf den feinen, prickelnden Humor in Wolf von Lojewskis Moderationen warten, darüber liegen nur grobe, aber beeindruckende Schätzungen vor.

Das Schöne an all den Menschen, die in diesem Buch versammelt sind, ist ja: Sie sind immer so wunderbar gleich drauf. Nicht ganz gleich, das wäre schrecklich langweilig. Aber sie schauen aus ihrem Rechteck, das »Fernseher« heißt, erstens stets freundlich heraus, und zweitens auf immer dieselbe Art und Weise. Ulrich Wickert guckt ein bißchen schnoddrig, Alexander Niemetz ein wenig martialisch – Sabine Christiansen ist die Lady mit Biß, und Birgit Schrowange ist so nett, daß einem das Herz übergeht.

Das Schöne also ist: All diese freundlichen Fernseh-Familienmitglieder scheinen genau das nicht zu haben, was uns an den »richtigen« Freunden und Verwandten so oft kirre macht: miese Laune, Niedergeschlagenheit, Streßattacken. Nein, die Fernsehmenschen, die hier im Buch versammelt sind, bei denen haben wir nichts zu befürchten – die sind ganz nah bei uns, und sie sind handzahm, lieb, freundlich-vertraut, Tag für Tag.

Und jetzt wird endlich klar, weshalb Ihnen dieses Buch gerade noch gefehlt hat: Es hilft Ihnen, die ewig-freundlichen Familienmitglieder ein bißchen zu entzaubern. Es verrät Ihnen nämlich mehr über sie als die Klatschpresse üblicherweise serviert: Hier machen die Moderatoren ihre Nähkästchen auf – mal gucken wir metertief in menschliche Abgründe, mal verfangen wir uns in eher unverbindlichem Fernsehgarn. Hier kochen die Chefs selbst, erzählen von den Gefühlen hinter dem freundlichen Gesicht, von Stolperdrähten in den Kulissen, von Handicaps, Niederlagen und – Erfolgen.

Wer von Ulla Kock am Brink weiß, welchen Probenmarathon sie auf dem Buckel – und wie viele Süßigkeiten im Magen – hat, wenn sie in die »100 000-Mark«-Show startet, wer weiß, was Hera Lind an Alpträumen durchstand, um die Talk-Frau zu werden, die sie heute ist, wer von Ramona Leiß erfährt, wie sehr die große Show am Selbstbewußtsein knabbert – der spürt zunächst: Die Frauen« zeigen auch hier, in diesem Buch, die größere Portion Gefühl. Und der denkt beim nächsten Mal, wenn er sie sieht: Ah ja. Der platte Bildschirm kriegt eine dritte Dimension.

Zwei rote Fäden durchziehen das Buch. Der eine heißt: Ach, wie gut, daß niemand weiß ... daß das Moderieren eigentlich 'ne ziemlich komplizierte Sache ist. Wenn Sie das spüren würden, liebe Zuschauer, wär' der Moderator schlecht. Der uralte Zauber jeder Professionalität: die Leichtigkeit, die so schwer zu machen ist, die wird Ihnen von fast allen Autoren, doch jedesmal ein bißchen anders, erklärt. Faden Nummer eins handelt also von der sehr erträglichen Leichtigkeit des Scheins.

Roter Faden Nummer 2: die Macht der Zuschauer. Die Quote, die wahre Herrscherin im Reich des Flimmerns und des Rauschens – mächtiger als jeder Intendant –, launische Tyrannin, die Moderatoren mal mächtig gen Himmel befördert, mal ungespitzt in den Boden rammt. Fast alle Autoren beschreiben Allmacht und Penetranz dieses gestrengen Phantoms. Seine besondere Eigenheit: Es pflegt nicht nachts zu erscheinen, sondern – besonders gemein – dann, wenn wir besonders schutzlos und verwundbar sind, am Morgen danach, nach der Sendung, wenn unser Alltagspanzer noch unbenutzt in der Ecke liegt ... Doch wir beugen uns der Quotenkeule fraglos. Klaglos dann allerdings keineswegs!

Also: 36 sehr vertraute Menschen teilen Ihnen, liebe Leser und Zuschauer, jetzt mit: Wir müssen leicht sein – und Ihr seid mächtig.

Vorwort

von Stefan Wachtel

Menschliches hinter der Mattscheibe ist oft nur aus zweiter Hand zu erfahren. Und manch einer meinte zunächst, man sollte keine Tricks verraten. Diese Insidersicht verrät nun viel von der Hektik des Fernsehens, sehr viel aber auch von der Freude an diesem Handwerk.

Sie zeigt Ihnen, wie Moderatoren einmal angefangen haben, wie sie sich vorbereiten und was sie gelernt haben. Als Moderatoren-Coach hinter der schillernden Kulisse ist meine Aufgabe aber immer auch die Kritik an der TV-Branche. Deshalb bin ich froh, daß in diesem Buch das Fernsehen nicht wie so oft nur sich selbst feiert. Sie werden in den Texten viele selbstkritische, manchmal ironische Betrachtungen finden.
Alle Beiträge sind »frei von der Leber weg« geschrieben. »Achtung Aufnahme« enthält damit Hintergründe aus erster Hand und gewährt einen aufregenden Einblick in das Innere des Fernsehbetriebes.

Ich danke Sabina Bolender für ihren Rat und ihre Ermutigung.

Dagmar Berghoff wurde in Berlin geboren und wuchs in Hamburg auf. Nach dem Sprachenstudium in England und Frankreich besuchte sie von 1964 bis 1967 die Staatliche Hochschule für Musik und Darstellende Kunst in Hamburg. Von 1967 bis 1976 arbeitete sie als Fernsehansagerin, Funksprecherin und Moderatorin beim Südwestfunk Baden-Baden. Während dieser Zeit spielte sie auch in diversen Fernsehfilmen mit, u. a. in dem Tatort »Ein ganz gewöhnlicher Mord«. Seit 1976 ist Dagmar Berghoff »Tagesschau«-Sprecherin und Rundfunkmoderatorin beim Norddeutschen Rundfunk, seit 1995 Chefsprecherin der »Tagesschau«. Immer wieder ist sie als Präsentatorin von Wunschkonzerten, Shows und Galas im Fernsehen zu sehen. Darüber hinaus synchronisiert sie Fernseh- und Videofilme, moderiert öffentliche Hörfunkkonzerte für verschiedene Sender und wirkt in Hörspielen sowie Kabarettsendungen bei Radio Bremen mit.

Dagmar Berghoff

Dagmar Berghoff
Nachrichten sprechen, locker und professionell

Vor kurzem erhielt ich folgenden Brief: »Sehr geehrte Frau
Berghoff, ich möchte mich bei Ihnen als Tagesschausprecher
bewerben. Ich bin Bürokaufmann, sehe gut aus und moderiere in
meiner Freizeit öfter Modenschauen, habe also Erfahrung am
Mikrofon. Wann darf ich mich bei Ihnen vorstellen?«
Ach ja ... ich mußte schmunzeln. Ganz schön viel Selbstbewußtsein, der junge Mann ... aber er steht mit seinen Vorstellungen über den Beruf des Nachrichtensprechers gar nicht so
alleine da. Mancher, der einmal ein Mikrofon in der Hand hatte
oder für einen Freund auf einem Geburtstagsvideo ein Gedicht
fehlerfrei vortrug, ist fest davon überzeugt, genauso mit links
Nachrichten im Fernsehen »vorlesen« zu können.
Was dahinter steht, welche Ausbildung nötig ist, welche Voraussetzungen unbedingt sein müssen, darüber wissen die meisten
Zuschauer nur wenig. Was ihnen professionell, immer live und
möglichst fehlerfrei jeden Tag präsentiert wird, ist das Ergebnis
von Ausbildung und Praxis sowie verschiedenen Fähigkeiten, die
ein Sprecher aber nur zum Teil erlernen kann.
Grundsätzlich gilt für jeden, der im Fernsehen auftritt: Die
Kamera muß ihn lieben. Er muß nicht außergewöhnlich schön
sein, aber er muß eine gewisse Ausstrahlung haben. Die Kamera
ist unerbittlich. Ich habe bei Castings erlebt, daß sehr attraktive
Kandidaten auf dem Bildschirm plötzlich schiefe Nasen, merkwürdige Zähne, unsympathische Münder hatten, oder noch
schlimmer, vollkommen langweilig wirkten, während andere, die
eigentlich eher unauffällig aussahen, sich durch das Auge der

Kamera veränderten, durch ihre Persönlichkeit interessant wurden, irgend etwas Besonderes bekamen.

Die Stimme spielt dabei natürlich eine große Rolle. Eine angenehme Stimme, in der Regel sind das die tieferen Stimmlagen, macht die Hälfte des Erfolgs eines jeden aus, der in diesem Medium arbeitet.

Speziell Nachrichtensprecher müssen seriös und kompetent wirken. Das Abitur ist Voraussetzung, weil eine gewisse Allgemeinbildung benötigt wird. Der Nachrichtensprecher muß verstehen, was er liest, um die Meldungen verständlich über den Schirm zu bringen. Selbst wenn man, wie bei uns, die Texte nicht selber schreibt, sollte man immer einen groben Überblick über die Nachrichtenlage haben, weshalb sich jeder von uns auch im Urlaub informieren muß. Aber das kommt von selbst, ich jedenfalls bin inzwischen fast süchtig nach Informationen.

Sprechunterricht ist wichtig, um erstens mit der Atemtechnik auch über lange Sätze hinwegzukommen, und um zweitens dialektfrei zu sprechen. Einen Anflug von Dialekt würde ich nur bei regionalen Nachrichten akzeptieren.

Außerdem braucht man ein Gefühl für Sprachen, um bei schwierigen ausländischen Namen, Ortschaften, Flüssen eine wenigstens halbwegs richtige Aussprache zu liefern – wenn die Zeit vor der Sendung nicht ausreicht, um in den diversen Lexika nachzuschlagen oder die Botschaften, die Korrespondenten vor Ort anzurufen. Weiß einer von uns überhaupt nicht, wie ein Wort ausgesprochen werden könnte, gilt eine Direktive unseres erfahrenen Off-Sprechers Hans Daniel: »Sprich es schnell und merkwürdig!« Nach der Sendung ist es dann aber Pflicht, die richtige Aussprache herauszufinden und in Lautschrift für die Kollegen aufzuschreiben.

Jeder ausgebildete Sprecher liest 15 Zeilen in einer Minute. Das ist für die Redaktion die Grundlage, anhand derer sie die Länge einer Sendung ausrechnet. Sie besteht aus den Wortmeldungen des Sprechers im Bild sowie den Filmeinspielungen und Korrespondentenbeiträgen, deren Länge bekannt ist. Gibt es viele gleichgewichtige Wortnachrichten, kann es vorkommen, daß wir Sprecher aufgefordert werden, schneller zu lesen, um alle Meldungen unterzubringen. »NS« heißt es dann für uns: »Nicht säumen.« Das bedeutet, 16 Zeilen zu schaffen, was relativ schnell ist. Manchmal werden sogar 17 Zeilen pro Minute verlangt (»SOS NS«), was selbst für einen Profisprecher eine Herausforderung darstellt. Denn er muß trotz der Geschwindigkeit verständlich bleiben, und die Gefahr, sich zu versprechen, ist ziemlich groß.

Konzentrationsfähigkeit, Flexibilität und starke Nerven sind bei allen, die live und aktuell arbeiten, Bedingung. Bei technischen Pannen muß reagiert, bei eigenen Fehlern ein kühler Kopf bewahrt werden. Nichts kann man zurücknehmen, nichts von dem ungeschehen machen, was gerade gesendet worden ist. Eine völlig falsche Betonung beispielsweise oder die kleinen Versprecher, diese überflüssigen »Hakler«, die den Fluß eines Satzes stören. Wenn man nicht aufpaßt, beginnt eine Kettenreaktion: Man ärgert sich über den Stolperer, schaut während des Weiterlesens zurück (was habe ich denn da gesagt??), die Konzentration auf den Text läßt für einen winzigen Augenblick nach – und der nächste Holperer ist vorprogrammiert.

Generell sind solche Verhaspeler kein Grund, an der Qualität eines Sprechers zu zweifeln, aber wenn sie zu häufig vorkommen, muß man sich fragen, ob dieser Mensch der Nervenbelastung des Live-Lesens gewachsen ist.

Ab und zu gibt es Versprecher, bei denen man in der Sekunde des Fehlers entscheiden muß, ob man ihn einfach so stehen läßt, weil er den Inhalt der Nachricht nicht verändert, oder ob er unbedingt korrigiert werden muß. Bei einer Meldung über – aus Versehen – »Bundespräsidentin Rita Süßmuth« wird man sich selbstverständlich auf den wichtigen Unterschied zur »Bundestagspräsidentin« verbessern müssen, ebenso bei einem Streik im »Bankgewerbe«, der tatsächlich im »Baugewerbe« stattfand. Aber hätte ich anstelle von »weitere Gespräche soll es morgen geben« gesagt: »andere Gespräche soll es morgen geben«, würde ich trotz des kleinen Sinnunterschiedes ungerührt weitermachen, und nur ein äußerst aufmerksamer Zuschauer könnte die minimale Verzögerungspause merken, in der meine Entscheidung fiel.

Zum Entzücken der Zuschauer passieren manchmal Versprecher, die wirklich komisch sind: »3000 Demonstranten trafen sich zu einer Prostaktion ... oh, nein, zu einer Protestaktion!!« Oder: »Syrien begann mit dem Truppenruckzuck ... äh ... mit dem Trüppenruckzuck ... verzeihen Sie, mit dem Truppenrückzug.« Oder Wilhelm Wieben: »Auf dem Petersplatz in Rom flogen 10 Briefmarken in die Luft ... oh, Verzeihung ... es waren 100, und es waren auch keine Briefmarken, sondern Brieftauben.«

Hinterher lacht man selber darüber, aber im Moment rauscht einem das Blut durch den Körper, und man muß sich äußerst konzentrieren, um fehlerfrei zu Ende zu lesen. Da ist das Blatt Papier, von dem wir Tagesschausprecher ablesen – während inzwischen alle anderen Fernsehsprecher den Teleprompter benutzen –, eine große Hilfe: nur noch runtergucken, sich am Blatt festhalten, zur Ruhe kommen.

Oft geht es hinter den Kulissen ziemlich turbulent zu. Die Ereignisse überstürzen sich, bereits fertige Meldungen müssen umgearbeitet werden, oder die Redakteure und Sekretärinnen können überhaupt erst in allerletzter Minute schreiben, eilige Tippfehler inbegriffen, und der Sprecher hat gerade mal Zeit, die Sätze zu überfliegen, bevor es aus der Senderegie heißt: »Achtung, 10 Sekunden!« Wenn dann das Rotlicht aufleuchtet, muß er nach außen hin ruhig wie gewohnt die Meldungen lesen, nichts darf bei ihm zu spüren sein von der vorangegangenen Hektik.

Noch eine Fähigkeit ist Voraussetzung, um ein guter Nachrichtensprecher zu werden, und das scheint mir für viele Bewerber das Schwierigste zu sein. Im Gegensatz zu den Anfängen der Fernsehnachrichten, als man noch im Stakkatoton das Neueste aus aller Welt vermittelte, ist heute eine natürliche Sprechweise gefragt – die aber im Ton gegenüber den Meldungen distanziert bleiben muß.

Ein Schauspieler wird aus den Nachrichten ein kleines Fernsehspiel machen, er wird mit Tränen in der Stimme über Unglücke berichten, wird begeistert einen Film über eine interessante Kunstausstellung einleiten und getragen den Beitrag über ein Staatsbegräbnis ankündigen.

Die Aufgabe eines Nachrichtensprechers ist es aber, ohne jeden Kommentar in der Stimme, in der Körperhaltung oder im Gesichtsausdruck die Texte zu lesen, denn das oberste Gebot lautet: Der Zuschauer muß sich seine eigene Meinung bilden können.

Diese Distanz, ohne dabei steif und unmenschlich wie eine Sprechmaschine zu wirken, fällt tatsächlich vielen schwer. Wobei es meiner Meinung nach (Werner Veigel war da anderer Auffassung) durchaus möglich ist, nach einem Filmbericht über einen entsetzlichen Bombenanschlag einen Moment zu verharren, vielleicht zu schlucken, ehe man weiterliest. Oder umgekehrt, das Lächeln über einen witzigen Beitrag, die Rührung zum Beispiel über die Bilder von glücklichen, euphorischen Menschen nach dem Fall der Mauer mit in den ersten Satz der nächsten Meldung zu nehmen. Der Zuschauer empfindet ja ähnlich, er wird sich dabei vielleicht sogar ein wenig mit dem Nachrichtensprecher verbunden fühlen, für den Bruchteil einer Sekunde bilden beide eine Einheit.

Für politische Meldungen allerdings sind selbst solche sparsamen Gefühlsäußerungen verboten. Ein mißbilligendes Augenrollen bei der Bekanntgabe von Wahlergebnissen, ein abschätziges Schulterzucken über eine Entscheidung des Bundestages würde bei uns das Aus für einen Sprecher bedeuten.

Was auch nicht vorkommen darf: in Tränen auszubrechen – oder einen Lachkrampf zu bekommen. Jo Brauner und mir ist das ja schon passiert, aber beide hatten wir Glück dabei. Bei Jo geschah es nach einem Durcheinander am Bildschirm bei den Tagesthemen: wer sollte nun weitermachen, Ulrich Deppendorf oder er. Jo war dran, und in seiner Meldung ging es jetzt um ein Gerichtsurteil wegen eines Mannes, der über mehrere Autodächer gestiegen war, was zusätzlich eine gewisse Komik hatte. Jo kam ins Lachen, versuchte immer wieder dagegen anzukämpfen, was er jedoch nicht schaffte. Bis zuletzt kicherte er sich durch die Meldung.

Bei mir war ein Versprecher, nämlich Boris Becker mit seinem Sieg im »WC ... äh ... T-Turnier« der Auslöser, um anschließend die Lottozahlen total zu verglucksen, zu verprusten, dazwischen erstickt »Tschuldigung« zu murmeln und verzweifelt nach Fassung zu ringen. Die Zuschauer waren hellauf begeistert, noch nie haben so viele Leute am Redaktionstelefon gelacht, aber stellen Sie sich vor, es wäre uns bei einer hochpolitischen oder einer traurigen Nachricht passiert ...

Schwierig war es andersherum einmal für Ellen Arnhold. Sie mußte den Tod von Werner Veigel bekanntgeben, der sie entdeckt hatte, und der für uns alle nicht nur ein geschätzter, sondern ein äußerst beliebter Kollege war. Ellen war den ganzen Tag über den Tränen nahe, am liebsten hätte sie ihren Dienst getauscht, hätte sicher auch jemanden gefunden, der ihn übernommen hätte, aber – und auch das zeichnet einen guten Nachrichtensprecher aus – sie hat die Nerven behalten, hat sich der Situation gestellt und ist trotz tiefster Betroffenheit gefaßt über die gesamten 15 Minuten gekommen.

Unsere Sprechereinsätze beginnen in jeder zweiten Woche, im Wechsel mit dem ZDF, um 5.30 Uhr, und für die späte Schicht enden sie gegen 0.50 Uhr mit dem Nachtmagazin. An Wochenenden, ohne das Nachtmagazin und durch das zeitliche Überziehen bei Showsendungen, kann es aber auch sehr viel später werden, manchmal nach 2.00 Uhr. Jeder von uns muß jeden Dienst akzeptieren, was voraussetzt, daß man es schafft, topfit und konzentriert sowohl am frühen Morgen als auch in der Nacht zu sein. Und solch ein ungeregeltes Leben, das ja nicht gerade förderlich ist für Partnerschaften, Freunde, Theater- und Kinobesuche, in Kauf zu nehmen.

Wir Nachrichtensprecher arbeiten nicht nur im On, also im Bild, sondern auch im Off. Dabei sind wir nicht zu sehen, sondern sprechen aus einem gesonderten kleinen Studio auf die eingespielten sogenannten NiFs, die Nachrichten im Film. Meist sind das kleinere Beiträge von 30 bis 45 Sekunden, die man vorher nicht kennt. Ein gewisses Zeitgefühl und Reaktionsvermögen sind dafür nötig. Wenn der Film beginnt, muß man ebenfalls sofort anfangen, um dann aber vielleicht etwas zu retardieren, damit genau bei Sekunde 14 (wie es im Manuskript steht) der Politiker angesprochen wird, der jetzt erst ins Bild kommt. Dasselbe gilt dann für Sekunde 26, wenn sein Parteigegner zu sehen ist. Wir müssen also während des Lesens ab und zu hochschauen, um die Uhr im Auge zu behalten. Auch das ist etwas, was kaum einer auf Anhieb kann, was aber durch Praxis und Routine erlernbar ist.

Alle Tagesschausprecher haben ihre Erfahrungen als Moderatoren und Nachrichtensprecher im Hörfunk gesammelt, waren vorher Schauspieler, Präsentatoren oder Fernsehansager, und wenn sie sich bewarben oder irgendwann Karlheinz Köpcke, später Werner Veigel auffielen, wurden sie zu einem Casting eingeladen. Obgleich schon Profis, dauerte es dann aber noch seine Zeit, oft zwei bis drei Jahre – in denen sie zunächst bei den kürzeren Sendungen ausprobiert wurden, dann auch schon mal abends bei den Tagesthemen –, bis sie endlich die Hauptausgabe, das Flaggschiff von ARD-aktuell, die 20.00-Uhr-Tagesschau sprechen durften. Einzige Ausnahme war ich, damals 1976 als erste Frau in der Tagesschau. Bei mir ging es schnell, sozusagen von Null auf Hundert: bereits meine dritte Sendung war die Tagesschau um 20.00 Uhr.

Ja, und nun ist es als Chefsprecherin meine Aufgabe, die Bewerbungen zu beurteilen. Rund sechzig waren es bisher, darunter aber nur wenige, die unseren Anforderungen entsprochen hätten, die für uns in Frage gekommen wären. Wir sind im Team komplett, und ich kann leider keinem Talent eine Chance geben, kann es nur im Auge behalten. Mein junger Bürokaufmann wird hoffentlich weiter seine Modenschauen moderieren, sich freuen über das Hobby und seinen festen Job (wir Tagesschausprecher sind alle freie Mitarbeiter) und meine nette Absage längst verschmerzt haben.

© Presseagentur M & K Ulrike Beelitz

Rudi Carrell

Rudi Carrell (eigentlich Rudolf Wijbrand Kesselaer) wurde 1934 in Alkmaar (Holland) geboren. Sein Vater und sein Großvater waren beide im Showgeschäft tätig. Rudi Carrell sprang 1951 bei einem Gastspiel für seinen Vater ein und blieb seitdem im Showgeschäft. Viele Jahre arbeitete er als Entertainer, Zauberkünstler, Bauchredner, Kasperletheaterspieler, Modesprecher usw. in den Niederlanden. 1959 machte ihn ein Fernsehauftritt über Nacht berühmt. Er bekam eine monatliche Fernsehshow, die »Rudi-Carrell-Show«. 1964 gewann er mit einer eigenen Produktion die Silberne Rose von Montreux, womit er auch das deutsche Fernsehen auf sich aufmerksam machte. Von 1965 bis 1973 liefen die deutschen »Rudi-Carrell-Shows« (Radio Bremen, Süddeutscher Rundfunk), 1974 abgelöst von dem Familienquiz »Am laufenden Band«, dessen 51. und letzte Ausgabe am Silvesterabend 1979 zu sehen war. Nach einer kurzen Fernsehpause 1979/80 feierte er 1981 ein Comeback mit »Rudis Tagesshow«. Es folgten »Die verflixte Sieben«, »Herzblatt« und – ab 1988 –

die neue »Rudi-Carrell-Show«. Seit 1992 moderiert er bei RTL die Sendungen »Rudis Urlaubsshow« und »Rudis Hundeshow«, darüber hinaus gehört er zum festen Team der Sendung »7 Tage – 7 Köpfe«. U. a. Erfolg hatte Rudi Carrell auch als Plattenstar; das Lied »Wann wird's mal wieder richtig Sommer?« von der LP »Rudi Carrell« wurde ein Hit. Rudi Carrell ist verheiratet und hat zwei Töchter und einen Sohn. Er lebt in der Nähe von Bremen.

Rudi Carrell

Früher war alles anders

Die Shows der Neunziger

Als Uwe Seeler 1966 Vize-Weltmeister wurde, war er überglücklich. Er hätte aber noch glücklicher sein können, wenn er dreißig Jahre später geboren wäre, wenn er also im Jahre 1994 Vize-Weltmeister geworden wäre. Dann hätte er nämlich mehrere Millionen verdient. Damals mußte er beim HSV noch Mitgliedsbeitrag bezahlen.

Auch ich bin finanziell gesehen zu früh geboren. Für »Am laufenden Band« – die erfolgreichste Show im deutschen Fernsehen der Jahre 1973 bis 1979 – bekam ich für einen Monat Arbeit und Streß vor jeder Sendung 15 000 DM brutto. Heute erhalten junge Showmoderatoren bis zu 100 000 DM pro Sendung. Ohne daß sie sich, was den Inhalt der Sendung angeht, selbst Gedanken machen müssen. Trotz alledem bin ich nicht neidisch. Im Gegenteil! Die junge Generation von Showmastern müßte es sein, weil wir: Kuhlenkampf, Frankenfeld, Peter Alexander und ich, das ganze Volk vor dem Fernseher versammelten. Vater, Mutter, Kinder, Oma und Opa aus allen Schichten der Bevölkerung. Am nächsten Tag wurde bei der Arbeit, in der Kneipe oder in der Schule über die Show vom Vorabend geredet. Noch immer werde ich auf der Straße am häufigsten wegen »Am laufenden Band« angesprochen. Also bin ich doch nicht zu früh geboren. Ich hatte das große Glück, an diesem »Ereignis-Fernsehen« mitwirken zu können.

Die Quote entscheidet alles, nicht nur heute, auch damals war das ansatzweise schon so. Im April 1978, als man gerade mit dem Quotenzählen begann, hatte ich mit »Am laufenden Band«

Spitzenwerte von 64 Prozent – das ist mittlerweile nicht mehr möglich. Zu erklären ist das nicht nur mit der geringen Zahl von Fernsehprogrammen, sondern auch damit, daß ich damals alle angesprochen habe. Das werden meine jungen Kollegen nie mehr erleben.

Es ist nicht einfach, heutzutage neue Showmoderatoren zu finden. Kuhlenkampf, Frankenfeld, Hans Rosenthal usw. hatten schon jahrelang Radioshows moderiert oder waren – so wie ich – über die Dörfer getingelt. Wir wußten, worüber die Leute lachten.

Früher hieß es bei Sitzungen für neue Programme: »First the man, then the show.« Heute werden Konzepte erfunden, gekauft oder geklaut. Und dann heißt es: »Ja, aber wer moderiert das?« »Kai Pflaume«, ruft jemand. »Und wer ist das?« »Der war doch mal Kandidat bei ›Herzblatt‹.« Bei seiner Hochzeit im August 1995 waren 100 Fotografen anwesend. Er ist nett, charmant und spricht richtiges Deutsch, aber ich warte immer noch auf den ersten Gag aus seinem Munde.

Ein Talent erkennt man daran, daß es sofort beim Publikum ankommt. Manchmal brauche ich nur ein paar Sekunden, um zu merken, ob jemand eine große Karriere machen wird oder nicht. Suchen kann man Talente nicht; die meisten, die ich entdeckt habe, liefen mir einfach so über den Weg.

Marc Conrad, Programmdirektor bei RTL, sagte mir einmal: »Ich finde nicht mal einen Moderator für eine ›Klosendung‹.« Dabei hat er Olli Dittrich entdeckt (ein großes Talent und Starparodist bei »RTL Samstagnacht«). Olli hatte zuvor bereits 15 Jahre lang in Bierzelten »geackert« und seine Witze gemacht. Der weiß auch, worüber die Leute lachen.

Aber selbst wenn bei einem jungen Showmaster ein gewisses Talent vorhanden ist, wer soll ihm zeigen, wo's lang geht? Richtig gute Unterhaltungschefs gibt es nicht mehr, und mit den heutigen Redakteuren habe ich nur Mitleid. Sie sind nicht ausgebildet und total überfordert in einer Fernsehwelt, die sich ständig verändert und in der mittlerweile nur noch die Quoten zählen.

Axel Beyer war der beste Redakteur, den ich je hatte. Er betreute »Rudis Tagesshow«, »Die verflixte 7« und meine »Laß-dich-überraschen-Show.« Jetzt ist er Unterhaltungschef beim ZDF. Aber wie soll er bei rund fünfzig Fernsehshows im Monat noch den Überblick behalten?

Ulrich Brock hat sein erstes Geld als Requisiteur bei »Am laufenden Band« verdient und damit sein Studium finanziert. Dann wurde er Regieassistent und machte später als Regisseur meine »Überraschungsshow« zu einer Weltklassesendung. Jetzt ist er bei SAT.1 zuständig für alle Prime-Time-Unterhaltungssendungen – ohne gute Moderatoren eine äußerst schwierige Aufgabe. Und so könnte ich noch hundert Namen nennen von Leuten, die irgend etwas bei »Carrell« gemacht haben und jetzt versuchen, das Fernsehen neu zu erfinden. Sie scheitern fast alle, denn ihr Erfolg ist abhängig vom Moderator, und erstklassige finden sie nicht. Aus Verzweiflung setzen sie auf Sportmoderatoren wie Jörg Wontorra, Gert Rubenbauer usw. Aber wie wollen die wissen, wer »trotzdem lacht«?

Hape Kerkeling, für mich das größte Unterhaltungstalent im deutschen Fernsehen, habe ich mehrmals angeboten, ihn zu beraten. Ich wollte an ihn weitergeben, was ich in drei Jahrzehnten von meinem Berater gelernt habe. Hape ist mittlerweile aber von mehreren Redakteuren kaputtgemacht worden; er hat sich auf Leute verlassen, die von unserem schwierigen Beruf keine Ahnung haben. Er wollte unbedingt seine eigenen Wege gehen und moderierte eine Pleite nach der anderen. Schade!

Meinen Berater bekam ich 1960 vom holländischen Fernsehen, den Engländer Leslie Roberts. Mein Programmdirektor wußte, daß es in Holland viele Talente gab. Es fehlten jedoch Regisseure und Redakteure, die an das »Know-how« der englischen Fernsehunterhaltung anknüpfen konnten. Durch einen Zufall traf er Leslie, der als Regisseur bereits jahrelang Erfahrung in allen Bereichen des Showgeschäfts gesammelt hatte (Benny-Hill-Shows, wöchentliche Billy-Cotton-Shows). Als er mir vorgestellt wurde, wußte ich sofort: das wird mein künstlerischer Vater. Er blieb es dreißig Jahre lang, zuerst in Holland und dann ab 1965 in Deutschland. Er brachte mir das bei, was das Wichtigste in der Unterhaltung ist: Wärme. »Rudi, always be the nice boy next door.« Sei immer der nette Junge von nebenan!

Hier ein paar Beispiele:

Er: »Rudi, hast du gerade etwas gesagt wie: Ich hasse Leute, die ...?«

Ich: »Ja!«

Er: »Sag lieber: Mein Nachbar haßt ..., und mach dann den Gag.«

Er: »Warum machst du deinen Auftritt am Anfang der Show vom Publikum aus gesehen immer von rechts?«

Ich: »Weiß ich nicht.«

Er: »Mach den Auftritt immer von links.«

Ich: »Ja, aber warum?«

Er: »Weil die Sonne links aufgeht.«

Ich: »Ich mache nie wieder eine Show mit Juden, Negern oder Schwulen.«

Er: »Dann kannst du einpacken!«

Dem Humor sind im deutschen Fernsehen enge Grenzen gesetzt. Meine »Tagesshow« erregte mehrmals den Unmut von Politikern. Daß die Iraner einen Gag unbedingt mißverstehen wollten und daraufhin den Geschäftsträger und Kulturreferenten der deutschen Botschaft auswiesen, ist weniger verwunderlich als ein Brief, den Helmut Kohl an die ARD schickte – noch vor Ausstrahlung der betreffenden Sendung. Und das, obwohl ich Träger des Bundesverdienstkreuzes Erster Klasse bin.

Politiker hin oder her, den Humor einer Show fürs Massenpublikum müssen möglichst viele Leute verstehen. An Harald Schmidt zum Beispiel scheiden sich die Geister. Er ist vor seiner Fernsehkarriere lange Zeit getingelt, allerdings nur vor Kabarettpublikum, also vor Menschen, die seine spitze Zunge und seine scharfen Sprüche mögen. Vielleicht ist das eine zu schmale Basis, um ein Massenpublikum mit einer Late-night-Show vom Abschalten abzuhalten.

Bevor Johnny Carson, der größte Talkmaster aller Zeiten, Karriere machte, tingelte er als Zauberkünstler durch Schulen und Altersheime. So ein Mann kann mit jedem talken. Ein Kabarettist kann das nicht. Der gute Showmaster muß außer der Fähigkeit, Gags zu produzieren und mit jedem sprechen zu können, noch ein paar andere Fähigkeiten mitbringen: überzeugende Gestik, bewegliche Sprache, vor allem Liebe zum Publikum. Das alles sind Dinge, die man nicht lernen kann.

Ich werde oft gefragt, wie es meiner Meinung nach mit der Fernsehunterhaltung weitergehen wird. Ich meine, das Tempo spielt eine große Rolle, die immer knapper werdende Zeit. Die große Samstagabend-Show mit einer Länge zwischen 90 und 120 Minuten wird es nicht mehr geben. Nur kurze Shows um eine gute Idee herum haben noch Zukunft, wie z. B. »Herzblatt«, »Wie bitte?!«, »7 Tage – 7 Köpfe« oder »Sitcoms« mit einer Länge von einer halben Stunde.

An meinen Freiräumen hat sich nichts geändert, mein Mitgestaltungsspielraum ist noch genauso groß wie früher. Er ist eher noch größer geworden. Das Negative daran ist, daß seit dreißig Jahren immer, wenn Probleme auftauchen, der Satz fällt: »Rudi macht das schon.«

Und noch immer fühle ich mich in meinen aktuellen Shows sauwohl. Das hat auch damit zu tun, daß ich in der Vorbereitung professioneller geworden bin. Früher war das Drehbuch erst nach der Sendung fertig, heute mache ich mir manchmal ein Jahr im voraus Gedanken. Für das, was wir heute an einem Tag im Studio schaffen, brauchten wir früher eine ganze Woche. Auch ich habe mich an das neue Tempo gewöhnt – und ich muß gestehen, es gefällt mir. Überhaupt ist technisch heutzutage alles besser als früher. Nur, über Technik lacht niemand!

Mein Herz hängt nicht mehr an der Fernsehunterhaltung. Ich habe alles gemacht und alles erreicht, was möglich ist. Nur für das Infotainment hätte ich noch ein paar schöne Ideen. Selbstverständlich liebe ich noch immer das große Showgeschäft, z. B. ein Konzert von Barbra Streisand, den drei Tenören oder einen Super-Zirkus. Nur bin ich vom Fernsehen zu stark »versaut« worden, um mich in diese Richtung noch einmal zu bewegen. Schwer zu sagen, ob ich noch etwas dazulernen kann. Eher kaum. Vielleicht kann man es so sagen: Ich mache neue Fehler und die anderen machen alte.

In den letzten Jahren habe ich mehr Fernsehunterhaltung als Showbiz gemacht. 128 x »Herzblatt«, 30 x »Rudis Urlaubsshow«

und 22 x »Rudis Hundeshow«. Übrigens, meine Zuschauer gehören nach wie vor allen Generationen an. »Rudis Hundeshow« sehen viele Kinder, »Rudis Urlaubsshow« alle Generationen mit Ausnahme der älteren Zuschauer – die weigern sich schon wegen der Werbung, RTL zu gucken. »7 Tage – 7 Köpfe« dürfte ebenfalls mehr jüngere als ältere Zuschauer haben. Und wenn Marc Conrad will, mache ich auch noch eine »Klosendung«, denn wenn es sechs Monate lang regnet oder friert, muß ich etwas zu tun haben. Am liebsten moderieren. Aber auch für mich wird es immer schwieriger.

© Jim Rakete

Sabine Christiansen wurde 1957 in Preetz/Holstein geboren. Nach ihrem Abitur arbeitete sie von 1976 bis 1983 als Flugbegleiterin bei der Deutschen Lufthansa. Ihre journalistische Ausbildung machte sie zwischen 1983 und 1985 beim Norddeutschen Rundfunk in Hamburg (Hörfunk/Fernsehen) im Bereich Politik und Wirtschaft. Anschließend war sie Redakteurin und Moderatorin im Landesfunkhaus Hamburg. Seit 1987 ist sie Redakteurin bei ARD-aktuell und Moderatorin der »Tagesthemen«. 1993 strahlte das ARD die Fernseh-Dokumentationsreihe »Bericht: Sabine Christiansen« aus, 1994 jeweils einen von ihr gemachten Beitrag für »Gott und die Welt« und für die »N3 – Reportage«. Auch als Buchautorin ist Sabine Christiansen hervorgetreten: Gesprächsbuch mit Prof. Dr. Karl Carstens, 1990; »Hoffnung hat viele Gesichter«, 1994. Sabine Christiansen ist Mitglied im deutschen Komitee der UNICEF. Seit 1994 ist sie mit Theodor Baltz verheiratet.

Sabine Christiansen

Sabine Christiansen

Nachrichten von der Nachrichtenfrau – der kleine Unterschied?

»Im August 1987 ging ein Aufschrei durchs Land. Das deutsche TV-Nachrichtengewerbe – eine Männerbastion par excellence – bangte um seine Reputation, als die damals gerade 30jährige Sabine Christiansen ihren Job bei den TAGESTHEMEN antrat. Für die grauhaarigen Herren mit ihren oftmals selbstverliebten Wortkompositionen begannen harte Zeiten. Frauen bringen frischen Wind in die Nachrichtenredaktionen – und das Publikum weiß es zu schätzen.«
Soweit die Autorin Monika Schiffer in »das Erste«.

Nachrichten von der Nachrichtenfrau, das war zu Beginn meiner Tätigkeit bei den TAGESTHEMEN vor fast zehn Jahren noch etwas ganz Besonderes. An keinem anderen Platz im deutschen Fernsehen saß zu der Zeit eine Frau, welche dem Zuschauer als Moderatorin bundesweit abend für abend politische Informationen vermitteln sollte. Meine Vorgängerinnen auf diesem Platz hatten ausgezeichnete Vorarbeit geleistet – in die Schuhe mußte ich erst einmal hineinwachsen.
Die ARD-Fernsehgewaltigen zeigten Mut: erstens eine junge, 30jährige Frau auf diesen Posten zu setzen und zweitens, ihn überhaupt für ein weibliches Pendant zum »Anchorman« zu reservieren. Kein anderer Sender – und ernst zu nehmen war damals in Sachen Information nur noch das ZDF – traute sich, eine Frau mit einer vergleichbar verantwortungsvollen Position in diesem Bereich zu betrauen.
SAT.1 versuchte 1987 noch mit einer Mischung aus »Boulevard«

und der »deutschen Schlagerparade« ihre Nachrichten auf Neuzeit zu trimmen. Und weil es so schön bunt sein sollte, durfte dem »Anchor« eine weibliche Co-Moderatorin für die heiteren Nachrichten des Tages zur Seite stehen. Nie zuvor wurde der Begriff »Newsshow« (damals das neue Zauberwort) gründlicher mißverstanden!

Trotzdem – mit Beginn der kommerziellen Sender in Deutschland hat sich die Präsenz von Frauen auf dem Bildschirm maßgeblich geändert. Die männlichen Kollegen wurden zunehmend durch Moderatorinnen ersetzt. Plötzlich gab es Nachrichtenfrauen, Talk-Masterinnen, Magazin-Moderatorinnen etc. Im Nu eroberten sie die Fernsehwelt. Neue Chancen taten sich auf. Aber wir alle wurden fast ausnahmslos von Mannes Gnaden vor die Kameras gesetzt. Daran hat sich bis heute nicht viel geändert. Immer noch setzt »Mann« gern nett aussehende »Frau« ein. Sind die alten Klischees also nur überschminkt?

1987, als ich bei den TAGESTHEMEN begann, da war eine Frau in der politischen Fernsehinformation noch eine absolute Ausnahmeerscheinung. In der regionalen Berichterstattung akzeptiert und vom Publikum geschätzt zu sein heißt nicht, bundesweit reussieren zu können. Meine gesammelten Lehrjahre und Erfahrungen in diesem Bereich galten nach außen plötzlich nichts. Sie wurden weggewischt. Übrig blieb eine Art »Wonderwoman«: von der Stewardeß zur ARD-Anchorwoman. Der Wind blies der neuen »Steuerfrau« des Nachrichten-Flaggschiffs hart ins Gesicht.

Die öffentliche Aufmerksamkeit war groß und die Beobachtung durch die Kritiker messerscharf. Viele Kolleginnen haben mir zu der Zeit gesagt, daß sie nicht willens gewesen wären, diesen Spießrutenlauf mitzumachen. Und dennoch folgten – glücklicherweise – mehr und mehr Frauen.

Heute moderieren die Kolleginnen in der ARD vom MORGEN- übers MITTAGSMAGAZIN, von BRISANT bis zum NACHTMAGAZIN – eine ganz selbstverständliche Sache. Im ZDF zeigt sich ein ähnliches Bild – mit einer Ausnahme: das HEUTE-JOURNAL. Dort moderieren nach wie vor drei männliche Kollegen. Dennoch: Eine neue Generation selbstbewußter und kompetenter Nachrichtenfrauen ist überall herangewachsen.

Bei den privaten Sendern dagegen hat sich das Bild verkehrt. Mag man auch von früh bis spät Frauen durch Dutzende von Sendungen führen sehen – sie dominieren jedoch eindeutig im Unterhaltungs- und Infotainmentbereich.

Die Nachrichtensendungen bei RTL und SAT.1 bleiben auf dem Bildschirm eine Männerdomäne. Hier möchten die Privaten besonders seriös erscheinen – und dafür müssen wieder die Männer ran. Was hat »er« denn, was »sie« nicht hat?

Oder sollte man die Frage lieber umgekehrt formulieren – die weibliche »Note« bei den harten News, gibt es sie? Ja, sie existiert in vielschichtiger Form. Nicht jeden Tag lassen sich eindeutige Beispiele als Beleg für diese Behauptung heranziehen – aber das stärkere Vertrauen in Emotionen, die Beharrlichkeit, die dem weiblichen Geschlecht auch oft zu eigen ist – diese beiden Eigenschaften erweisen sich vor allem bei Interviews als sehr förderlich.

Es gilt, auch in einer politischen Sendung, Stimmungen Rechnung zu tragen. Stimmungen der Gesprächspartner, Stimmungen der Zuschauer.

Was mir jedoch weitaus wichtiger erscheint als das weibliche Element in der Moderation, ist die starke Präsenz von Frauen in den Nachrichtenredaktionen. Hier werden die Themen ausgewählt, wird über ihre Aufbereitung entschieden, werden die GesprächspartnerInnen ausgesucht – kurzum: die Sendung entschieden.

Das Zahlenverhältnis von Journalistinnen zu ihren männlichen Kollegen in den meisten Redaktionen hat sich – nicht zuletzt durch die Quotierungen – ausgeglichen. Dieses Verhältnis gilt nicht für Führungspositionen.

Die Medienwirklichkeit in den Chefetagen sieht nach wie vor düster aus: Ausnahmeerscheinung Chefredakteurin, Programmdirektorin, Geschäftsführerin, Intendantin. Erst wenn an diesen Schaltstellen der Macht mehr Frauen mitbestimmen, wird es sich erweisen, ob sie »anders« Programm machen.

In den Redaktionen hat mit der Präsenz vieler Kolleginnen auch ein neuer Arbeitsstil Einzug gehalten. Teamgeist, Innovationsfreude und Sensitivität brechen starre Fronten auf.

Neue Themen kommen auf den Tisch, andere Betrachtungs- und Herangehensweisen lassen sie in veränderter Form zur Sendung kommen. Vor der Kamera sind die Unterschiede bei der Arbeit weniger am Geschlecht zu definieren. Sie liegen mehr in der Persönlichkeit und Professionalität des Moderators/der Moderatorin.

Ein Blick in die Redaktionen von TAGESTHEMEN und TAGESSCHAU zeigt heute eine starke Frauenpräsenz. Das ist noch nicht sehr lange so. Als ich 1987 begann, gab es eine weitere Kollegin in der Abteilung »Planung«. Und selten kam im Schichtdienst noch einmal eine Redakteurin hinzu. In den letzten Jahren hat sich jedoch im Zuge eines Generationenwechsels und neuer Stellenausschreibungen der Anteil der Kolleginnen deutlich erhöht. Heute gibt es nicht wenige Moderationswochen, in denen das weibliche Geschlecht im Team dominiert. Diese Tatsache wirkt sich auch auf die Inhalte der Sendung aus. Die Beispiele dafür sind zahlreich und beziehen sich nicht nur auf eine verstärkte Präsenz sogenannter Frauenthemen im Programm.

Also, die Nachrichtenfrau – vor oder hinter der Kamera –, sie hat sich etabliert. Sie hat keinen leichten Job. Jeden Tag ist er eine neue Herausforderung, jeden Tag hält er neue Themen, neue Schwierigkeiten, neuen Streß bereit. Aber für mich ist es immer ein Traumjob geblieben.

Und den kleinen Unterschied ...? Den haben am Ende Sie, die Zuschauer, schon längst herausgefunden.

© SAT.1/Boris Trenkel

Fritz Egner wurde 1949 in München geboren. Er arbeitete zunächst als Studiotechniker und Gelegenheitsmoderator, bevor er 1979 zu Warner Bros. nach München ging. Er arbeitete dort bis 1984 in der Abteilung Musikverlag. Ab 1978 moderierte er diverse Hörfunk- und Fernsehsendungen, darunter den »Pop Club B3«, »Fritz & Hits«, »Black Friday« (alle beim Bayerischen Rundfunk), die »ZDF-Rocknacht« und für die ARD »Dingsda«. Hinzu kamen die Jahresrückblicke 1990 bis 1993 (gemeinsam mit Hanns-Joachim Friedrichs bzw. Ulrich Wickert) sowie »Showfritz«. 1994 wechselte Fritz Egner zum ZDF und moderierte die Sendungen »Voll erwischt«/»Versteckte Kamera«, »Klassentreffen«, »Die Glücksspirale« u. a. Nach seinem Wechsel zu SAT.1 (1995) übernahm er die Moderation u. a. folgender Sendungen: »XXO – Fritz & Co«. »Die witzigsten Werbespots der Welt« und – ab Dezember 1996 – »Die Weltgeschichte des Tierfilms«.

Fritz Egner

Fritz Egner

(Versteckte) Kameras sind gnadenlos

Über bösartige Fallen, prominente Opfer
und Moderatoren

»Die Komplexität, unsere Profession zu exemplifizieren, liegt
vor allem darin begründet, daß wir sie gerne komplexer definieren als notwendig.«
Wer einen Artikel oder eine Moderation so beginnt, der muß sich
kaum Gedanken machen, wie er weiterschreiben oder -sprechen
soll, denn er hat kaum noch Leser oder Zuhörer, die ihm folgen
wollen. Sich oder das, was man sagt, künstlich aufzublähen, ist
eine immer wieder zu beobachtende Untugend. Der Rund-
funkjournalist Walther von La Roche, den ich beim Bayerischen
Rundfunk kennenlernen durfte, und Hanns-Joachim Friedrichs,
den ich über alles schätze, rieten mir, z. B. auch Synonyme bis an
die Grenze des Erträglichen zu meiden. Aber selbst die besten
Ratschläge gilt es erst einmal umzusetzen.
Geschwätzigkeit schleicht sich nur zu gern in Moderationen, vor
allem wenn man das, was man sagt, erst formuliert, während
man es sagt, oder wenn man eine Moderation außerhalb des Studios vor einem sich verändernden Hintergrund richtig plazieren
will. Meine Schulaufgaben diesbezüglich machte ich für die ARD-
Serie »Showfritz« und vor allem für die Moderation zur »Weltgeschichte des Tierfilms«.
Ich war gut vorbereitet, nur die Gorillas im Regenwald Zaires
wollten sich nicht nach mir richten. Fachautor, Zoologe und Ver-
haltensforscher Uwe Schmid lieferte die Fakten. Nie hätte ich
gedacht, daß es so schwer ist, ein paar gerade Sätze zu formulieren, wenn drei Meter hinter einem ein riesiger »Silberrücken«,
der Chef einer Gorillahorde, sitzt und unbehaglich grunzt. Die

Angst, sich ausgerechnet in dem Moment zu versprechen, in dem die Lichtverhältnisse dem Kameramann gefallen, der Gorilla richtig sitzt und der Tonmann mit dem Windgeräusch am Mikrofon zufrieden ist, kann einem bisweilen den Hals zuschnüren.

Regisseure lieben es ohnehin, wenn es kompliziert wird. An Tokios U-Bahn-Knotenpunkt Shinjuku zwischen Tausenden von Umsteigern um sechs Uhr morgens zu moderieren, war so eine Regieidee. Das Bild war letztlich toll, ich aber sah – unterstützt durch das Neonlicht und die frühe Stunde – aus, als hätte man mir gerade den Magen ausgepumpt. Am Strand von Rio meinte man es besser mit mir. Ich sollte eine längere Passage in die Kamera sprechen, während halbnackte Brasilianerinnen an mir vorbeistolzierten. So oft wie da habe ich mich selten versprochen. Wir mußten den Text schließlich kürzen, die Damen verloren nämlich die Lust, die Szene dauernd zu wiederholen.

Ich halte mich oft in den USA auf und hatte während meiner Tätigkeit für den US-Musikkonzern Warner Brothers immer wieder Kontakt zu den dortigen Medien und deren Protagonisten. Am US-TV kann man gut ablesen, wie die Fernsehlandschaft hierzulande bald aussehen wird. Aber nicht nur die, denn das Fernsehen hat maßgeblichen Anteil auch an politischen Entwicklungen. Ohne seine TV-Präsenz hätte z. B. Pat Buchanan nie den Hauch einer Chance gehabt, als Anwärter auf das Präsidentenamt ernst genommen zu werden. Ross Perot, der seine Kandidatur bei »Larry King Live« über CNN ankündigte, wäre ebenfalls ohne seine Fernsehpräsenz kaum beachtet worden.

Das US-Fernsehen war von Anfang an dem gnadenlosen Konkurrenzkampf des kommerziellen Fernsehgeschäfts ausgeliefert. Ein Kräftemessen, ein Verdrängungswettbewerb, den wir bei uns seit einigen Jahren nun auch spüren. Daß sich aber bei uns genügend Leute finden, die vor laufender Kamera ihr Innerstes, Privatestes entblößen, wie es in den USA üblich ist, das hätte ich nie geglaubt. Überhaupt hätte ich so manche Wette verloren. Daß tägliche Soap operas schlichtesten Zuschnitts vier Millionen und mehr Zuschauer finden, lag außerhalb meiner Vorstellungskraft. Talkshows mit ehemaligen Printjournalisten, die sich

Schaukämpfe liefern, sich konservative oder liberale Standpunkte aneignen, sind bei uns noch nicht so häufig zu sehen wie in den USA. Aber vielleicht wird das bald anders. Die Herren, selten Damen, genießen es, aus der Anonymität ihrer Redaktionsbüros auszubrechen. Ihr Marktwert steigt mit der Häufigkeit ihrer TV-Auftritte. Firmen laden die »Journalisten« zu ihren Tagungen als Redner ein, und auf die Weise bessern diese sich ihre Gage auf. Wer Interesse an der US-Talkkultur hat, dem empfehle ich das Buch »Hot Air« von Howard Kurtz. Ein Blick in die US-Gegenwart und die mittelfristige Zukunft bei uns. Inhalte sind nur noch Nebensache, Marktanteile entscheiden über Leben und Tod einer Sendung.

Wenn sich zwei TV-Leute heute treffen und man erkundigt sich nach dem Befinden des jeweils anderen, ist die Antwort häufig: »Recht gut, wir hatten gestern 23 Prozent.« Ich erinnere mich mit gemischten Gefühlen, nachträglich belustigt, damals verärgert, über ein Schreiben von Wolf Feller, dem ehemaligen Fernsehdirektor des Bayerischen Rundfunks. Er setzte die Serie »Showfritz« ab mit der Begründung, 17 Prozent Marktanteil sei zu wenig. Im Gegenprogramm war Boris Beckers Wimbledon-Endspiel gelaufen! Heute sind 11 Prozent nicht schlecht, und in ein paar Jahren wird man sich bisweilen mit noch weniger begnügen müssen.

»Showfritz«, eine Dokumentation über das Unterhaltungsfernsehen in anderen Nationen und somit über andere Mentalitäten und Gesellschaftsordnungen, war ein hochinteressantes Projekt. Brasilien, Japan, Italien, Holland, England waren die Stationen. Sehr unterschiedlich sind die jeweiligen Fernsehangebote dort, allerdings habe ich einen gemeinsamen Nenner gefunden: die Schadenfreude. In unterschiedlicher Ausprägung natürlich – nicht überall ist sie so wie in Japan und Brasilien, aber im allgemeinen amüsiert man sich vom bequemen Fernsehsessel aus köstlich über die mißliche Lage anderer.

Die »Versteckte Kamera« verdankte ihren Erfolg von jeher der boshaften Freude am Fallenstellen. Ich hatte bei den Dreharbeiten immer feuchte Hände. Wird es gutgehen? Wird der Geleimte so reagieren, daß man darüber lachen kann? Fang ich mir einen

Anschiß oder gar eine Ohrfeige ein? Mit zwei Ausnahmen ging immer alles gut. Den Zuschauern gefielen zum überwiegenden Teil die Späße. Der zusätzliche Kick waren die prominenten »Opfer«. Sie kennt man in der Regel nur in ihren Rollen. Nun sieht man sie plötzlich unbefangen, außer Kontrolle und in Situationen, die man selbst lieber nicht erlebt. Da man die Damen und Herren des »öffentlichen Lebens« glaubt zu kennen, hat man das Gefühl, man beobachtet einen guten Bekannten bei der Bewältigung seltsamer, lustiger Umstände.

Meiner Meinung nach funktioniert eine Fernsehsendung, wenn Moderator und Konzept miteinander verschmelzen. Deshalb finden wir, die wir das Gewerbe betreiben, es so spannend, die Grenzen zu überschreiten. Ich war dankbar, mal außerhalb der TV-Unterhaltung meine Nase in das Nachrichtengeschäft zu stecken und in Zusammenarbeit mit den »Tagesthemen«, mit Hanns-Joachim Friedrichs und Ulrich Wickert, die ARD-Jahresrückblicke zu moderieren. Schnell begriff ich, was es heißt, im aktuellen Nachrichtengeschäft zu sein. Dazu fehlt mir die Ausbildung und die Erfahrung. Daß es dennoch funktionierte, lag an der professionellen Machart und dem vermeintlichen Segen der Co-Anchor Wickert und Friedrichs, deren Kompetenz auf mich abstrahlte.

Jeder Moderator, jede Moderatorin hat eine Idealvorstellung von sich und seiner bzw. ihrer Arbeit. Wer meint, dieser Idealvorstellung oft gerecht zu werden, tut gut daran, sich strenger zu überprüfen. Nichts ist schädlicher als Selbstzufriedenheit. Die Fähigkeit zur Selbstkritik ist unerläßlich, um sich zu verbessern, wenn auch oft Ratschläge kompetenter Leute, ein vernünftiges Gespür für die eigene Leistung sowie ausreichend Erfahrung eine gute Mischung sind, wie ich meine. Um das Bild abzurunden, bedarf es aber einer Komponente, auf die andere und man selbst nur sehr eingeschränkt Einfluß haben: die Ausstrahlung! Wie sympathisch und glaubwürdig man auf den Zuschauer wirkt, ob Vertrautheit entsteht, das macht letztlich den Erfolg aus.

© SAT.1/Boris Trenkel

Herbert Feuerstein wurde 1937 in Zell am See geboren. In seinem Leben gab es viel auf & ab sowie hin & her. Früher oder später wird er sterben, er weiß aber noch nicht wo.

Herbert Feuerstein

Herbert Feuerstein

Ich und mein Team und ich

Die Kunst des Psychoterrors am Drehort

Alle fürchten Inge Meysel. Aufnahmeleiter kriegen nervöse Zuckungen, Ausstatter reichen Urlaubsanträge ein, und die Leute von der Maske wechseln den Beruf, wenn sie angekündigt ist. Ich bin ihr bisher dreimal begegnet, und sie war jedesmal wunderbar. Sie lachte, als der Reißverschluß klemmte, sie war auch nach dem neunten Abbruch geduldig wie Mutter Teresa, sie verdrehte – im Unterschied zu uns anderen – kein einziges Mal heimlich die Augen über den Moderator, und hinterher schenkte sie dem Fahrer alle Blumen aus ihrer Garderobe einschließlich der Topfpalme, zum Entsetzen des Produzenten.

Warum also fürchtet man Inge Meysel? Monatelang fragte ich jeden, der es wissen könnte, und von allen kam dieselbe Antwort: Weil sie so fürchterlich ausrastet, wenn ihr was nicht paßt. Freilich hatte das nie jemand selber erlebt, alle kannten nur Geschichten, die andere wiederum von anderen gehört hatten. Daraus meine Folgerung: Ja, sie rastet aus, allerdings nur ganz selten, dafür aber so ungeheuerlich, daß sich gleich Legenden bilden, ähnlich dem im Kern wahren, aber doch schwer nachprüfbaren Nibelungenlied. Und das Ergebnis davon: Aus Angst vor der Terrorlegende hofiert man sie wie eine Königin, man wirft sich auf den Boden und leckt ihre Wege frei, und kein Produzent würde wagen, auch nur die Topfkosten von der Gage abzuziehen, wenn sie seine Palmen verschenkt.

Da beschloß ich, so zu werden wie Inge Meysel.

Dem standen drei Hindernisse im Weg. Erstens, ein Anfänger hat nicht das Recht auszurasten, so lautet das Theatergesetz; niemand würde ihn beachten, und das ist tödlich, denn mangels Beachtung kann aus einem Iwan niemals »der Schreckliche« werden. Zweitens: Ein echter Star rastet nicht aus – das hat mir mein alter Lehrer Harald Schmidt gesagt, und der ist ein echter Star und muß es wissen. Drittens: Wenn ich ausraste, wirkt dies angeblich wie eine Herausforderung von Rumpelstilzchen an Mike Tyson, aber nicht so bedrohlich; auch das hat mir mein alter Lehrer Harald Schmidt gesagt. Ziemlich oft sogar.

Zu erstens: Dank meines rapiden körperlichen Verfalls sowie durch Grautöne, mit denen ich täglich meine Schläfen bepinsele, vertusche ich mit wachsendem Erfolg, daß ich immer noch Anfänger bin.

Zu zweitens: Hier irrt mein alter Lehrer. Auch echte Stars rasten aus oder – die ganz, ganz Großen – lassen ausrasten, durch ihren Kampfhund oder Anwalt oder über die BUNTE oder beides. Auch Harald Schmidt ist einmal ausgerastet, bei einer gemeinsamen Hard-Rock-Parodie. Unser Redakteur Michael Au hatte nämlich die unglückliche Idee, das Publikum aufzufordern, nach dieser Nummer die Bühne zu stürmen und uns die Kleider vom Leib zu reißen, wie sich das bei echten Rockern gehört. Während ich so was brauche und im privaten Rahmen auch regelmäßig praktiziere, verabscheut Schmidt den Hautkontakt mit den anonymen Massen – und rastete damals aus, zumal man ihm als erstes Kleidungsstück die Brille vom Leibe riß. Er wirkte rührend hilflos und hatte – für ganz kurz – beinahe menschliche Züge.

Bleibt drittens das Rumpelstilzchen, und das stimmt. Meine Ausbrüche lösen nur vor meinen Augen Betroffenheit aus. Hinter mir wird schamlos gekichert. Also habe ich mich auf Psychoterror verlegt. Die böse Stiefmutter statt Rumpelstilzchen. Möllemann statt Mike Tyson.

Psychoterror bedarf der Vertrautheit und Nähe und funktioniert daher nur im kleinen Team. Denn wenn man beim Terrorisieren den Augenkontakt auch nur mit einer einzigen Person verliert und diese hinter dem Rücken Gesichter schneidet oder eine lange Nase macht, ist der Bann gebrochen und der Terror kippt in den gefürchteten Rumpelstilzchen-Effekt um – außer bei Saddam Hussein, aber so weit bin ich noch nicht. Also muß man den

Terror sorgfältig dosieren, streckenweise sogar ganz darauf verzichten. Nur so ist es verständlich, daß ich bei Gastauftritten oder kurzen Produktionen ein Muster an Pflegeleichtigkeit bin, ja, geradezu als Vorbild für Disziplin und Professionalität gelte. Das ertrage ich allerdings höchstens eine Woche. Dann brauche ich ein Opfer. Wichtig ist: Das Opfer muß in einem Abhängigkeitsverhältnis zu mir stehen, denn sonst könnte es jederzeit leck-mich-am-Arsch-mäßig abhauen. Gleichzeitig darf es auf gar keinen Fall unterlegen sein, das wäre unsportlich und macht auch keinen Spaß. Oder wie die großen Sprachschöpfer unserer Tage sagen würden: Psychoterror gegen Kabelhilfen und Regieassistenten ist mega-out.

In meiner Journalistenzeit hatte ich mir als Opfer immer den Verleger gegriffen, zuletzt, bei der Zeitschrift MAD, Klaus Recht. Der war selber ein Meister des Fachs, wurde aber durch sein bayrisches Raufbold-Gen daran gehindert, so subtil und raffiniert wie ich zu sein. Mein größter Terrorerfolg über ihn war es, als er einen Steinway-Flügel kaufte und ständig darauf rumklimperte. Systematisch verdarb ich ihm die Freude daran, indem ich ihm bei jeder Gelegenheit zeigte, um wieviel besser ich Klavier spielen kann. Das machte ihn schwer depressiv, aber ich tröstete ihn heuchlerisch und redete ihm ein, er solle den Flügel gegen eine Synthi-Orgel eintauschen, denn mit Hilfe der Elektronik könne er seine mangelnde Fingerfertigkeit bestimmt prima ausgleichen. Das tat er – worauf ich ihm bewies, daß ich auch bei der Orgel turmhoch überlegen war. Darüber geriet er so in Frust, daß er die Orgel, die ihn gut 25 000 Mark gekostet hatte, per Spedition vor meine Haustür stellen ließ. Ich habe und liebe sie heute noch. Die Zeitschrift hingegen ist leider eingegangen.

Heute wäre das ideale Opfer für meinen Psychoterror ein Fernsehchef oder Intendant, aber an diese Typen kommt man nicht so leicht ran. Vor vielen Jahren, als Radio Luxembourg noch Radio war, ohne T zwischen dem R und dem L, hatte ich es mal bei Helmut Thoma versucht, aber als Auch-Österreicher beherrscht er den Psychoterror von Geburt an. Er durchschaute sofort meine Pläne und blockte jede Annäherung ab. Inzwischen gehört er zu den oben genannten ganz ganz Großen, die den

Terror selber nicht mehr nötig haben, sondern durch bevollmächtigte, hochbezahlte Spezialisten ausüben lassen.

Daher entschied ich mich für Godehard Wolpers. Man darf sich von seinem Vornamen nicht täuschen lassen. Er ist weder ein von Hermann, dem Cherusker, im Teutoburger Wald ausgesetzter Recke, noch ein frommer Einsiedler, der in seiner Katakombe das Nasenbein Petri bewacht. Eher sieht er aus wie der Tod in Dürers Holzschnitt der »Apokalyptischen Reiter«. Vor allem, wenn er lacht. Wenn er läuft, sieht er aus wie eine kranke Grille. Ich habe Wolpers in der Anfangszeit von »Schmidteinander« kennengelernt, als er beim WDR ein Volontariat durchlief. Da er alle Eigenschaften hatte, um später einmal Intendant zu werden, und darüber hinaus auch ein bißchen was vom Fernsehen verstand, beschloß ich, ihn zum Opfer auszubilden – eine Schulung, die im Prinzip ähnlich ist wie in Fort Bragg, wo die Elitetruppen der amerikanischen Marines für den Dschungelkrieg ausgebildet werden. Aber natürlich ein bißchen härter.

Da Wolpers bei »Schmidteinander« recht vielseitig arbeitete, hatte er entsprechend viel Verantwortung zu tragen. Mit anderen Worten: Wenn was schiefging, war es seine Schuld. Natürlich auch in der Sendung. Bei jeder Panne fragten wir vor laufender Kamera: »Wer ist schuld?«, und brüllten dann: »Eins – zwei – drei – WOLPERS!«, als Zeichen für die Regie, ein Band einzuspielen, das zeigte, wie Schmidt und ich Wolpers totschlagen. Das Drehen dieser Szene bereitete mir viel Freude, war aber gleichzeitig der einzige Zensurfall in der »Schmidteinander«Geschichte. In der ersten Version hatten wir nämlich Wolpers mit Baseballschlägern totgeschlagen, doch erhob Axel Bayer, unser WDR-Boß damals, Einspruch: Baseballschläger seien die Waffen der Neonazis, man würde uns mißverstehen. Also drehten wir die Szene ein zweites Mal – diesmal wurde Wolpers nicht mehr faschistisch totgeschlagen, sondern grün-liberal, mit Fäusten und Fußtritten. Als uns das Totschlägerband mit der Zeit zu langweilen begann, verschärften wir es: Wir erschossen Wolpers mit Maschinenpistolen oder ließen ihn mit einer Straßenwalze überrollen – mit seinem Vater am Steuer, wie wir behaupteten. (Das war natürlich geschwindelt, in Wirklichkeit war es seine Mutter. Als sein Vater verkleidet.) Schließlich war es so weit, daß sich Wolpers bei den Sendungen nicht mehr dem Saalpublikum zeigen durfte, weil dann sofort ein paar Zuschauer »Eins – zwei – drei – WOLPERS!« schrien und ihn totschlagen wollten. Und bündelweise kamen Briefe von Einzelpersonen und Vereinen, die uns baten, Wolpers zum Verdreschen ausleihen zu dürfen. Gern auch gegen Bezahlung.

Zum Ende von »Schmidteinander« war Wolpers als Opfer zwar weitgehend ausgebildet, aber noch nicht einsatzfähig, denn als Redaktionsassistent war er mir eindeutig unterlegen – und ich bin schließlich nicht unsportlich. Also machte ich ihn anschließend zu meinem Regisseur und Produzenten, bei den »Tierversuchen«, bei »Spartakus«, vor allem aber in meinen Reisesendungen. Damit riskierte ich zwar, daß er schon in Kürze reicher sein würde als ich, doch der Spaß war mir immer schon wichtiger als die Kohle.

Psychoterror ohne Publikum ist Energieverschwendung. Man braucht ein Team als Zeuge. Kein allzu großes Team, denn dann stört der Terror die Arbeit, da sich rasch Gruppen und Parteien bilden und jeder meint, er dürfe das auch. Bei größeren Produktionen quäle ich Wolpers daher nur auf dezente Art. Indem ich ihm zum Beispiel das Wetter vorwerfe (»Wieso haben wir das nicht GESTERN gedreht? Da war es trocken!«) oder den Geiz des Senders (»Wieso haben WIR keinen Kran/Hubschrauber/Blauwal/Flugzeugträger? Wo doch ALLE ANDEREN so was haben!?«) oder meinen privaten Zustand (»Wieso bin ich heute so schlecht gelaunt?«). Und das erstaunliche dabei: Wolpers fühlt sich jedesmal schuldig.

Für den totalen Terror bildet hingegen meine Reiseserie die idealen Voraussetzungen, denn da sind wir nur zu viert: Kamera, Ton, Wolpers und ich. Stephan Simon ist der Kameramann, hartgesotten, krisenerprobt, eine Art Fremdenlegionär des Bildes, der unbedenklich Königin Elisabeth aufs Klo folgen würde, wenn es die Story verlangt. Er filmt am liebsten kopfüber aus Hubschraubern, springt schwindelfrei über Schluchten und hat selbst in der Sahara immer sein Unterwasser-Equipment mit dabei, für den Fall, daß sich Pfützen bilden, in die man tauchen könnte. Wir vermuten, daß er ohne Kamera blind ist. Erik Theissen macht den Ton, ohne jedoch selber einen zu erzeugen. Pro Reise spricht er immer nur ein Wort, dies aber so überraschend und bedeutungsschwer, daß wir tagelang verstört darüber nachdenken. Erik ist fast so klein wie ich, was einen großen Nachteil für ihn hat: Gelegentlich muß er in meine verschwitzten Klamotten steigen, um mich zu doubeln, etwa in den Schwefeldämpfen eines Vulkans, die Erik schadlos, ja fast mit Genuß einatmet. Denn er ist Deutscher Meister im »Friesenkampf«, einer nicht allzu bekannten Sportart, bestehend aus Schwimmen, Laufen, Fechten, Schießen und Kugelstoßen. Wahrscheinlich auch Einatmen von Vulkandämpfen, aber das würden die Friesenkämpfer öffentlich niemals zugeben, weil dann ja auch die kleinere Form der Vulkandämpfe, nämlich das Rauchen, als Sportart anerkannt werden müßte. Da es den Friesenkampf nur in Deutschland gibt, macht ihn das gleichzeitig zum Weltmeister. Erik ist zäh und ausdauernd und kann nur von einem Feind besiegt werden: Kabelbruch, davon jedoch mehrmals pro Drehtag. Die beiden sind die Zeugen, Richter und Opfer zugleich, manchmal auch eine Art Blauhelme: Im Wesen machtlos und manchmal als Geisel mißbraucht, aber trotzdem allein durch ihre Anwesenheit imstande, das Schlimmste zu verhindern: einen langweiligen Frieden.

Der Psychoterror ist in seinem Wesen nicht böse, sondern notwendig. Notwendig für mich, um mich einzustimmen, Spannungen zu verlagern und blockierte Gefühle zu befreien. Und notwendig für andere, um wahrzunehmen, wie ich wirklich bin. Wer mich dann immer noch mag, könnte mein Freund sein – wäre da nicht mein tiefes Mißtrauen. Denn wer mit einem Arschloch wie mir befreundet ist – wie könnte ich so jemanden mögen, hm?

Den wahren Psychoterror darf man nicht als solchen erkennen, sonst wird er zur billigen Hysterie. Deshalb muß er beim Opfer immer ein winziges Stück Schuld treffen – und diese ins Maßlose steigern. Nehmen wir das Beispiel »Tee«. Ich bin Teetrinker und habe Entzugserscheinungen, wenn ich einen Tag lang keinen kriege. In diesem Sinne war meine Dauerfrage »Wieso haben wir keinen Tee?« durchaus berechtigt, wenngleich in den Gletschern von Alaska oder beim Einbaumrudern nachts, zwischen zwei Südseeinseln, nicht unbedingt logisch. Immerhin hatte dies zur Folge, daß seither in den zehn Ausrüstungskisten unseres Kamerateams immer eine Thermosflasche und ein Komplettsortiment Teebeutel enthalten ist. Genau hier beginnt der Psychoterror. Ab sofort gab es zwar keine Dauerfrage mehr: »Wieso haben wir keinen Tee?«, dafür aber eine neue mit tausend Varianten: »Wieso ist der Tee so heiß/so kalt/so lauwarm?« Oder die aktuellste, im chlorreichen Amerika: »Wieso haben wir kein vernünftiges Teewasser?«

Als Produzent ist Wolpers für alles verantwortlich. Natürlich auch für Hotelzimmer, und da wiederum dafür, daß die Minibar gefüllt und zugänglich ist. Gefüllte, aber verschlossene Minibars – so stelle ich mir die Hölle vor. Und so kam es, daß ich im mexikanischen La Paz (nicht zu verwechseln mit der gleichnamigen Hauptstadt von Bolivien) meinen Koffer nahm und – natürlich vor den Augen von Wolpers – wütend das Hotel verließ, weil bereits 15 Minuten seit unserer Ankunft vergangen waren, ohne daß ich ans Mineralwasser der Minibar rankommen konnte. Wolpers lief mir nach, besorgt um Produktion und Drehtag, und übernahm sogar meinen Koffer, um ihn ins nächste Hotel zu schleppen. Ich schämte mich ein bißchen, aber dann dachte ich daran, wie stolz Inge Meysel jetzt auf mich sein würde. Und in der Tat: Es gab nie wieder Probleme mit einer Minibar. Ich vermute, daß Wolpers neuerdings heimlich eine elfte Ausrüstungskiste mitnimmt. Gefüllt mit einer gefüllten Minibar.

Die Grundregel lautet: Psychoterror gedeiht besonders prächtig an schuldhaftem Verhalten der anderen, wie klein es auch immer sein mag. Was aber, wenn Terrorverlangen in einem nagt, aber rundherum nur Unschuld wuchert? Dann tritt Plan B in Kraft: Man zwingt den anderen, ein Unrecht zu bekennen, das er gar nicht begangen hat.

So geschehen ebenfalls in Mexiko, im magisch verträumten Oaxaca, wo mir eine Wunderheilerin die Dämonen austreiben sollte, natürlich vor der Kamera. Wolpers und ich berieten auf der Straße vor dem Häuschen der Heilerin, während in mir die

Dämonen tobten, die natürlich unbedingt in einem so tollen Körper bleiben wollten. Ich hatte mir eine bestimmte Strategie überlegt, wie ich die Sache angehen wollte, Wolpers, in aller Unschuld, schlug eine andere vor. Das verunsicherte mich. Und da ich unglaublich leicht zu verunsichern bin, konnte ich mich nur durch Psychoterror retten: Wie er es wagen könne, mir dreinzureden, jetzt sei der ganze Dreh verdorben, unter solchen Bedingungen könne ich nicht arbeiten. Und allmählich wurde ich selber zum Dämon, erträglich nur für Erik, den Friesenkämpfer, der ja den Umgang mit den Schwefeldämpfen der Hölle gewohnt ist. So kam es, daß ich Wolpers vom Drehort aussperrte. Er, mein Produzent und Regisseur, der später im Schnittstudio die totale Macht über meine Sendung haben würde, mußte draußen spazierengehen, während drinnen die Heilerin mit meinen Dämonen rang, mich dabei bespuckte und mit Eiern bewarf. Es war, als müßte Peter Stein vor dem Theater warten, bis die Proben fertig sind, oder Leo Kirch im Korridor bis zum Ende der Programmkonferenz. Ob ich das auch bei denen tun würde? Ich nehme fast an, daß die beiden das ahnen – denn sie haben mir bisher noch nie einen Job angeboten.

Es könnte sein, daß Ihnen jetzt Tränen des Mitleids für Wolpers in den Augen stehen. Unsinn. Er macht das nicht nur freiwillig, er braucht es. Die Wissenschaft der Viktimologie gibt mir recht: Nicht nur der Täter braucht ein Opfer, sondern auch umgekehrt. Mehr noch: Ein Opfer ohne Täter ist ein Nichts. Wenn Sie also Mitleid mit Wolpers haben, wollen Sie ihn dann zum Nichts machen? Wollen Sie mir so was antun? Soll ich mit einem Nichts arbeiten?

Außerdem ist Wolpers gar nicht so wehrlos, wie es jetzt aussehen mag. Er rächt sich, indem er mich immer wieder vor der Kamera dazu zwingt, eklige Tiere anzufassen, nackt zu tanzen oder mein Leben zu riskieren. Oder er mogelt bei der Tonmischung Hollywood-Schnulzen, die ich abgrundtief hasse, als angeblich nötige Hintergrundmusik hinzu. Immer wieder hatte ich mir vorgenommen, ein paar Drehtage lang auf den Psychoterror zu verzichten, denn dieser ist anstrengend, kostet Kraft und Kreativität. Aber Wolpers läßt es nicht zu, das Opfer schreit nach der Tat, bettelt darum. Er stichelt ständig, schneidet Grimassen, fordert mich heraus, wettet mit mir, ich würde mich nicht trauen, ihm Tinte über den Kopf zu schütten (er verliert) oder zupft mich im Teambus am Ohr, mit der Bemerkung: »Witzig, witzig, witzig« oder singt im gleichen Teambus stundenlang genau diese Hollywood-Schnulzen, die ich hasse und die er später heimlich in den Soundtrack mischen wird. Und das Schlimmste: Wenn ich ihn ermahne, gackert er wie ein Huhn. Da schlage ich schon mal mit dem Lineal zu. Meistens küßt er mir dann die Füße, aber manchmal schlägt er sogar zurück, wie neulich, in einem vornehmen japanischen Restaurant in Honolulu, wo wir uns beide die Finger mit scharfem, grünem Sushi-Meerrettich beschmierten und versuchten, sie einander ins Ohr zu schieben. Ausländische Fahrer und Aufnahmeleiterinnen sind dann meist sehr verwirrt, manchmal auch erregt, denn sie mißdeuten unser Verhalten als deutsche Sex-Perversionen. Aber wir verstehen ja Ausländer auch oft falsch.

Nur einmal, auf der ersten Reise nach Sansibar, wollte ich Wolpers töten. Es war eine herrliche Tropennacht, die Sterne funkelten um die Wette, am Strand loderte ein Feuer aus Palmenzweigen und in der Hängematte döste eine Inselschönheit, die meine Balzrituale mit gelangweilter Verachtung ignorierte. Da wagte es Wolpers, schadenfroh zu kichern, und augenblicklich hatte ich die Vision dieser wunderbaren Tage von »Schmidteinander«, als er – »Eins – zwei – drei – WOLPERS!« – auf grünliberale Art totgetreten wurde, erschossen, von einer Straßenwalze überfahren. Hatten wir damals nicht eine Todesart vergessen? Ich griff einen brennenden Palmenzweig, um Wolpers anzuzünden. Wenigstens drei Kilometer lief ich über den nächtlichen Strand von Sansibar hinter ihm her. Aber er war schneller und entkam.

Nachwort

von Godehard Wolpers

Hiermit bestätige ich, daß das stimmt.

Joachim Filliés wurde 1946 in Koblenz/Rhein geboren. Nach dem Studium der Germanistik, Politik und Soziologie in Mainz und Bonn unterrichtete er bis 1977 an hessischen Gymnasien, dann arbeitete er als Sprecher für verschiedene Hörfunk- und Fernsehanstalten. Außerdem war er bei RTL (Hörfunk und Frühstücksfernsehen) als Nachrichtenredakteur tätig sowie als Lehrbeauftragter an der Lehranstalt für Logopädie in Darmstadt. Nachdem Joachim Filliés eine Zeitlang als Sprechtrainer für den WDR gearbeitet hat, ist er nun freier Trainer für Rhetorik und Sprecherziehung – mit den Spezialgebieten Aussprache europäischer Fremdsprachen und Texten fürs Hörverstehen. Joachim Filliés ist Sprecherzieher und lebt in Wiesbaden.

Joachim Filliés

Joachim Filliés

Die größten Aussprachefehler der Moderatoren

»Ei 'schpresche, des hab isch mit drei Jahrn gelernt, des kann
isch.« Das hat zwar kein Moderator gesagt, aber so ähnlich hört
man es aus vielen Redaktionen und Studios, wenn man fragt, wie
es um die Aussprache des Deutschen steht. Und so habe ich
mich in meinem Training auf die Aussprache von Moderatoren
spezialisiert. Meine Kartei ist dick, aus der ich für dieses Buch
zitieren sollte, aber nur die häufigsten Fehler haben Platz, und
Namen dürfen natürlich nicht genannt werden.
Aus allen Kanälen schallt uns unser Deutsch entgegen, aber
vorbildlich, wie Radio und Fernsehen nun einmal sein sollten, ist
das schon lange nicht mehr. Lässig soll die Aussprache des
Deutschen sein, und locker. Daß Sprache ein Kulturgut ist,
scheint nicht allen, die wir im Fernsehen sprechen hören und
sehen, bewußt zu sein. Sie setzen sprachliche Trends und fördern Veränderungen der Sprache. Je mehr Fehler die Moderatoren machen, desto schneller der Sprachverfall bei uns zu
Hause, die wir vor den Bildschirmen sitzen – wollen wir's nicht
hoffen.
Es ist gar nicht so einfach, über gesprochene Sprache zu schreiben. Um sie abzubilden, könnte ich die internationale Lautschrift benutzen oder einfach so schreiben, daß der Leser weiß,
was gemeint ist. Die »IPA« kennen aber leider nicht einmal alle,
die professionell sprechen, deshalb will ich die Laute – mit wenigen Ausnahmen – mit unserem Buchstabensystem abbilden; den
Betonungen gebe ich einen kleinen Akzent.
Jeder Moderator ist mit seiner Aussprache so lange zufrieden,

bis einer kommt und sagt: »Nein, so darf man das nicht aussprechen, es muß so und so heißen!« Unterstellt man, daß es neben der richtigen Schreibweise auch eine richtige Sprechweise gibt, so sollten Moderatoren sie kennen. Dazu gibt es das »Duden-Aussprachewörterbuch«. Für all jene, die für Film, Funk und Fernsehen sprechen, ist die darin angegebene Norm verbindlich.

Der volkstümelnde Rat, sprich wie du schreibst, kann nicht immer helfen – und er darf denen nicht genug sein, die Sprache zu ihrem Beruf gemacht haben. Nehmen wir die Mehrzahl von Stadt. Um den Unterschied zu »Stätte« lautlich zu kennzeichnen, ist bei »Städte« das ä lang zu sprechen. Der Fachmann sagt: Das ä wird gelängt. Oder »Rebhuhn«: Zwar ist ['re:phu:n] unterdessen erlaubt, ursprünglich wurde es aber mit kurzem ä ['rɛphu:n] gesprochen, »Räphuhn« – ein Mädchen, das Rap tanzt.

Das erste e in Mecklenburg ist auch lang, obwohl man wegen des folgenden ck nicht damit rechnet. Bisher hat sich das noch nicht bei allen Moderatoren herumgesprochen. Weniger bekannt ist auch das Dehnungs-i, wobei wir das Dehnungs-e alle kennen, und zwar aus der Verbindung ie (fliegen). Denken Sie an die Stadt Soest, die mit langem o gesprochen wird, wobei das e stumm bleibt, schließlich soll es das o nur längen. Ganz wie das h im Wort Nahe das a dehnt, selbst aber stumm ist. Die Stadt Troisdorf enthält ebenfalls einen Dehnungsbuchstaben: das i. Folglich spricht man »Trosdorf«, wobei das erste o lang ist. Das i als Dehnungsbuchstabe hat keinen Lautwert und bleibt stumm.

Nun aber zu einem anderen Fehler, der landauf, landab vorkommt. Es geht um die Endungen -ig, -igs, -igt und -igst, die wie der Ich-Laut realisiert werden: Könich (König), Lúdwichshafen (Ludwigshafen), Predicht (Predigt) und erledichst (du erledigst). Achten Sie einmal auf die ARD- oder ZDF-Nachrichten, in denen die Norm erfüllt wird. Wie kommt es zu solchen Regeln? In diesem Fall geht die Vorschrift auf Theodor Siebs (1862–1941) zurück. Unter seinem Vorsitz tagte 1898 in Berlin eine Kommission, die für das Deutsche Reich eine einheitliche Ausspracheregelung finden sollte. Es heißt, er habe auf einen Tag gewartet, an dem die Süddeutschen in der Minderheit waren. Dann ließ er über diese Endungen abstimmen. Das Ergebnis gilt noch heute. Das deutschsprachige Radio der Schweiz macht da übrigens nicht mit.

Das s am Wortanfang vor Selbstlauten (a, e, i, o, u) ist stimmhaft zu sprechen: Sonne, sagen, singen, s- wie in Rose oder Hose – zwischen Selbstlauten wird ein s ebenfalls stimmhaft gesprochen. Achten Sie einmal darauf: Immer öfter hören wir Wörter wie Kasino, Tresor, Kaserne, Asyl oder Design mit stimm*losem* s. Die Wörter Sexualität und sexuell beginnen mit einem stimm-*haften* s, nur ist kaum je eines zu hören. Im Süddeutschen, in Österreich und der Schweiz kennt man übrigens kein stimmhaftes s. Hören Sie Klaus Maria Brandauer, Ruth Maria Kubitschek oder Susanne Engelbrecht zu: Sie werden kein stimmhaftes s vernehmen. Es ist im Deutschen selten bedeutungsunterscheidend (Ausnahme: reisen/reißen), so kann es kaum zu Mißverständnissen kommen. Oft sprechen dieselben Personen, die das stimmhafte s dort, wo es richtig wäre, meiden wie der Teufel das Weihwasser, an Stellen ein stimmhaftes s, wo keines hingehört: Bosnien, Israel, Moslem. Manchmal führt die falsche Aussprache zu einer falschen Schreibweise: Ich denke an den Impresario. Spricht man das s stimmlos, so läßt sich die falsche Schreibung mit Doppel-s leicht erklären. »Impressario«, aber auch »Kassino« und »Tressor« sind nicht eben selten zu sehen.

Immer wieder wird die Endung -ung als -unk gesprochen. Es ist zwar richtig, daß das g am Ende eines Wortes (auslautverhärtend) zu k wird. Das gilt aber nicht für -ig (wie oben bereits erwähnt), und es gilt nicht bei -ng, denn dies ist im Deutschen ein eigener Laut; er läßt sich mit normalen Buchstaben nicht abbilden. Sie hören ihn im Wort »verlängern« richtig.

»Böhmische Dörfer« sind leider die meisten Namen aus fremden Sprachen. Was stellen Sie sich unter einem »Fjuhr« vor? Nichts, darf ich annehmen. Es ist die norwegische Aussprache des Wortes Fjord. Fjorde kennen wir alle, sprechen sie nur nicht norwegisch aus. So wie bei dem Wort »Uslu« niemand die Hauptstadt Norwegens, Oslo, vermuten würde. Das heißt, es gibt europäische Sprachen, die uns fremd geblieben sind. Mit dem Englischen kennen wir uns recht gut aus (glauben wir), mit dem Französischen so là là, nicht wahr? Aber bei den slawischen Sprachen haperts arg. Auch ein Moderator muß das nicht alles im Kopf haben, er müßte aber wissen, wo es richtig steht.

Schwer hat es meine Kritik, wenn die »Eigner« von Eigennamen ihre eigenen Produkte falsch aussprechen. Bei Citroën z.B. spricht man das eigene Produkt korrekt aus: Sitro'en, also ohne den typisch französischen Nasal. Aber was machen die Werbegurus aus Škoda? Da müssen wir »Skooda« mit langem o ertragen, statt »Schkodda« mit kurzem o, und natürlich hat der Hatschek, das kleine Zeichen auf dem s, etwas zu bedeuten: Er macht das s zum sch. Die Phonetik unseres Nachbarn im Osten wird einfach ignoriert. Die »sekundären Analphabeten« (Enzensberger) der Werbung glauben, uns die korrekte Lautung (wenn sie sie denn kennen) nicht zumuten zu dürfen. Vor allem französisch mögen sie es gern, z.B. wird der letzte Vokal in Deodorant gelegentlich genäselt. Vor Jahren habe ich es einmal abgelehnt, für Moskovskaja, einen russischen Wodka, zu werben. Ich sollte »Moskovskája« betonen – richtig wäre gewesen, [mas'kovskaja] zu betonen und zu sprechen. Ein Wort, das uns fast immer falsch von der Mattscheibe entgegenschallt, ist Accessoire. Prüfen Sie zunächst, wie Sie es aussprechen würden … Im Französischen kann das Doppel-c niemals wie ein stimmloses s gesprochen werden. Doppel-c ist meist [ks]. Auch das ließe sich nachschlagen: Unter dem Buchstabenwert (in unserem Beispiel -cc-) findet sich der Lautwert sowie ein Beispiel daneben. Aber den meisten ist gar nicht bewußt, daß sie etwas falsch machen.

Im Moderationsgeschäft – wie im sogenannten normalen Leben – wimmelt es von lautlichen Klischees, Vorstellungen darüber, wie etwas ausgesprochen wird. Wenn ein bekannter Moderator aus Pinocchio einen Pinotschio macht, so ahnt er nicht, daß er mit dem Wort ein Problem bekommen könnte – es spricht sich nämlich Pinockio. Ein lautliches Klischee, in diesem Fall also das, was der Moderator für Italienisch hält. Noch der Intellektuellste tappt in die Falle. Der Friedenspreis des deutschen Buchhandels wurde 1991 György Konrad verliehen, und wo wir djördj erwarteten, hörten wir die abenteuerlichsten Wortschöpfungen – Klischees eben. Aber was wundern wir uns über die Fernsehschaffenden, wenn schon die Hüter des deutschen Buches bei der Aussprache hilflos sind. Als Václav Havel diesen Preis bekam, waren nicht einmal die Festredner in der Lage, den Vornamen ['va:tslaf] richtig auszusprechen. Es klang wie Watschlaff, eine phonetische Ohrfeige, eine Watschen für den zu Ehrenden.

Viele Moderatoren sprechen sogar ihre eigene Berufsbezeichnung – Journalist – falsch aus, nämlich englisch, wiewohl es aus dem Französischen kommt. Der Journalist beginnt dann wie der Jogger. Das geht nun wirklich nicht ins Ohr, wenn doch, geht es nie mehr raus!

Besonders manchen Sportmoderatoren und -journalisten sei das Nachschlagen ans Herz gelegt. Wie oft mißhandeln sie lautlich selbst die bekannten Vornamen ausländischer Spieler (Boris, Ivan, Vladimir), von den Nachnamen nicht zu reden. Was die ehrbaren Kollegen aus Paole Cane gemacht haben, hätte einen wirklichen Hund aufjaulen lassen. Der Name spricht sich so, wie man ihn deutsch lesen würde, hören mußten wir aber Kain und Kan und ähnliches. Auch bei der Betonung hapert es im Sport zuweilen. Jean Alesi ist zwar italienischer Abstammung, fährt in der Formel 1 aber für Frankreich. Sein Nachname sollte auf dem i betont werden, denn im Französischen wird die letzte Silbe betont. Die Formel-1-Kommentatoren betonen ihn jedoch auf dem e.

Oft müssen Moderatoren daran erinnert werden, daß deutsche Eigennamen im Polnischen, Tschechischen oder Ungarischen zwar anders geschrieben, aber deutsch gesprochen werden. So ist der 1996 verstorbene ungarische Ministerpräsident Károly Grósz schlicht wie »groß« auszusprechen. Im Ungarischen macht der Akzent den Vokal, auf dem er steht, lang, das sz ist das Zeichen für's stimmlose s. Oder nehmen wir eine Polin und nennen sie Frau Szulc. Im Polnischen ist das sz der sch-Laut, das c spricht sich [ts], folglich heißt die Dame Schulz. Und der Tscheche Herr Švarc spricht sich »Schwarz«. So einfach kann es sein.

So richtig schwierig wird es, wenn es um außereuropäische Sprachen geht. Nehmen wir das Chinesische. Hier steht das x beispielsweise nicht für einen Laut [ks], sondern für den Ich-Laut wie im Wort China. Das q dagegen spricht sich wie tsch. Diese »Lautverschiebungen« zu kennen, würde den Profi auszeichnen. Allerdings darf manchmal Rücksicht auf den Hörer genommen werden: Erkennt er das Wort wieder, das ihm vielleicht nur geschrieben vertraut ist, wenn es richtig ausgesprochen wird? Eine behutsame Eindeutschung ist nie verkehrt.

Vielen Moderatoren bereitet die Betonung mancher zusammengesetzter Wörter große Probleme. So sollte es Nótwendigkeit heißen, denn es geht um Not, nicht um Wendigkeit. Es sollte Réchtfertigung heißen, denn es geht um Recht, nicht um Fertigung. Natürlich ist auch eine andere Betonung verständlich, aber sie ist nicht korrekt. So war in Sachen der Vulkanwerft in Bremen meist von Vúlkan statt von Vulkán die Rede. Das Deutsche macht sich fremde Begriffe gern durch die Betonung auf der ersten Silbe (Stammsilbenbetonung) zu eigen: kónservativ statt konservatív, Télefon statt Telefón usw. Manchmal gehen die ursprünglichen Betonungen ganz verloren: In positiv und negativ würde heute keiner mehr die letzte Silbe betonen. Allerdings fällt uns die falsche Betonung nur dann auf, wenn wir Kriterien für falsch und richtig haben. Sonst hören wir meist das, was gemeint ist. Und selbst völlig falsche Aussprachen entschlüsseln wir noch, weil sich die Bedeutung der Wörter durch den umgebenden Text erschließt, sonst wäre »Rohschtock« (wie es in der Sendung »Kulturzeit« einmal zu hören war) nicht mehr als die Stadt Rostock zu identifizieren.

Im Fernsehen wird bei zusammengesetzten Substantiven immer wieder der zweite Wortbestandteil betont: Stasiúnterlagengesetz statt Stásiunterlagengesetz, denn es geht um kein Unterlagengesetz, sondern um die Stasiunterlagen und das entsprechende Gesetz. Also muß es auch heißen: Mánteltarifvertrag und Ládenschlußgesetz, Jáhressteuergesetz und Ládenöffnungszeiten.

Auch die Betonung im Satz, die Frage also, was das Wichtigste im Satz ist, gerät sehr oft schief, schon deshalb, weil abgelesen wird, das Gesprochene also beim Sprechen nicht mehr neu gedacht werden muß. Der Teleprompter, der den Text in einzelne kleine Teile zerhackt, unterstützt das noch. Am häufigsten sind die Betonungen auf dem allerletzten Wort: »Die Attentäter hatten mehrere Menschen verletzt und einige Autos in *Brand* gesetzt.« Im richtigen Leben würden wir betonen, *was* in Brand gesetzt wurde.

Mit all diesen Beispielen falscher Aussprache und Betonung möchte ich erreichen, daß wir uns dieses Problems bewußt werden. Nun, wer will, kann ja jetzt die Nase in ein Buch stecken, zum Beispiel ins Duden-Aussprachewörterbuch.*

* Weitere Lektürevorschläge am Ende des Buches.

© Sessner/Dachau

Jürgen Fliege wurde 1947 in der Nähe von Wuppertal geboren. Bereits mit vier Jahren hatte er den Wunsch, Pfarrer zu werden. Sein Theologiestudium absolvierte er in Wuppertal und Tübingen. Wegen seiner Kritik an der Kirche wurde er mit einem einjährigen Berufsverbot belegt. Danach arbeitete er als Pfarrer in verschiedenen Städten, bevor sein Moderationstalent bei Veranstaltungen des Evangelischen Kirchentags entdeckt wurde. Mit dem Start der kommerziellen Fernsehsender brachte die Evangelische Kirche Deutschland ihn als Fernsehpfarrer ein. 1990 wurde er Programmbereichsleiter Kultur und Gesellschaft bei SAT.1, von 1991 bis 1994 arbeitete er als freier Autor für Hörfunk und Fernsehen. Seit 1994 hat Jürgen Fliege seine eigene Nachmittags-Talkshow in der ARD, und seit Dezember 1995 zeichnet er für die Sendereihe »Spurensuche« (ebenfalls ARD) verantwortlich. Jürgen Fliege wurde von seinen Pflichten als Gemeindepfarrer entbunden. Er lebt mit seiner Frau und seinen beiden Töchtern in Berlin.

Jürgen Fliege

Jürgen Fliege

Große Gefühle auffangen

Große Gefühle wiegen schwer. Und in der Regel sind sie unsichtbar. Aber an ihren Spuren kann man sie leicht erkennen. Sie waschen die Menschen und geben ihnen ihre Formen. So groß die Liebe, so groß der Schmerz! Die Menschen, die große Gefühle in sich tragen, gehen oft gebeugt. Auch Liebende seufzen. Denn die Liebe deckt auf, was man trägt. An schweren Gefühlen zu tragen ist genauso kräftezehrend und knochenverschleißend wie die allerschwerste Maloche. Es beugt den Menschen ebenso. Schließlich ist es dasselbe Herz, was pumpt, und derselbe Kopf, der sich zermartert, und dieselbe Seele, die darunter seufzt.

Manchmal sind die Gefühle so groß und überwältigend, daß sie nicht mehr getragen werden können, und dann geschieht das Absurde: daß die Gefühle den Menschen tragen, dem nichts anderes mehr bleibt, als sich einfach treiben zu lassen. Und sie treiben, wohin sie nicht wollten. Die Liebe und der Tod, diese größten Gefühle, nehmen einem jedes Steuer aus der Hand. Viele Menschen verlieren dabei den Boden unter den Füßen.

Große Gefühle bedeuten demnach immer: Es gibt Druck von oben, und es gibt nichts als Leere von unten. Dazwischen atmet der Mensch, irgendwo zwischen Himmel und Erde! Empfindsam wie ein gebeugtes Blatt im Wind reagieren so geplagte und bewegte Menschen auf jeden Hauch. Wer in ihre Nähe kommt, muß das wissen und sich entsprechend verhalten und reden und schweigen. Und alles zur rechten Zeit.

Dann und wann sind solche Menschen wie randvoll gefüllt und fließen geradezu über. Wem das Herz voll ist, dem geht nicht nur der Mund über. Und diese Menschen reagieren mit dem natürlichsten Ventil der Menschengeschichte auf den Druck ihres Lebens: Sie weinen. Nur dumm, daß das bei uns gerade keine Konjunktur hat. Tränen lachen zu Karneval, verstohlene Tränen weinen zu Weihnachten und am Grab sich beherrschen, das ist der Trend. Wir leben schließlich in einer Kauf- und Verkaufsgesellschaft. Da zählt nur der Schein. Da ist es eben kaum zu fassen, was ein Menschenleben ertragen kann und ertragen soll. Im Guten wie im Bösen.

Wer aber solche überbordenden Empfindungen auffangen will, wer zudem nicht weiß, wer wen trägt, der Mensch die großen Empfindungen oder die übermächtigen Empfindungen den Menschen, der muß bereit sein, sie entweder mitzutragen oder mitzuschwimmen. Und da darf er sich nicht fürchten, selbst ins Schwimmen zu kommen. Er muß die Erfahrung gemacht haben, daß die Wellen einen irgendwo doch wieder an Land spülen werden. Die Geschichte von Jona und dem Wal ist nicht nur etwas für Delphinforscher.

Du mußt erst einmal nahe herankommen, um überhaupt mit unter die Last eines anderen Menschen zu gelangen, und dort warten, bis das ganze Leid geteilt wird und zum halben Leid wird. Du mußt dich treiben lassen, bis ihr beide spürt, daß ihr auf einer Welle schwimmt. Das alles geschieht unsichtbar.

Vorsichtig, wie einem rohen Ei, nähere ich mich meinen Gästen, von denen mir meine Redakteure vorher erzählt haben, welche Gefühle in ihnen toben. Ich achte auf Abstand. Den ersten Eindruck kann ich eben nur einmal machen. Und auf den kommt es an. Er soll meine erste Botschaft sein – zum Zeichen, daß man in den nächsten Stunden nicht von mir und den Fernsehmachern untergebuttert wird, überrollt wie von einer unaufhaltsamen, fremden Maschinerie. Die unausgesprochene, aber fühlbare Botschaft heißt: Du bist wichtig! Ich passe gut auf dich auf!

In diesen ersten Augenblicken der Begegnung signalisiere ich, daß ich Respekt vor dem Lebensweg des anderen habe. Und Respekt heißt übersetzt wohl Rücksicht. In Rücksicht übe ich mich zu einem Zeitpunkt, da vom Rotlicht der Kamera weit und breit noch nichts zu sehen ist. Sosehr die Sekunden später zählen, soviel Zeit habe ich jetzt. Manchmal sitze ich einfach neben meinem Gast, ohne auch nur ein Wort zu sagen. Und je größer das Gefühl, desto schweigsamer bin ich. Ich erinnere mich an Hausbesuche bei Hinterbliebenen, wo ich stundenlang nichts sagte. Jedes laute Wort hätte die stille Botschaft der tiefen Empfindungen zerrissen. Nur das kurze Nicken zur Begrüßung hat deutlich gemacht, daß wir beide Bescheid wissen.

Wer auf den notwendigen Abstand achtet, signalisiert am deutlichsten, daß er das Kommunikationsspiel von Nähe und Distanz beherrscht. Wer so auf Abstand hält, darf endlich näher treten.

Später aber, immer noch weit vor der Sendung, erlaube ich mir quasi einen Test. Ich will wissen und spüren, ob mir die Seele meines Gastes die Erlaubnis geben wird, nahe zu kommen. Ich trete nicht nur näher. Ich berühre meinen besonderen Gast. Ich lege meine Finger vorsichtig auf seine Wunde. Denn es wird entscheidend sein, ob wir uns seelisch und körperlich berühren. Denn nur wer berührt, rührt und bewegt. Und stehenbleiben will keiner.

Wie ein kleiner Junge vor einem Schaufenster aus Glas stehe ich vor dem mitgebrachten und gepflegten Image meines Gastes und werfe den ersten Stein. So wenigstens kommt es mir in einer Gesellschaft vor, die alles daran setzt, auf Distanz zu bleiben, und alles für Singles portioniert. Ich bin dagegen anfänglich nur deshalb auf Distanz geblieben, um bald näherkommen zu dürfen. Das ist etwas, was den meisten Menschen fremd geworden ist. Hunde, Jäger und Liebhaber aber wissen noch davon. Die Probe auf unsere Sendung muß gelingen. Wenn nicht, weiche ich zurück, und es gibt nur ein Gespräch wie viele vorher und nachher. Ein Gespräch über große Gefühle ohne Gefühle.

Und bevor der Countdown der Sendung dann wirklich läuft, gebe ich meinen Gästen noch einmal eine indirekte Botschaft. Denn während ich mit dem Publikum im Studio erste Bekanntschaft schließe, nach dem woher und wohin frage und sie höflichst bitte, meine besonderen Studiogäste mit freundlichem und zuvorkommenden Applaus zu empfangen, hören und sehen diese das »Warming up« an einem Monitor mit. Ich will ihnen vermitteln, daß ich mit allen Kräften bemüht bin, eine Atmosphäre des Willkommens und Angenommenwerdens zu schaffen. Ein Stück Heimat, ein Stück Zuhause, wo niemand perfekt sein muß, um als Mensch akzeptiert zu werden.

Sind wir aber dann einmal im Scheinwerferlicht angelangt, wiederhole ich noch einmal die eben vorgestellten »Tanzschritte« von Nähe und Distanz. Es ist die Geschichte vom Kleinen Prinzen und dem Fuchs. Ich will zähmen. Und jeder, der ein Wesen zähmen will, muß berechenbar sein und wiederholen. Auf Punkt und Komma genau. Ich fange also nicht in der Mitte an. Ich platze nicht heraus. Ich bleibe am Rand. Ich spreche nicht übers Thema. Eher rede ich über das Wetter als darüber, warum wir hier vor einem Millionenpublikum sitzen. Ich tue das, um meinem Gesprächspartner Zeit zu geben, sich an die fremde Umgebung zu gewöhnen. Ich will ihn nicht überrumpeln. Ich will Heimat signalisieren: Take your time! Wie eine Katze umkreise ich den heißen Brei. Nein, nicht wie eine Katze! Jetzt, wo ich dies schreibe, taucht in mir eine Erfahrung aus meiner Jugend auf: als Rettungsschwimmer bei der DLRG bin ich damals immer auf die Hilferufenden zugeschwommen, so schnell ich eben konnte. Aber dann bin ich um sie herumgeschwommen, lauernd, gespannt, nervös, ängstlich, die Gefahr spürend und den Tod fürchtend. Ich wollte die Stelle und Position finden, die uns beiden eine heilsame Rettung versprach. Das Suchen ist geblieben, doch die Angst von damals ist der Routine von heute gewichen. Wie oft habe ich später als Pfarrer in Taufgottesdiensten einfach das schreiende Kind vom Schoß der unruhigen Mutter genommen, um es mit meiner Ruhe und Routine zu beruhigen? Und das alles vor der gespannten Gemeinde und gegen das Ungeheuer einer fauchenden und pfeifenden Orgel in dunklen, angsteinflößenden Räumen?

So suche ich jetzt auch nach dem einen Wort in den ersten Sätzen meines Gastes, das mich einlädt oder einladen könnte, zuzufassen und nachzuhaken und erzählen zu lassen.

Man hört nicht nur mit den Ohren zu. Auch der Hintern spielt eine Rolle. Das wird vielleicht neu sein. Aber wenn das Empfinden so groß ist, daß die Menschen von ihm schier erdrückt werden, setze ich mich beim Zuhören zu ihren Füßen. Wer am Boden ist, braucht gute Zuhörer, die sich nicht über ihn erheben. Wer am Boden ist, will sich nicht noch nach oben rechtfertigen. Er braucht Menschen, auf die selbst er in dieser Situation noch schauen kann. Denn der Mensch, der das große Drama durchlitt, ist auch der große Mensch. Und derjenige, der hört und zuhört, ist erst die zweite Wahl des Schicksals. Von oben nach unten erzählt es sich besser. Schicksalsgeschichten sind schließlich immer auch Erbe und Testament. Und das hinterläßt man den Kindern. Und Kinder sind immer kleiner. Also sitze ich auf den Stufen, zu Füßen meines Gastes.

Ich brauche keine Tränen. Doch wenn alles von Herzen kommen soll, dann muß auch alles zu Herzen gehen. Also fürchte ich mich nicht davor. Weder vor den Tränen anderer Menschen noch vor meinen eigenen. Sie sind mir vertraut. Sie sind ein Teil meines Lebens; ich lasse sie nicht verächtlich machen, von niemand! Tränen sind mir kostbar wie Perlen. Aber will ich sie auch wie ein Gebet, eine Äußerung der Seele eines Menschen empfinden, wende ich mich bald ab, um meinem Gast die Möglichkeit zu geben, sich in ein »stilles Kämmerlein« zurückzuziehen, das in Jesu Namen nicht nur für innigste Gebete, sondern eben auch für innigste Tränen den geeigneten Rahmen abgibt. So gesehen gehören weder Gebete noch Tränen auf den Marktplatz. Aber wenn man die anderen Menschen braucht, um an seine eigenen Tränen heranzukommen, wo soll man sie denn suchen? In der Konsumgesellschaft läuft doch alles auf den Markt. Da sind die Menschen. Mit dem Finger auf im Fernsehen weinende Menschen zu zeigen und von Prostitution zu reden, ist scheinheilig. Das geht immer schief, wie gut Sie auch immer auf sich aufpassen!

© Martin Joppen

Martin Hecht wurde 1946 in Bad Harzburg geboren und wuchs in Eutin auf. Er ist noch heute tief im Herzen ein »Nordlicht«. Auf Wunsch seiner Eltern lernte Martin Hecht zunächst den »vernünftigen« Beruf des Exportkaufmanns. 1971 in Südafrika schaffte er den Sprung zum Radio und ging anschließend in die USA. Seit 1974 ist er in Deutschland als Moderator und Redakteur bei verschiedenen Rundfunk- und Fernsehanstalten beschäftigt. Zur Zeit moderiert er zwei Personality-Shows bei HitRadio FFH und hat ein eigenes Radioprojekt mit der Messe in Frankfurt am Main. Martin Hecht ist außerdem eine vielbeschäftigte deutsche Werbestimme. 1983 gründete er eine eigene Firma: Communications Concept, eine Agentur für Marketing-Events sowie Radio-und TV-Spotproduktionen.

Martin Hecht

Martin Hecht

Das große Versprechen

Werbung präsentieren

Er war einer von diesen Regisseuren, wie es sie zu Hunderten in der Werbung gibt: ein bißchen Möchtegern-Schauspieler, ein bißchen übriggebliebener Ufa-Regisseur. Wir waren mitten in der Aufnahme für irgendein Produkt, das vor allen Dingen der Hersteller braucht – zur Umsatzsteigerung. Tausend Regieanweisungen: »Du sprichst mich noch nicht an! So würde ich das Zeug nicht von dir kaufen! Bring dich mehr ein! Erzähl's mir, lies es nicht!«

Und dann kam der Regiehinweis meines Lebens: »Du hast 'ne Schiebermütze auf! Kennst du die Dinger?« Ich bejahte. »Kennst du die Typen, die so was tragen?« Ich nickte, ohne wirklich zu verstehen. »Dann schieb sie noch ein bißchen weiter ins Genick!«

Ich muß ihn wohl verstanden haben, sonst stünde ich heute noch vorm Mikro und würde immer noch versuchen, die wichtigsten 30 Sekunden meines Lebens zu sprechen.

Dabei sind 30 Sekunden schon extrem viel, so lang ist ein ganzer Spot. Und in dem muß klassischerweise ja zunächst mal das Problem aufgezeigt werden, das wir alle zwar nicht haben, das aber so dargestellt ist, daß es uns alle sehr betroffen macht.

Es folgt – zu unserer großen Erleichterung – die Lösung des Problems und anschließend in möglichst klarer Form der Name des Produktes und seine wichtigsten Vorzüge. So wissen wir dann auch, wonach wir zu fragen haben.

Ich bin fast versucht zu sagen: Hast du Sorgen, mach einen Werbespot draus, in 30 Sekunden ist alles geregelt. Nur weil das große Versprechen in 30 und oft noch in viel weniger Sekunden an den Mann oder die Frau gebracht sein muß, kommt der Sprache in der Werbung eine ganz andere Bedeutung zu als in jeder anderen Form der verbalen Kommunikation.

Und darum ist Werbesprache anders. Werbesprache ist wie die Werbung: höher, schneller, weiter – nur merken darf es keiner. Das wäre schlecht. Werbung versucht – unter dem Begriff »slice of life« – das Leben so vorzuspielen, wie es wirklich ist. Wäre die Sprache in der Werbung allerdings wie im richtigen Leben, würde kein Mensch einem Werbespot zuhören. Darum ist das Leben in der Werbung »bigger than life«.

Darum trinkt die Jacobs-Krönung-Familie ihren Geburtstagskaffee nicht aus Allerweltstassen, nein, es muß schon Meißen »Eichenlaub« sein. Die hätte der Allerweltstassenbesitzer nämlich am liebsten.

Darum ißt die Tante in der Werbung ihr Ferrero Rocher auch nicht im Restaurant »Zum Hirsch« an der Ecke, sondern im exklusiven Freßtempel eines sündhaft teuren Hotels auf Moustique, das nur handverlesene Gäste beherbergt. Dort würde auch Frau Jedermann gern mal die wichtigsten Wochen des Jahres verbringen, wird es aber garantiert nie tun – auch nicht mit Lottogewinn.

Darum spricht der Diener seinen Grafen vornehmer an, als Ihre Gnaden es je sein werden.

Als ich bei einem meiner ersten Jobs in einem Werbestudio kräftig niesen mußte (ich leide noch heute unter einer Flachtext-Allergie), lautete der Kommentar des Texters, der auch Regie zu führen versuchte: »Bitte keine natürlichen Töne! Wir sind hier in einem Werbestudio!«

Über diesen Gag lacht die Branche heute noch – die Erfolgreichen allerdings haben diesen Tip verinnerlicht und verstehen es exzellent, die Werbung zu machen, die ankommt.

Hören Sie doch einfach mal selbst genau zu bei all diesen Versuchen, etwas zu verkaufen. Was bleibt hängen? Was wirkt? All das, was einen anderen Weg geht. Das heißt nicht, daß »anders« besser ist, aber wenn das Andere besser gemacht ist, dann ist es gut.

Und damit sind wir bei der großen Frage: Was macht sie aus, die gute Werbesprache?

»Kaufen« muß ein Erlebnis sein. Allem anderen voran ist es die Werbung, die uns in diese Erlebniswelt führt – mit Emotionen. Nichts hat eine solche Power, etwas zu verkaufen, wie Emotionen – erzeugt durch Bilder und durch Sprache.

Egal, was es zu verkaufen gilt: eine Bankdienstleistung, einen Lottoschein, die neueste Ausgabe von FOCUS oder ein Ferrero Küßchen, nichts schafft soviel Vertrauen wie das Wort von Mensch zu Mensch.

Nur woran liegt es, daß wir mit dem tapferen Erfinder leiden, dem Bosch mit seinen wunderbaren Geräten in Form des barschen Patentamtsbeamten jedesmal zuvorkommt, und uns nicht ein einziger Konkurrent einfallen will. Woran liegt es, daß wir jedesmal gespannt darauf lauschen, in welche surrealistischen Höhen wir diesmal wieder entführt werden, um schließlich festzustellen, daß wir doch alle ein bißchen bluna sind?

Es liegt am W-Faktor: W wie Werbesprache. Erfolgreiche Werbesprache baut auf vier Säulen auf, damit die Botschaft ins Ohr und nicht ins Auge geht. Der W-Faktor beschreibt die Fähigkeit der Sprache zu überraschen, zu bewegen, zu informieren und zu überwältigen.

Völlig egal, ob es die männliche »Röhre« ist, bei der immer ein paar tiefhängende Colts mitklingen, die erotisch gehauchte Stimme, die sich so blond anhört wie Wasserstoffsuperoxyd, oder der Schnellsprecher – Sprache hat die Fähigkeit, den Zuhörer zu packen.

Wie für alles hat natürlich die Psychologie auch dafür eine Erklärung: das Phänomen heißt »Abruption«. »Abruption« liegt vor, wenn die normalen Hörgewohnheiten durch ungewohnte gestört werden, wenn beispielsweise die Sprache überrascht. Das erzeugt höchste Aufmerksamkeit, beste Erinnerungsfähigkeit und ganz wichtig: Kommunikationsbereitschaft! Denn wenn Sprache überrascht, verkauft sie! Wir kennen diese Überraschungen der Sprache, seit wir Witze kennen: Wir erwarten, daß die Geschichte einen bestimmten Verlauf nimmt; was dann die Pointe ausmacht, ist das völlig unerwartete Ende.

Wir haben den Spot immer wieder gehört und uns immer wieder daran erfreut: Der frischgebackene Lottomillionär in der Bäckerei, der für seine neuen Freunde die Brötchen gleich tonnenweise einkauft, ist ziemlich lustig. Die eigentliche Pointe serviert erst der nächste Kunde, wenn er im tiefsten südhessischen Dialekt »dausend Nußschneckscher« bestellt, und dann läßt uns gezielt – als Überpointe – die für einen Off-Sprecher recht dünne und ungewöhnlich pointierte Stimme wissen, daß »es mehr trifft als man denkt«.

Überraschungen wirken meist surreal, vor allem wenn sie zwei bekannte Elemente auf eine bisher unbekannte Art miteinander verbinden: Nußschnecken sind nichts Neues, ebensowenig wie der Kunde, der sie käuflich erwirbt. Aber eine Menge von tausend Stück, die sprachliche Interpretation des Kunden und die darauffolgende Off-Sprache schon. Wenn wir's hören, horchen wir auf und merken's uns. Nichts bleibt so gut in Erinnerung wie die Überraschung.

Wenn Sie jetzt die Werbesprache auf Überraschungen überprüfen, nehmen Sie noch eine kleine Werbegrundregel mit auf den Weg, die für das Bild entwickelt wurde und ebenso für die Sprache gilt: Es ist keine Überraschung, wenn du auf dem Kopf stehen kannst – es sei denn, dein Geld fällt dir dabei nicht aus der Tasche!

Der zweite W-Faktor der Sprache: sie bewegt.

Gemeint ist damit das ganze Spektrum der Emotionen. Viel mehr als Freude und Trauer; auch Eifersucht, Haß, Leidenschaft, Verzweiflung, Lust – um nur ein paar zu nennen. Die Werbung benutzt Emotionen, um zu verkaufen. Nichts bindet so sehr an eine Marke wie die Emotion, die man mit ihr verbindet.

Ein Beispiel: Es gibt unzählig viele CD-Zusammenstellungen mit langsamen Titeln, aber KuschelRock schafft's – anders als alle anderen –, mit der Sprache eine emotionale Verbindung zu schaffen.

Hören, das Gehörte umsetzen und sich eingestehen: »Ja, das bin ich!« Danach ist der Weg in irgendeine CD-Abteilung naheliegend und selbstverständlich. Bisher unerreichte Verkaufszahlen jeweils in Millionenhöhe sind wohl ein guter Beweis.

Dabei wirkt die mit einem Lächeln erzeugte Emotion mindestens genauso gut: Dem ebenso unentwegten wie unfähigen Bastler, dem sein Fahrzeug bei der Achsenreparatur mit lautem Getöse zusammenbricht, gilt unsere ganze Sympathie. Und den Gelben Seiten, auf denen die zu finden sind, die er »besser hätte fragen sollen«, unsere ganze Aufmerksamkeit.

Selbstmitleid ist eine Emotion, die uns das entsprechende Produkt gezielt nachfragen läßt. Oder läßt es Sie allen Ernstes kalt, wenn Sie von einem verregneten Campingausflug hören, bei dem zusätzlich der Geburtstag ins Wasser zu fallen droht?

Wir nehmen mit größter Dankbarkeit zur Kenntnis, daß Yes-Torty die Katastrophe – in Form von zarten Mädchentränen – verhindern konnte und machen uns schnellstens auf zum Kühlregal. Neben der Geschichte ist es vor allem die genial emotionsgeladene Sprache, die uns die Augen feuchtet. Genial deshalb, weil sie den Zuhörer packen kann und ausschlaggebend dafür ist, wie sehr ihm die Story zu Herzen geht.

W-Faktor Nummer 3: Sprache informiert.

Information und Werbung sind zwei getrennte Welten? Ja, woher wissen Sie denn, daß die Milchschnitte keine Süßigkeit ist, sondern eine echte Zwischenmahlzeit, die Honig und vor allen Dingen viel Milch enthält? Woher wissen Sie denn, daß ein Fruchtzwerg so wertvoll ist wie ein kleines Steak?

Sprache informiert und transportiert dabei ihre eigene Wahrheit. Und diese Wahrheit hat eine unglaubliche Kraft: die Kraft zu verletzen, die Kraft zu heilen und auch die Kraft zu lügen. Die Kontrolle über diese Kraft haben dabei immer zwei: derjenige, der die Sprache benutzt und derjenige, der das Gesagte aufnimmt. Idealerweise operieren »Sender« und »Empfänger« dabei auf der gleichen Frequenz.

Das berühmteste Beispiel ist der Satz: »Was willst du schon wieder?« Fünf Worte, fünf Möglichkeiten der Betonung und damit fünf völlig verschiedene Wahrheiten. Und dabei steckt jede Bedeutung so voller Emotionen, daß die eigentlich zugrundeliegende Tatsache oft ganz schön weit weg und in einigen Fällen zu weit weg ist. Viel weiter auf jeden Fall, als es sich die Nachrichtensprache zum Beispiel je erlauben könnte.

Ein Waschmittel, das alles bei jeder Temperatur ganz weiß wäscht, gibt es nicht. »Doch!« sagen Sie, das hör' ich doch ständig in der Werbung!

Glaub' ich Ihnen; das ist die Wahrheit, die Sie gehört haben. Gesagt hat der Kollege allerdings, daß dieses wunderbare Mittel »nahezu« alles bei »fast« jeder Temperatur blütenweiß wäscht.

Nur war es eben seine Sprache, die dafür gesorgt hat, daß Sie etwas anderes gehört haben: das, was Sie hören sollten – seine Wahrheit.

Und informiert hat er sie allemal.

Schließlich sind Sie ja auch darüber informiert, daß Ford »etwas tut«. Das liegt sicher zum Teil an der Eingängigkeit des Slogans, doch ist es erst die eingängige Sprache in dem gesamten Spot, die diese Information und die dazugehörige Wahrheit ganz fest beim Hörer verankert.

In keinem anderen Bereich wird der Informationscharakter der Sprache so sehr ge- und ab und zu auch verbogen. Nirgendwo sind die mittels Information entwickelten Wahrheiten so vielfältig und feinsinnig. Und ich gebe zu, ich kenne keinen anderen Bereich, in dem das »Wahrheiten herstellen« ähnlich kreativ ist.

Gute Werbung soll – und damit sind wir beim vierten Bein des W-Faktors – überwältigen.

Was kann uns überhaupt überwältigen? Ich meine im richtigen Leben! Die Natur, die Schönheit eines Augenblicks.

Grundsätzlich ist es ja die Aufgabe der Werbung, beispielsweise mit Hilfe eines überwältigenden Eindrucks, den Konsumenten zu einer Antwort zu bewegen; der Antwort, die wünschenswerterweise lautet: »Ja, ich kaufe dich!«

Aber wie, bitte schön, soll die Sprache dazu in der Lage sein?

Indem sie Bilder herstellt, die den Gefühlsmenschen in uns einfangen. Den Teil unserer Gefühlswelt, der belastet ist mit dem üblichen Alltagsbewußtsein. Und genau da »bricht« die Sprache ein, produziert so etwas wie eine Traumwelt – auf jeden Fall ein entspanntes, friedvolles Gefühl.

Dieses Vermögen der Sprache ist absolut nichts Neues; bestes Beispiel: unsere großen Dichter – setzten sie doch meisterhaft die Fähigkeit der Sprache ein, zu überwältigen.

Die Werbung geht aber noch einen Schritt weiter: der Texter tut's im Verbund mit dem Sprecher.

Die Textzeile, die uns sagt, daß Licher Bier aus dem Herzen der Natur kommt, zündet noch nicht unbedingt das kleine Lichtlein in uns an. Erst die warmherzige, dunkle Stimme läßt dieses überwältigende Gefühl in uns entstehen. Und beim nächsten Besuch im Getränkemarkt greifen wir nach dem Licher-Kasten, ohne richtig zu wissen warum.

Sprache kann durch Bilder überwältigen, und zwar durch die Bilder, die sie in unseren Köpfen entstehen läßt. Einen Radiospot für einen Kinofilm zu machen ist widersinnig? Keineswegs! Die Bilder, die der Text zusammen mit Filmausschnitten (akustischen) in unseren Köpfen entstehen läßt, würden jeden Oskar abräumen.

In einer Welt, in der »marketing by facts« immer schwieriger wird, weil sich die Produkte immer weniger unterscheiden, muß immer mehr das Gefühl herhalten; muß immer mehr der Weg eingeschlagen werden, den Käufer zu überwältigen, um so seinen Griff ins Regal zu steuern.

Im Geschäft sind die Würfel längst gefallen. Die eigentliche Schlacht des Verkaufens wird lange vorher geschlagen. Die Waffen sind dabei die großen Versprechen. Und in meiner Branche weiß man: Versprechen kann sich jeder mal.

© SAT.1

Elmar Hörig wurde 1949 in Baden-Baden geboren und wuchs in Hamburg auf. Er lebte 1969 und 1970 als Popmusiker in London, anschließend nahm er das Studium der Sportwissenschaften und Anglistik an der Uni Freiburg auf, verbrachte während des Studiums aber noch einmal ein Jahr in London zwecks Ausbau seiner Musikerkarriere. Nach Staatsexamen sowie Referendarzeit und parallel zur Lehrtätigkeit in einem Internat in Sasbach begann Elmar Hörig 1980 als Moderator bei SWF 3. 1983 bis 1986 moderierte er seine erste Fernsehsendung im Vorabendprogramm der ARD: »Die sechs Siebengescheiten«. Es folgten weitere Hörfunk- und Fernsehsendungen. 1986 gab er die Lehrtätigkeit auf. Seit 1996 moderiert er bei SAT.1 die beiden Shows »Bube, Dame, Hörig« und »Pack die Zahnbürste ein«. Elmar Hörig lebt in Freiburg.

Elmar Hörig

Elmar Hörig

Neue Show – neues Glück

»Wer geglaubt hat, daß die Fernsehunterhaltung auf ihrem Tief-
punkt angelangt ist, der hatte Hörig bisher übersehen.«
(*Badische Zeitung* vom 1. 7. 96)

Der Anruf erreichte mich gegen 8.30 Uhr am Morgen, also für
mich mitten in der Nacht. Dringend! »O. k., stellen Sie durch!«
»Hallo«, ertönt es am anderen Ende, »bist du schon wach?«
»Jetzt ja«, räuspere ich mich. Es ist mir zwar immer peinlich,
aber ich habe mir schon als Kind gewünscht, später einen Beruf
auszuüben, bei dem man ausschlafen kann, also Beamter, Politiker oder Zuhälter. Vor 10.00 Uhr morgens ist mit mir rein gar
nichts anzufangen. Allerdings bin ich auch kein Nachtmensch.
So habe ich versucht, in meinem Leben die paar Minuten Wach-
zustand, die mir von Natur aus bleiben, effektiv zu nutzen. Es ist
mir leidlich gelungen. Seit es jedoch Menschen gibt, die sich um
meine Belange kümmern, komme ich fast gar nicht mehr zu meiner verdienten Bettruhe. Sehr schlecht! Mein Betreuer sagt, das
sei auf der anderen Seite aber vorteilhaft für mein Bankkonto.
Man wird sehen.
»Du sollst Ingolf Lücks Sendung ›Pack die Zahnbürste ein‹ übernehmen. Er hat eine neue Show und kann sechs Termine nicht
wahrnehmen. Eine Reiseshow. 22.00 Uhr – dauert knapp 1 Stunde, und du kannst auf die Kacke hauen, soviel du willst. Haste
Lust?!«
»Muß ich fliegen?« lautet meine erste Frage.
»Nein, haben wir abgebügelt, macht eine Außenreporterin. Die

sieht erstens besser aus als du, außerdem hat sie keine Flug-
angst, weil sie mal Pilotin bei der Lufthansa war. Mußt aber auf
einen Teil deiner Gage verzichten.« Wenn ich nicht fliegen muß,
verzichte ich gerne auf alles. Ich muß immer an diesen Witz denken: Ein Jet stürzt ab und die Leute schreien wie blöde, nur ein
Fluggast dreht sich zu seinem Nachbarn um und sagt: »Was
regen Sie sich auf, ist das vielleicht Ihr Flugzeug?«
»Entspann dich, Junge, wir rufen dich wieder an, wenn wir
genaueres wissen.«
Tage, die so hektisch beginnen, mag ich gar nicht.
Vier Wochen später weiß ich mehr. Die Sendung ist nicht um
22.00 Uhr, sondern um 20.00 Uhr, also Prime Time, wie das wohl
heißt. Ich darf natürlich nicht auf die Kacke hauen, denn die
ganze Familie sitzt ja vor der Glotze. Vermutlich sogar alle Fans
der Kelly Family – na herrlich.
Die Produzenten kommen aus München und teilen mir erfreut
mit, daß es ihnen gelungen ist, zwei Assistentinnen für die
Sendung zu gewinnen, die noch kleiner sind als ich. Das hat
mich spontan beeindruckt, denn normalerweise müssen meine
Assistentinnen flache Schuhe tragen, weil sie mir sonst auf den
Kopf spucken könnten. Flache Schuhe, habe ich mir sagen lassen, machen aber keinen schlanken Fuß. Ist völlig egal, die
beiden haben soviel Oberweite, daß man erst gar nicht auf die
Beine guckt. Der Beweis: Playboy, Ausgabe 4/95 – Playmate des
Monats. Damit keine Mißverständnisse aufkommen, ich mag
große Busen sehr, aber muß er *so* groß sein? »Ja, das muß sein«,
höre ich, »das bringt Quote.« Na dann.
»In der Runde nennen wir die beiden Hono und Lulu, das finden
wir witzig.«
Ich schlage vor, daß man das auch variieren könnte, zum Beispiel: Costa und Rica, Missi und Sippi oder Cellu und Litis. Am
bösen Blick des Redakteurs von SAT.1 sehe ich, daß das kein
guter Vorschlag war. Wir belassen es bei Hono und Lulu.
Als wir uns trennen, kriege ich die Drehbücher. Ich soll sie im
Urlaub gut durchlesen, aber ich bin Profi und kenne die Tricks.
Alle Drehbücher dieser Welt werden im letzten Augenblick völlig umgeschrieben, und dann kann man den ganzen Krempel,

77

den man sich mühsam in die Birne gehauen hat, komplett vergessen. Ich werde nichts lesen, dann ist mein Hirn frei für alle neuen Informationen, und alle werden glauben, ich sei gut vorbereitet. Bitte nicht petzen!

Erster Drehtag. Montag, 8 Uhr!!!!!!! Dreharbeiten für den Vorspann. SAT.1 hat extra einen Topregisseur aus Österreich einfliegen lassen, damit die ganze Sache Pfiff kriegt. Und ich dachte, es gäbe da nur Skilehrer. Ich frage ihn, ob er weiß, was ein österreichischer Verkehrspolizist macht, der im Lotto gewonnen hat. – Keine Ahnung? Na, er kauft sich eine Kreuzung und macht sich selbständig.
Die Rache ist grausam. Steven Spielberg aus dem Vorarlberg läßt mich in praller Sonne vier Stunden lang mit dem Fahrrad quer durch die Innenstadt von Köln fahren. Die Schickimickis und die Trullatussis in den Straßencafés prusten in ihren Campari-Orange, während ich mir auf dem Mountainbike einen Wolf trete. Als der Sattel abbricht, wage ich zu protestieren. »Habt ihr überhaupt noch Film? Das muß ja mittlerweile schon alleine eine Stunde füllen.« Aus neun Drehstunden wird ein 30-Sekunden-Filmchen. Am Abend bin ich platt.

Zweiter Drehtag: Dienstag, 8.30 Uhr. Das Team wird begrüßt, und die kalten Proben beginnen. Warme Proben gibt's nur beim WDR, habe ich mir sagen lassen. Ha, ha – kleiner Scherz. Natürlich ist das gesamte Drehbuch geändert worden. Mittlerweile hat es ungefähr 40 Seiten. Soll ich das lernen? Alles?? Später!
»Zuerst solltest du die Einspielfilme für die erste Show anschauen!« Gut – dann das zuerst. Thailand oder Titisee. Das sind die Ziele der ersten Show. Sonja Zietlow, meine Außenreporterin, ist nun wirklich eine hübsche, und so sind wenigstens die Einspieler kein Problem.
Dann gibt's eine Pause. Toll!! Endlich was zu essen – Brötchen mit Salami und Schinken. Da ich Vegetarier bin, aus Wut über die elenden Tiertransporte, die unsere Politiker immer noch dulden, ohne sich dafür zu schämen, esse ich nur eine Banane und gehe mit Thomas Klees, dem Regisseur, mit knurrendem Magen

meine verschiedenen Kamerawege noch mal ab. Das mag zwar simpel erscheinen, ist aber ungeheuer wichtig, weil man sonst im entscheidenden Augenblick vor der falschen Kamera steht. Man merkt das bei Live-Aufzeichnungen daran, daß mindestens 50 Mitarbeiter im Kamerateam wild mit den Armen in der Luft fuchteln. Im ersten Augenblick denke ich dann immer, jemand braucht einen Notarzt oder so was, bis ich dann schnalle, daß ich in die falsche Linse grinse. Man muß blitzschnell reagieren und so tun, als wäre das geplant gewesen. Kein Problem für mich als Profi. Mittlerweile hat sich aber auch die Bildmischerin von ihrem Schock erholt und auf die andere Kamera umgeschaltet. Jetzt guck ich schon wieder in die falsche Röhre. Fernsehen ist manchmal richtig doof.

Nach acht Stunden ist Feierabend. Nicht für mich. Das Kernstück der Sendung muß noch besprochen werden. Die Überraschung.

Für die erste Sendung was fürs Gemüt. Ein Rentner aus Essen hat einen großen Wunsch. Ein richtiges Schrebergartenhäuschen. Aber das kostet so um die zehn Riesen. Eine Menge Holz. Geht aber auch billiger! Man nennt das Sponsoring. Ich nenne ca. dreißigmal den Namen des Herstellers, und die Kamera fährt unauffällig auf das Logo und verharrt dort ungefähr sieben Stunden. Dann gehört die Hütte uns und wir können sie dem Rentner schenken. Geht auch mit Zahnpasta und Gummibärchen. Weil wir nicht kleckern, sondern klotzen, kriegt Opa Stiller, so heißt der Kandidat, alles, was man noch so im Garten braucht. Elektrorasenmäher, Häcksler, Kompressor, Heckenschere – alles Dinge, mit denen man sich verstümmeln kann. Natürlich von Bosch – siehe oben. Kapiert?

Und morgen reden wir über die Lunte.

Bevor ich gehe, frage ich noch, was denn passiert, wenn Opa Stiller vor der Sendung stirbt. »Dann kriegt die Frau den Kompressor und basta. Schlaf gut!«

In dieser Nacht schlafe ich schlecht, das heißt, eigentlich schlafe ich gar nicht. Kurzzeitig kommt mir der Gedanke, einfach aufzustehen und nach Hause zu fahren.

Am nächsten Morgen habe ich wahnsinnige Kopfschmerzen. Vermutlich der Streß – in meinem Alter eine gefährliche Sache. Der Produzent sieht das nicht ganz so. 16 Stunden am Tag sei das mindeste, und übrigens sei das Drehbuch wieder umgeschrieben worden. Das Reisepaßlotto wurde geändert.

»Können wir das nicht gleich ganz rausschmeißen? Es lutscht!!«

»Nein, geht nicht, Zuschauerbindung nennt man so was. Wir lockern das ganze auf, indem wir acht Kids reinlaufen lassen. Wir nennen sie die acht Gerechten.« Meine Kopfschmerzen nehmen noch einmal leicht zu.

Probleme gibt es auch mit dem Helikopter. Die Kandidaten müssen ihr Reiseziel möglichst schnell mit diesem Monstrum erreichen. Vor ihnen eine Weltkarte, die abwechselnd mit einer Reliefkarte auf einem Bildschirm erscheint. Der eine muß trampeln, der Partner steuert mit einem Joystick. Nicht ganz einfach, da der Erfinder selbst nicht so recht mit seinem Programm klarkommt. Bei den Proben fliegen viele Kandidaten deshalb nur im Kreis. Später in der Sendung übrigens auch. Mein Nachbar ist Pilot bei der Lufthansa, und der sagt, daß das Fliegen im Kreis eine der häufigsten Übungen für Piloten ist, vor allem über Frankfurt. Insofern liegen wir im Trend.

In der Mittagspause gibt es wieder Schinkenbrötchen. Zeit für mich also, nochmals die Positionen abzugehen und mir einzuprägen, wo ich was sagen soll. Dinge, die ich mir absolut nicht merken kann, schreiben wir auf einen Teleprompter. Großartige Erfindung, vor allem für Menschen, die erste Anzeichen von Alzheimer haben. Galt früher als verpönt, aber ich glaube, mittlerweile benutzt ihn sogar Dagmar Berghoff. Wenn ich also einen Hänger habe, muß ich nur auf die Kamera gucken, und schon habe ich den Faden wieder. Ich brauche nur Stichworte – der Rest kommt, so hoffe ich, von alleine.

Drei Stunden vor der Aufzeichnung kriege ich plötzlich Fieber. Ich trinke eine Flasche Echinacea und nehme fünf Aspirin. In der Zwischenzeit wurde das Drehbuch wieder geändert, ob ich das noch einbauen könnte? Mir ist das jetzt mittlerweile scheißegal, und meine Garderobiere macht sich Sorgen um meine Gesundheit und schießt noch eine Magnesiumtablette nach.

Der Produzent geht mit mir noch einmal die »Überraschung« durch. Also, die Lunte sei das wichtigste, damit keiner was merkt. Man muß indirekt auf das Thema zusteuern, ohne es zu verraten, und dann ganz zufällig neben dem ausgesuchten Kandidaten Platz nehmen. Völlig unauffällig – klaro?

»Was passiert, wenn sich der Kandidat nicht meldet?« will ich wissen.

»Null problemo«, lautet die Antwort, »seine Frau meldet sich für ihn, sie ist gebrieft.«

»Wieso nehmen wir dann nicht gleich die Frau«, frage ich.

»Na, weil die gar kein Schrebergartenhäuschen haben will. Kapiert?« Ja, ich glaube, das habe ich jetzt begriffen.

Die Überraschungen sind mitunter tatsächlich ganz witzig. Vor allem für diejenigen, denen sie zuteil werden. In der zweiten Sendung lassen wir einen Freizeitkapitän mitsamt seinem alten Kahn absaufen. Seine Frau persönlich übernimmt die Sprengung aus Rache für 20 Jahre Abwesenheit beim Abtrocknen. Leider haben die Tontechniker vergessen, ihm ein Mikrofon zu verpassen, bevor er in den Fluten versinkt. Denn das, was er da von sich gibt, hätte vermutlich gleich mehrere Unterhaltungssendungen gefüllt. So sinkt er still vor sich hin und erscheint eine halbe Stunde später tropfnaß im Studio. Als ich ihm eröffne, daß seine Frau für all dies verantwortlich ist, droht er ihr eine Ohrfeige an. Nettes Kerlchen, denke ich. Dafür, daß er sich hier zum Deppen macht, wird er aber reichlich belohnt. Er kriegt ein neues Motorboot mit Außenborder und Anhänger im Wert von 30 000 DM. Dafür kann man sich doch mal sprengen lassen.

Mitten aus dem Leben ist auch die Geschichte von Gudrun, einer Fremdsprachensekretärin. Im Urlaub auf Kreta lernt sie einen Typen kennen, knutscht mit ihm und merkt dann am nächsten Morgen, daß der Junge zu klein ist. Sein Kumpel Georg ist größer und paßt besser zu Gudrun. Aber der Haken dabei ist, nach drei Tagen reisen die Jungs ab. Da springt Dimitri ein, Discjockey auf Kreta. Heiße Liebschaft! So jedenfalls wurde das recherchiert. Die Freundin gab den Tip. Dimitri soll eingeflogen werden und als Überraschungsgast kommen. Kurz vorm Aufzeichnungstag bricht sich Dimitri beim Motorradfahren ein Bein. Das Drehbuch muß also wieder umgeschrieben werden. Hätte Gudrun doch lieber die griechische Nationalelf ... Bei der Aufzeichnung erfahre ich dann, daß sowieso alles nicht stimmt. Es war nur ein kleiner Flirt. Selbstverständlich rein platonisch. Anstelle von Dimitri nehmen wir Gudruns beiden deutschen Freunde.

Wir lassen die Jungs durch Türen laufen, hinter denen sich Urlaubsangebote befinden. Es sind drei Türen, zwei aus Styropor, eine massiv. Eine Assistentin meint, daß es doch sehr gefährlich sein könnte, wenn einer frontal gegen eine verschlossene Tür rennen würde. Wir machen ihr klar, daß kein männliches Wesen so bescheuert wäre, frontal gegen eine Tür zu rennen, sondern immer nur seitlich, und zudem seien die Jungs gepolstert wie beim Football. Wieso, fragen wir uns, haben Frauen eigentlich Zutritt zum Studio?

Bei der Live-Aufzeichnung rennt einer der beiden natürlich voll gegen die Eichentür. Kurzzeitig glaube ich, er wird ohnmächtig, aber er bleibt stehen. Im zweiten Durchgang erwischt er schon wieder die Eichentür. Das Leben ist eben voller Tücken!

Für 500 DM (diese Summe kriegt der Verlierer) kann man schon mal einen Schädelbasisbruch riskieren. Georg hat die beiden »weichen« Türen erwischt und gewinnt drei Wochen auf Hawaii im Zelt. Er verzichtet auf den Urlaub und schenkt ihn Gudrun, weil er keinen Streß mit seiner Freundin will.

Vielleicht wird ja Dimitri bald wieder gesund.

Während ich geschminkt werde, gehe ich im Geiste noch mal alle Positionen ab. Dann ist es soweit. Das Publikum sitzt in froher Erwartung im Studio. Es sind drinnen ungefähr 35 Grad – die Klimaanlage kann nicht eingeschaltet werden, da sonst die Lasereffekte nicht zur Wirkung kommen würden. Die Leute sind gut drauf, vielleicht weil sie wissen, daß sie in den nächsten drei Stunden hier nicht mehr rauskommen; wir haben nämlich ihre Koffer. Nach weiteren fünf Aspirin spüre ich keine Kopfschmerzen mehr, bin aber nur bedingt ansprechbar. Leicht aufgeregt bin ich schon, und irgendwann schiebt mich jemand zur Tür raus. Toi, toi, toi.

Die nächsten paar Minuten gehen irgendwie an mir vorbei. Als ich wieder zu mir komme, klopft man mir anerkennend auf die

Schulter. »Gut gemacht, Alter, wir sind stolz auf dich!« Toll, denke ich, du bist also nicht umgefallen. Werbebreak. Gott sei dank sind wir bei den Privaten. Zeit zum Luftholen.

Jetzt kommt der schwierige Teil, die Überraschung. Natürlich meldet sich der Schrebergärtner nicht. Also gehe ich auf ihn zu und sage: »Sie sehen so aus, als ob Sie einen Schrebergarten hätten.« Genialer Einfall! Er nickt. So, das hätten wir. Die Sache mit der Überraschung klappt hervorragend, und am Ende, als Opa Stiller sein neues Schrebergartenhäuschen kriegt, heulen fast alle. Jetzt weiß ich endlich, wie sich Linda de Mol fühlen muß.

Nach drei Stunden, mittlerweile ist es 22.30 Uhr, haben wir es geschafft. Ich bin naßgeschwitzt. Ein Wagen bringt mich von Köln nach Baden-Baden, da ich am nächsten Morgen um 9.00 Uhr eine Radiosendung moderiere. Harry, mein Chauffeur, fragt mich, wie es denn so gelaufen sei, und ich antworte ihm, das meiste hätte ich gar nicht mitgekriegt.

Irgendwo zwischen Koblenz und Ludwigshafen weckt er mich und drückt mir eine Flasche Wein in die Hand. »Herzlichen Glückwunsch zum Geburtstag.«

»Danke«, sage ich und frage ihn, wie lange wir noch brauchen.

»Die Hälfte haben wir hinter uns!«

Die Kritiken sind vernichtend, vor allem die in der *Bild am Sonntag*. Das schmerzt im ersten Moment, aber mittlerweile ist es mir wurscht. Keiner von diesen Pappnasen hat den leisesten Schimmer, was es bedeutet, eine Samstagabendshow im Fernsehen zu moderieren. Nicht ein einziger Journalist war am Aufzeichnungsabend anwesend.

Ich bleibe im Bett und drücke meine Katze an mich, die mich drei Wochen sehr vermißt hat. Als sie schnurrt, stimmt die Welt wieder. Meine Freundin bringt mir einen Tee ans Bett und die aktuellen Quoten: 2,4 Millionen Zuschauer bei einem Marktanteil von knapp 10 Prozent. Barbara Eligmann würde sich bei solch einer Quote vermutlich die Kugel geben oder auswandern, oder beides.

Mir hat die »Zahnbürste« einen enormen Popularitätsschub gegeben, trotz mieser Kritiken. Man erkennt mich im Supermarkt, ältere Frauen blinzeln mir zu und fragen, ob ich denn meine Zahnbürste dabei hätte. Ich deute dann immer auf meine Hose und sage: »Na klar!« Das sind sehr heitere Momente. Manchmal fragt auch jemand nach einem Autogramm – natürlich für die Tochter zu Hause –, ich kriege bessere Plätze in Restaurants und werde zu Partys eingeladen, bei denen ich ohne Personalausweis früher nie reingelassen worden wäre. Dafür kann man doch mal den Affen machen, oder nicht?

Als das Telefon klingelt und SAT.1 mir mitteilt, daß ich ab sofort die Sendung »Geh aufs Ganze« moderieren soll, fangen meine Kopfschmerzen wieder an.

© MDR-Fernsehen

Jan Hofer studierte von 1970 bis 1974 Betriebswirtschaft in Köln, anschlie-ßend arbeitete er von 1976 bis 1984 als Redakteur und Moderator bei der Deutschen Welle, beim Deutschland-funk, beim WDR und beim Saarlän-dischen Rundfunk (SR1 – Europawelle Saar), danach bis 1986 beim Fernseh-regionalprogramm Saarländischer Rundfunk S3. Seit 1986 moderiert Jan Hofer die ARD-»Tagesschau«. Er ist darüber hinaus als Redakteur und Moderator des Satiremagazins »Show-biss« (mit Desirée Bethge) in Erschei-nung getreten und hat zusammen mit Margarete Schreinemakers, Hermann Schreiber u. a. die NDR-Talkshow mode-riert. Seit 1992 präsentiert er beim MDR-Fernsehen die »Riverboat-Talks-how«, die zu den erfolgreichsten Talks-hows in Deutschland zählt. Jan Hofer hat außerdem an diversen Fernsehpro-duktionen für ARD und ZDF (»Ver-steckte Kamera« mit Fritz Egner etc.), bei verschiedenen dritten Programmen sowie Privatsendern mitgewirkt.

Jan Hofer

Jan Hofer

Moderieren zu dritt

Fußballtrainer und Talkmaster haben ein vergleichbares Problem. Reden *kann* jeder, und ein Fußballspiel beurteilen *glaubt* jeder zu können. Wieviel Arbeit und Vorbereitung hinter dem Spiel mit den Worten und dem Spiel mit dem Ball steckt, ahnt niemand, der sich damit nicht professionell beschäftigt.

Alles, was mit Leichtigkeit über den Bildschirm kommen soll, muß genauestens vorbereitet sein. Damit sind die Gemeinsamkeiten der beiden »Spiele« allerdings erschöpft. Wenden wir uns also dem zu, was man Talkshow nennt – einem Import aus den USA.

Für mich ist es das Spannendste, was die Medienlandschaft für einen Moderator zu bieten hat. Eine Sendung ohne Netz und doppelten Boden, ohne Manuskript und elektronische Lesehilfen, ganz und gar angewiesen auf das, was Moderatoren und Gäste miteinander anzufangen wissen.

Am Anfang steht eine simple mathematische Aufgabe, bezogen auf die Talkshow, von der ich hier berichten möchte: die »Riverboat Talkshow« des MDR. Sendezeit 90 Minuten, sechs Gäste, drei Moderatoren. 90 Minuten für sechs Gäste, da bleiben nach Adam Riese für jeden Gast 15 Minuten Sendezeit. Davon abgezogen ein Musiktitel und für jeden Gast eine kurze filmische Einleitung, damit der Zuschauer weiß, wen er vor sich hat. Von den 15 Minuten bleiben also pro Gast maximal noch 12 Minuten, manchmal ist das zu kurz, manchmal aber auch sehr, sehr lang. Nämlich dann, wenn ein Gesprächspartner mit dem Moderator (oder umgekehrt) nichts anzufangen weiß. Das sollte nicht vorkommen? Nun ja, jeder hat schon einmal ein Pferd vor der Apotheke ... Sie kennen das Sprichwort.

Disziplin ist also das unbedingte Gebot der $1^1/_2$ Stunden. Man stelle sich vor, bei jedem Gast wird die vorgesehene Gesprächsdauer nur um eine Minute überzogen. Den letzten beißen die Hunde, er hat dann gerade noch die Möglichkeit, guten Tag zu sagen und ist sauer, weil er nun nicht, so wie die anderen Gäste, seine CD oder seine aktuelle Buchveröffentlichung vorstellen kann. Auf dieses leidige Thema komme ich später noch einmal zu sprechen.

Sie haben vollkommen recht, bei einer Gesprächsdauer von 10 bis 12 Minuten kann man doch ein Leben, eine Karriere, ein Projekt gar nicht Revue passieren lassen, geschweige ein Thema tiefschürfend und sinnfällig diskutieren. Das allerdings ist nach meiner Meinung auch nicht die Aufgabe einer Unterhaltungs-Talkshow. Das Wort »Talkshow« besteht aus zwei Teilen, die sehr genau verdeutlichen, was ich meine. Erstens Talk (Gespräch) und zweitens – Show. Beides muß gleichermaßen bedient und bei der Einladung der Personen berücksichtigt werden. Stimmt die Mischung, und die Gäste ergänzen sich gegenseitig, ist der Erfolg beim Zuschauer vorprogrammiert. Die Einschaltquoten, die Meßlatte aller Fernsehschaffenden, stimmen.

Wie wird nun die Sendung redaktionell vorbereitet, welches Material steht zur Verfügung? Zwei Redaktionstage sind die Regel, unmittelbar vor der Live-Sendung. Assistentinnen haben mittels Zeitungsarchiven alles Wissenswerte über den Kreis der eingeladenen Personen gesammelt. Ist ein Gast schon einmal in einer ähnlichen Sendung bei einem anderen deutschen Sender aufgetreten, wird Videomaterial angefordert. Über das künstlerische Schaffen von Sängern, Schauspielern oder Regisseuren gibt es oft Videoaufzeichnungen. Dieses Material ist äußerst hilfreich, denn es ist nahezu unmöglich, alle Gäste in ihrer künstlerischen Potenz beurteilen zu können, und ein Gast reagiert zu Recht ungehalten, wenn man nicht genau weiß, wovon man spricht.

Das wichtigste Handwerkszeug kostet nichts, allerdings kann

man es auch nicht lernen, man hat es oder man hat es nicht – Neugier und ein unbändiges Interesse an Menschen, gepaart mit einer gewissen Schlagfertigkeit. Echte Kommunikation findet nur statt, wenn man Zugang zu seinem Gegenüber findet.

Die Moderatoren überlegen sich also, was sie von einem Gast wissen wollen, legen fest, mit welcher Frage sie das Gespräch eröffnen, in welche Richtung das Thema gelenkt werden soll. Die jeweilige Lebensgeschichte und wichtige Daten der Karriere sind bereits im Vorfeld, unmittelbar vor dem Gespräch, in einem kurzen Film dargestellt worden. Die Themenkomplexe werden festgelegt, nicht aber jede einzelne Frage.

Anschließend wird ein sehr genaues Zeitraster bestimmt. Antwortet ein Gast zu lang oder wird ein Thema zu ausführlich diskutiert, müssen andere Fragen ad acta gelegt werden. Der erfahrene Talkmaster baut sein Gespräch so auf, daß die unwesentlichen Fragen am Schluß kommen und gegebenenfalls gestrichen werden können.

Immer wieder wird die Vermutung geäußert, die Themenkreise oder sogar die einzelnen Fragen seien vorher abgesprochen worden. Jeder Talkmaster ist gut beraten, das nicht zu tun. Die Spontaneität des Gesprächs würde enorm leiden.

Mehrere Moderatoren und gut gemischte Gästelisten bieten sich an bei Talkshows, die sich nicht an ein vorgegebenes Thema halten. Monothematische Talkshows sind mit einem Gesprächsleiter, der den »roten Faden« fest in der Hand hält, besser bedient.

Erstrebenswert ist es, die Gäste miteinander ins Gespräch kommen zu lassen, allerdings lenkend einzugreifen, wenn sie sich zu weit vom Thema entfernen oder wenn die Zeit drängt.

Sehr häufig möchten Gäste auf ihre neue CD, ihr neues Buch oder ihr neues Theaterstück hinweisen. Diese Reklameattacken werden von den Zuschauern sehr häufig als störend empfunden. Der Moderator sollte versuchen, seinen Gesprächspartner darauf hinzuweisen, daß der Imageverlust relativ hoch ist, weil die Zuschauer diese Form der Werbung als lästig empfinden. Zuschauerbefragungen belegen das. Auf keinen Fall sollten sich Talkmaster zu Gehilfen eines solchen Ansinnens machen. Wer unbedingt Reklame für sich oder eines seiner Produkte machen will, muß es schon selber tun.

Auch Raucher in öffentlichen Fernsehsendungen stoßen zunehmend auf Widerstand. Die Telefone stehen nicht still, wenn der blaue Dunst die Mattscheibe vernebelt.

Und warum, bitteschön, reden die in den Talkshows immer dasselbe, und warum ist das oft so langweilig? Ehrlich gesagt, ich weiß es auch nicht. Ich erinnere mich, wie wir in einer Sendung den Präsidenten des Deutschen Mieterbundes und den Vorsitzenden des Rings Deutscher Makler zu Gast hatten. Wir waren fest davon überzeugt, einen spektakulären Coup gelandet zu haben: bei den beiden mußten doch ob ihrer unterschiedlichen Positionen einfach die Fetzen fliegen. Das Ergebnis: Die Herren verkündeten großes Verständnis füreinander und waren sich einig in der Feststellung, schwarze Schafe gebe es in jeder Branche, und die gelte es zu bekämpfen.

Bitte glauben Sie mir, nichts ist einem Talkmaster ein größeres Greuel als langweilige Fragen und langweilige Gäste. Die Quittung bekommt er am nächsten Morgen postwendend beim Blick in den Videotext seines Fernsehers. Die Einschaltquoten sind der unbestechliche Spiegel seiner Arbeit.

Sollten Sie mich also eines Tages nicht mehr in einer Talkshow auf dem Bildschirm entdecken, haben Sie mich einfach weggezappt. Meine Kollegen und ich arbeiten hart daran, daß wir noch ein bißchen bleiben können. Und wir versichern, ständig auf der Suche nach neuen, unverbrauchten Gesichtern zu sein. Wir geloben, den Talkshow-Tourismus soweit wie möglich einzudämmen, wissen aber nicht, wie wir das machen sollen. Eine Talkshow lebt nun einmal unter anderem von den prominenten Namen, doch auch die haben nicht immer Interessantes zu berichten – oder wollen vielleicht nur nicht zuviel preisgeben. Fergie oder Lady Diana, das wäre doch mal was, oder?

© Schweizer Fernsehen DRS

Jörg Kachelmann wurde 1958 geboren und besuchte in Schaffhausen die Schule. 1977 nahm er das Studium der Geographie, Meteorologie, Mathematik und Physik in Zürich auf. Seine Diplomarbeit schrieb er über die »Automatische Kurzfristprognose für die Sonnenscheindauer in Graubünden«. Von 1975 bis 1982 arbeitete Jörg Kachelmann in den Schul- und Semesterferien für den Schweizer - Wetterdienst. 1983 begann er mit der Produktion und Redaktion einer Wetterseite im Schweizer »Sonntagsblick«. Seit 1985 ist er beim Fernsehen. 1990 gründete Jörg Kachelmann die Meteomedia AG und seit 1992 erstellt und moderiert er Wettervorhersagen für die ARD sowie diverse Zeitungen und Hörfunksender im deutschsprachigen Europa. Zudem ist er Programmdirektor beim »Wetterkanal«.

Jörg Kachelmann

Jörg Kachelmann

Der etwas andere Wetterbericht

Glück gehabt. Ende der 80er Jahre herrschte Wüstenklima im deutschen Wettervorhersagewesen, der Luftraum über den Wohnzimmertischen gehörte pseudowissenschaftlichem Geschwurbel in Tateinheit mit der Verwendung von Kunstwörtern: Aus popeligem »Regen« ward naturwissenschaftlich-politisch korrekter »Niederschlag«, das vulgäre »kälter« hörte sich als »Temperaturrückgang« bedeutender an, und die Lizenz zum Pulloverausziehen gab es nicht direkt und ohne Schnörkel, sondern nur über dunkles Ahnen der Bedeutung eines Ausdrucks wie »für die Jahreszeit zu mild«.

Und da nicht alle Menschen in Deutschland fortwährend vor Augen haben, was die für den gegenwärtigen Tag typische Temperatur ist, waren die Wetterberichte von einer bemerkenswerten Kundenferne. Viele Meteorologen bemühten sich, das Wetter als Gegenstand einer Geheimwissenschaft darzustellen, zu der nur ein auserlesener Kreis nach Absolvierung eines langen Studiums und erfolgreicher Ausstaffierung mit Kordhose und Lederkrawatte (gerne kurz getragen, alternativ auch mit einem Andenken aus den Anden, mitgebracht von der letzten Dienstreise) Zugang hatte. Das Fernsehen erkannte den Ernst der Lage, konnte sich aber nicht vorstellen, daß es Fachwissen und Abwesenheit von Meteorologen-Dummdeutsch in Personalunion gab – und erfand Elmar Gunsch, den Ivan Rebroff der Isobaren. Es war beruhigend: Irgendwie hatte man das Gefühl, der Mann weiß einfach nicht, wovon er redet.

Unter diesen Umständen war es für Christian Häckl (inzwischen

Wetterchef bei RTL) und mich ganz einfach, neu zu sein: Wir hatten zwar kein Konzept und schon gar keine Idee, aber wir lebten unsere Freude am Wetter aus – dann klappt's auch mit dem Nachbarn, dachten wir uns, der am Radio sitzt, die Glotze laufen läßt oder die Zeitung liest.

Und tatsächlich: Die Leute fanden es revolutionär, daß man einen Cumulus plötzlich Blumenkohlwolke nannte. Zwar war das nicht unsere Erfindung, sondern die Bezeichnung stammte aus einem Wolkenatlas des Deutschen Wetterdienstes aus den späten 50er Jahren. Doch immerhin war es verständlich, zumal ein Cumulus congestus wirklich aussieht wie ein Blumenkohl. Und dann die Umgangssprache: schiffen, pieseln, pullern, saukalt, gesäßkalt, kuhwarm und anderes mehr – kein großes Latinum hatte mich je daran gehindert, wie ein normaler Mensch zu reden und zu schreiben. Und schon nach kurzer Zeit gab das Lob in Medien verschiedenster Couleur (TAZ, und – sieh an – eine ganze Seite von Anna von Münchhausen im ZEITmagazin!) unserer Zweimannfirma Mut und Rückenwind.

Dergestalt beflügelt, bauten wir – damals vor allem für SWF 3 – immer mehr aktuelle Merksätze aus Politik und Werbung in die Wettertexte ein: Bei der Nebeldecke wuchs wieder zusammen, was zusammengehört, und manchmal wurde nur eine kleine radikale Minderheit Bayerns (klammheimliche Freude beim Rest) vom Regen erwischt. Trotz allen Fabulier- und Formulierehrgeizes blieb allerdings das eine Ziel unverändert: qualitativ die Mutter aller Wetterberichte abzuliefern – präzise und regionalisiert.

Auch hier hatten wir Glück: Der staatliche Monopolist hatte nichts unversucht gelassen, unsere potentiellen Kunden zu quälen. Bemühte sich mal ein Radiosender, das Beamten-Dummdeutsch zu verändern, drohte eine Wetteramtsleiterin eilfertig mit der Jurisprudenz. Und die Existenz von Landschaftsnamen hatte sich zum Glück noch nicht bis zur meteorologischen Ärmelschonerfront herumgesprochen: »Im Norden des Sendegebiets« (Hörfunk, Fernsehen) bzw. »Vorhersagegebiets« hieß es üblicherweise in den Konkurrenzwetterberichten, worauf sich die Leser und Hörer seherischer Fähigkeiten erfreuen mußten, um zu ahnen, ob man denn noch dazu oder schon zum nächsten Sendegebiet gehörte: Wetter zum Aussuchen.

Mit dem Ziehen von Linien (»nördlich von Hunsrück und Taunus bleibt es bis zum Abend zu, südlich der Donau kommt im Laufe des Vormittags die Sonne durch«) gelang uns – dem Team des jungen privaten Wetterdienstes Meteomedia AG in der Schweiz – eine Innovation nicht nur in der Sprache, sondern auch bei der Qualität der Vorhersage: Schneite es bisher typischerweise bis »in mittlere Tallagen«, war es für uns selbstverständlich, eine Höhenangabe zu machen. Nebelobergrenzen schienen den meisten beamteten Meteorologen sowieso rätselhaft und überflüssig, allenfalls gab es bei winterlichen Inversionslagen (unten grau, oben blau) ein unverbindliches »Berglagen teilweise frei« – wer wollte, konnte sich dazuzählen, mußte aber nicht.

Kurzum, wie wir erst nachträglich bemerkten, hatten wir doppeltes Schwein: Unser Produkt war in Sachen Inhalt und Verpackung neu und einzigartig auf dem Markt. Es war eine schöne Zeit.

Inzwischen hat jeder noch so brave Meteorologe aus gutem Hause schon mal den Begriff Sauwetter benutzt und sich draußen in den Regen gestellt. Schneefallgrenzen werden in Metern angegeben, Nebelobergrenzen ebenfalls. Mit Steuergeldern bezahlte Seminare versuchten den Muff unter den Talaren der staatlichen Wetterdienste zu lüften.

Heute ist Fröhlichkeit und Flockigkeit beim Formulieren von Wettervorhersagen erste Meteorologenpflicht geworden. Indes hat die Perfektionierung des Inhalts mit der Popularisierung der Verpackung nicht Schritt gehalten: Seltsame 3D-Flüge sehen eben doch nicht so aus, wie der letzte Flug mit dem richtigen Flugzeug, und rätselhafte Verzerrungen von Ländern und Landkarten hinterlassen bei vielen Zuschauerinnen und Zuschauern tiefe Ratlosigkeit.

Bei soviel virtuellem Fluppen und Flippen ist das Grundbedürfnis der meisten Leute schon wieder auf der Strecke geblieben: Die Frage, ob die Grillparty am kommenden Wochenende stattfinden kann, wird durch eine augenkitzelnde 3D-Simulation genausowenig beantwortet wie durch das früher gern genommene »teils heiter, teils wolkig, einzelne Schauer«.

Heute besteht manchmal die Gefahr, daß unsere Meteomedia-Produkte im allgemein gleichen Rauschen der unendlichen Wetterwitzigkeit der Verwechslung anheimfallen. Bei meiner Tätigkeit für die ARD und als Berater für den »Wetterkanal« habe ich deshalb bereits den Weg zurück angetreten: Raus aus der Grinseecke, hin zu Erklärstücken (Warum hat der Mond nichts mit dem Wetter zu tun? Warum ist der Himmel blau? Oder wissen Sie das etwa? Eben!), die einen Blick ins Innere der Wetterküche erlauben. Die journalistische Kompetenz eines Wetterberichts oder Wettersenders zu kopieren, wird nicht so einfach und schnell gehen wie die Assimilierung an einen leicht vulgären Sprachduktus: Immerhin, meine Vulgarität war echt, nicht angelernt, mit Verlaub.

Eine andere Ebene betrifft die Regionalisierung der Vorhersage. Das Beobachtungsnetz der Wetterstationen wird stetig weiter ausgedünnt. Staatliche Wetterdienste bauen Stationen ab, und auch die Abrüstung zeigt sich hier einmal von ihrer schlechten Seite: NATO-Standorte wie Bitburg, Sembach, Söllingen, Preschen wurden von ihren Truppen und damit auch Wetterbeobachtern verlassen. Wir als privater Wetterdienst versuchen auf eigene Kosten und ohne Steuergelderhilfe, das Netz der Wetterstationen in Deutschland wieder zu verdichten. Denn Basis einer ausgezeichneten Lokalvorhersage ist immer auch eine lokale Wetterbeobachtung. Kein Computermodell der Welt kann kleinräumige Föhn-, Stau- und Kaltluftsee-Effekte so gut auflösen, daß eine Wetterstation vor Ort ersetzt werden könnte.

Wie groß die Unterschiede in einem scheinbar kleinen Gebiet sein können, zeigt das Beispiel Luxemburg. Der dortige Wetterdienst gibt gerade eine Stationsmeldung ins internationale Netz, nämlich die des Flughafens Findel am Rand der Hauptstadt. Als RTL Luxemburg bei uns anfragte, ob wir den Wetterdienst für Hörfunk und Fernsehen übernehmen wollten, entwickelten wir zunächst ein Konzept für ein luxemburgisches Wetterstationsnetz von insgesamt 13 Standorten. Durch das Interesse der Gemeinden lief nach kurzer Zeit schon mehr als die Hälfte der

Beobachtungsstellen. Die Ergebnisse gaben uns recht: In diesem im Vergleich zu Deutschland sehr kleinen Staat gibt es eine bemerkenswert hohe Zahl von Kleinklimaten – zum selben Beobachtungstermin konnten wir innerhalb des Landes Temperaturunterschiede von über zehn Grad feststellen. Die Fülle der Beobachtungsdaten ergibt nach gewisser Zeit automatisch eine Verbesserung der Vorhersagequalität – gerade im schwierig zu betreuenden Lokalbereich.

So sind auch beim privaten Spartensender, dem »Wetterkanal«, lokale Fenster geplant, um dem Bedürfnis einer maßgeschneiderten Wettervorhersage entgegenzukommen. Auch heute bleiben genügend Möglichkeiten der Innovation, selbst wenn die wilden und glücklichen Blumenkohlzeiten vorbei sind. Die Zukunft der Wettervorhersage in den Medien liegt in der regionalen Auflösung und weiterhin im journalistischen Umgang mit der Naturwissenschaft Meteorologie: Es gibt viele Themen, mit denen sich eine Wettersendung jeden Tag neu beginnen und neu beenden läßt. Ein eigenes Netz von Beobachtungsstationen liefert exklusive Daten, die für Gesprächsstoff sorgen. Und vielleicht gibt es ja auch irgendwann mal wieder einen echten »Tornado-Twister« in Deutschland.

© Andreas Laible

Johannes B. Kerner wurde 1964 in Bonn geboren. Schon während seines Betriebswirtschaftsstudiums war er als freier Mitarbeiter und Moderator beim SFB-Fernsehen und -Hörfunk tätig. Er moderierte die Sportsendungen »Sport3« und »SFB-Sportreport«, später auch die »Abendschau extra« – erstmals am 13. Januar 1990, live vom Presse- und Funkball. Seit 1992 ist Johannes B. Kerner als Moderator und Fußballkommentator bei SAT.1 zuständig für die Sendungen »ran« und »ranissimo«. Mit großem Erfolg moderiert er darüber hinaus im Programm von SAT.1 die Talkshow »Kerner«. Abgesehen von seiner Freundin liebt der Wahl-Hamburger ganz besonders: unheimliche Küsse und Wiener Schnitzel.

Johannes B. Kerner

Johannes B. Kerner

Die Sportmoderation

Wer weiß schon genau, wie Moderation geht, und wer bitte weiß,
wie Sportmoderation geht, und warum soll ausgerechnet ich
mich jetzt dazu äußern? Wo ich doch stets froh bin, wenn die
Sendung vorbei ist und möglichst wenige gemerkt haben, wie
wenig ich von Moderation verstehe. Das ist übrigens kein
schlechter Scherz und schon gar kein billiges Understatement.
Wer sagt schon von sich, daß er Moderator ist, und wer besitzt
darüber hinaus die Frechheit, von sich selbst zu sagen, daß er
oder sie ein guter Moderator ist. Ob wir Moderatoren und Moderatorinnen sind oder eben nicht, entscheiden andere, die Zuschauer – und im Laufe der Jahre, von denen ich selbst ja mehr
als Zuschauer denn als Moderator verbracht habe, wird mir klar,
daß das völlig in Ordnung ist.
Es ist Sonntag, so gegen Mittag, ich sitze im Zug und relaxe ein
bißchen vom Moderationswochenende. »ran« am Freitag, »ran«
am Samstag (insgesamt drei Stunden Fußballunterhaltung), und
da ist man (frau auch, liebe Gaby Papenburg) relativ fertig mit
der Welt. Gestern (am Samstag) ging's eigentlich ohne groben
Schnitzer, kein völlig verbocktes Interview – es war okay. Wie
okay es war, entscheidet der Zuschauer, wir sprachen darüber,
und auch noch ein paar Kollegen, die befangen, interessiert und
kundig dafür sorgen, daß am nächsten Wochenende wieder was
Besonderes über die Bildschirme flimmert. (Redaktionskonferenzen, jene Treffen wichtiger Menschen, sind bei »ran« etwas Unbeschreibliches, aber sie sind gut – jedenfalls meistens.)
Kassel-Wilhelmshöhe, fußballmäßig fast Niemandsland, früher

ging's denen hier besser. Hessen Kassel, ich glaube, da war Jörg Berger hier Trainer, sein erster Westjob, nachdem er über Jugoslawien (gab's damals noch) mit dem Zug geflüchtet war; ich glaube, die haben in der 2. Liga gespielt, aber Berger ist ja jetzt in Gelsenkirchen gewesen. Eigentlich wollte ich nur sagen, daß der Zug gerade in Kassel gehalten hat, ich fand, das sei ein passabler Einstieg in einen neuen Gedanken, aber jetzt wißt Ihr wenigstens, wie Sportmoderatoren denken – unkontrolliert und am liebsten an Fußball.

»Die Sportmoderation« ist dieses kleine Kapitel überschrieben, solltet Ihr es überblättern, wäre ich Euch überhaupt nicht böse, es ist ja wohl auch eine Zumutung, daß all diese Fernsehmenschen jetzt glauben, unter Beweis stellen zu müssen, daß sie auch schriftlich Sätze mit Subjekt, Prädikat und Objekt bilden können.

Die Sportmoderation also. Der Titel ist nicht von mir, und ich hätte ihn auch so nicht genommen, weil ich nämlich prinzipiell glaube, daß es zwischen der Moderation einer Sportsendung und irgendeiner anderen Sendung gar nicht so große oder besser: gar keine Unterschiede gibt. Aber nun haben wir den Titel, und nun bleibt er so.

Die Menschen, die Sportmoderation machen, haben es schwer. Der Sportmoderator kämpft (übrigens ähnlich wie der schreibende Sportjournalist) laufend um Anerkennung. Von Kollegen aus anderen tollen Ressorts wird er belächelt – er beschäftigt sich ja sozusagen hauptberuflich mit anderer Leute Freizeitvergnügen; das kann schon nichts Ernsthaftes sein. Er ist, denken viele, auf seinem Weg Richtung Nachrichtensendung unglückseligerweise in die Fänge dieser Dampfplauderer und Dummschwätzer geraten, hat sich angesteckt mit dem Virus des Unwesentlichen. Man muß ihn also bedauern, den armen Sportmoderator.

Auf Betriebsfesten, Sendernächten und sonstigen Veranstaltungen ist er meist für die Beschaffung des Bieres verantwortlich, weil er ja durch dieses ewige »Rumhängen« im Stadion guten Kontakt hat zu irgendeiner Brauerei. Ja, der Sportreporter und mit ihm der Sportmoderator ist ein netter Mensch, mehr aber auch nicht.

Könnt Ihr Euch jetzt vorstellen, wie schwierig es für eine Frau ist, Fuß zu fassen in diesem Metier? Eine Frau, die angeblich sowieso nicht wissen kann, wovon sie redet. Und die dann auch noch den allgemeinen Vorbehalten gegenüber allen Vertretern der Sportmoderatorengilde begegnet.

Sportmoderation ist etwas Bedeutendes, etwas unglaublich Wichtiges. Das war mir von Anfang an klar. Im August 1986 begann ich ein Praktikum in der Sportredaktion des Senders Freies Berlin. Und was mir wirklich sofort auffiel, war die Sache mit der Moderation. Montags waren Sitzungen, Redaktionskonferenzen usw., und montags gab's auch die regelmäßige regionale Sportsendung des SFB.

Da leitete mein erster Chef, Jochen Sprentzel – ich kannte ihn bisher nur aus dem Fernsehen –, erst die Sitzung und war anschließend den ganzen Tag nicht mehr zu sehen. »Der Chef moderiert heute« – diese vier Worte aus dem Munde seiner Sekretärin waren Entschuldigung für alles und auf jeden Fall Erklärung genug dafür, daß der Chef sich einschloß, und zwar durchaus für ein paar Stunden. (Daß das gut und richtig ist, habe ich später erst verstanden.)

Glücklich schätzten sich jene, die in der Montagssendung »Sportreport« einen Beitrag hatten, die bekamen ja zumindest kurz Kontakt zum Chef, weil sie Moderation, Textanfang und einiges andere absprechen mußten. Auch diese sinnvolle Einrichtung, die Absprache zwischen Reporter und Moderator habe ich damals schon kennengelernt. Überhaupt habe ich mir vieles abgeguckt. Vor gut zehn Jahren fing ich an zu gucken; neben Sprentzel verfolgte ich Friedrich-Karl Brauns, Lothar Hinze, Dieter Gruschwitz, Wolfgang Mönch, Hans-Jürgen Pohmann, Stanley Schmidt und Andreas Witte mit den Augen. Wer die Herren kennt, weiß auch, was ich mir wo geklaut habe. Es war einfach die prägende Zeit meiner Berufsanfänge, und es war lange bevor ich zu SAT.1 ging.

Moderation war also wichtig – ich wollte Moderator werden, und das möchte ich am liebsten immer noch. Obwohl ich mittlerweile weiß, wie schwer das ist.

Die Sportmoderation und überhaupt die Arbeit in einer Sportredaktion ist anstrengend. Die Zeit ist ein unglaublicher Faktor, gerade samstags wird es heftig. Gestern war wieder so ein Tag. Bundesliga, sechs Spiele, alle gehen im besten Fall bis 17.15 Uhr, normalerweise wird natürlich heftig nachgespielt, und um 18.00 Uhr läuft der Vorspann. Bleibt es bei der abgesprochenen Reihenfolge der Spiele? Werden die Reporter rechtzeitig fertig? Wohin wird geschaltet? Welche Meldung muß noch in die Sendung? Das sind so Fragen, die vom Redaktionsteam, zu dem der Moderator gehört, beantwortet werden müssen.

Die Sportberichterstattung hat sich verändert, sagen alle, und das stimmt, aber möglicherweise ist nicht jedem klar, wie diese Veränderung aussieht. Es reicht dem Publikum nicht mehr, vom Moderator lediglich die Information zu bekommen, wer da jetzt gegen wen spielt und wer der Reporter ist. Die Moderation hat zusätzliche Aufgaben übernommen.

»Fernsehen muß wie Fußball sein«, hat der Sport-Programmdirektor bei SAT.1, Reinhold Beckmann, zu Beginn der »ran«-Sendung gesagt. Und die »ran«-Mannschaft hat das umgesetzt. Montags zwei Trainingseinheiten: die Sitzung vormittags, auf der die Sendungen der vergangenen Woche besprochen werden (viel Kritik, auch schon mal Lob), nachmittags die Planungssitzungen für die ganze Woche. Was passiert in der täglichen Sendung? Welche Dinge sind bei den »ran«-Sendungen am Freitag und Samstag zu beachten? Und schließlich: Wer ist der richtige Gast für die »ranissimo«-Sendung am Sonntag? Der Fernsehmontag ist also schon mal wie Fußball. Beim Bundesligisten wird montags ja auch kritisiert, relaxed (viele gehen in die Sauna) und sich gepflegt.

Der Dienstag ist ebenfalls vergleichbar, der Mittwoch sowieso und auch der Donnerstag. Ist doch klar, wenn Europapokal ist oder Länderspiel, dann ist das Fernsehen auch dabei.

Ja, und am Wochenende:

Freitagvormittag. Bundesliga-Profis aller Vereine spüren langsam die Aufregung im Vorfeld ihres Wochenendjobs; jeder hat so seine spezielle Masche, mit der Nervosität umzugehen. Haben wir ausreichend und richtig trainiert, fragt der Kicker.

Habe ich mich bestens vorbereitet, die wichtigsten Stories mitbekommen, die richtigen Sendungen gesehen, die richtigen Artikel in den Zeitungen und Zeitschriften gelesen, fragt der Sportmoderator.

Samstagmittag. Spieler sitzen im Mannschaftsbus, Fahrt zum Stadion, Aussteigen, raus auf den Platz, erster Kontakt mit dem Rasen.
Ähnlich ist es bei uns: Treff im Studio, kurzer Schwatz mit den Kollegen, Sitzung – die Atmosphäre ist locker, aber alle sind ziemlich konzentriert, die Aufgaben werden verteilt.

15.30 Uhr Anpfiff.
18.00 Uhr Vorspann.

Erster Ballkontakt.
Erste Sätze.

Nach zwei Sprints endlich mal durchatmen.
Der erste Spielbericht läuft.

Die Partie im Griff haben.
Bisher keine groben Versprecher.

Gegentor kassiert.
Unsinn geredet, z. B. versucht, einen Witz zu machen, hat aber keiner gelacht.

Halbzeit.
Werbung.

Druck erhöht, Spiel bestimmt, Anweisung des Trainers beachtet.
Konzentriert auf die Moderation, nicht auf's Witze erzählen, Hilfe und Infos aus der Redaktion angenommen.

Ausgleich erzielt.

Auch mal was zustande gebracht, ein ordentliches Schaltgespräch beispielsweise (mehr dazu bei Nina Ruge).

Schlußpfiff.
Abspann.

Ja, und am Montag geht alles wieder von vorne los. Wobei die Faszination des sich schnell bewegenden Fernsehens wenigstens genauso groß ist wie die des Fußballs. Fernsehen muß wie Fußball sein – wem das gelingt, der hat gewonnen. Nicht immer und nicht jedes Spiel und auch nur dann, wenn immer klar bleibt, daß erst der Fußball war und dann das Fernsehen und erst der Fußballer und dann die Fernsehleute.

© Janine Güldener

Arabella Kiesbauer wurde 1969 in Wien geboren. Nach dem Abitur am französischen Lycée studierte sie in Wien Publizistik und Theaterwissenschaft. Zum Fernsehen kam sie eher durch Zufall: Ein Redakteur des Österreichischen Rundfunks sprach sie in einem Wiener Lokal an und holte sie für die Jugendsendung »X-Large« vor die Kamera. Schon bald kamen Angebote anderer Sender: Arabella Kiesbauer präsentierte u. a. die 3sat-Städteserie »Inter-City« und ein Reisemagazin. Ab August 1991 moderierte sie das Abendprogramm von Pro7, später das mehrteilige Magazin »Rund um Hollywood«. Im Juni 1994 startete sie ihre tägliche Nachmittagsshow »Arabella« und ist seit Februar 1996 mit ihrer Sendung »Arabella night« zusätzlich einmal pro Woche am Abend auf Pro7 zu sehen. Arabella Kiesbauer hat ein Faible für die böhmische Küche ihrer Großmutter, für Bergtouren und exotische Reisen.

Arabella Kiesbauer

Arabella Kiesbauer

Die junge Talkshow – und was, bitte, ist jung?

Einmal unreflektiert denken. Die einen stehen auf Mozart, die anderen auf Punk. Wieder andere halten Techno für alt und den Begriff »in« für »out«. Die Jugend will gerne für erwachsen gehalten werden, in ganz jungen Jahren träumen viele vom Älterwerden. Und die »Alten« träumen davon, jünger zu sein, kommen sich aber gar nicht alt vor.

Tja, was ist also jung? Als ich zehn war, kamen mir die 18jährigen alt vor. Als ich 18 war die 25jährigen. Und als ich 25 war, kamen mir die 18jährigen noch gar nicht richtig erwachsen vor. Man nannte sie damals »Kids«. Heute nennt man bereits die 12jährigen so. Und jetzt bin ich 27 und komme mir immer noch nicht alt vor.

Allerdings wachse ich langsam aus dem Alter der sogenannten »jungen, kaufkräftigen« Zielgruppen heraus, so wie sie von der Werbeindustrie Ende der 80er Jahre definiert wurden. Damals, als die Trendzeitschriften herauskamen, als junge Autoren den Ätzjournalismus erfanden, der sich alles erlauben konnte, und die jungen Erfolgreichen »Yuppies« genannt worden sind. Damals, als jede x-beliebige gute Idee mit einem Slogan belegt wurde, dem Titel für einen »neuen Trend«.

Das Motto der einen lautete: »Meine Meinung ist alles, ich weiß alles besser, ich bin der liebe Schreibgott, und nach mir kommt lediglich noch die Sintflut.« Das Motto der anderen war: »Schnell viel Geld machen.« Heute ist dieselbe Generation älter geworden. Das sind heute »wir«. Viele von ihnen sind jetzt selbst Macher. Aufgrund ihres materiellen Erfolges haben sie die Altersmarge der »kaufkräftigen« Zielgruppen differenziert und auf 28 bis 40 Jahre ausgedehnt. Denn sie sind ja die ursprünglichen, echten und originalen »jungen Hungrigen«. Sie sind diejenigen, die heute bereits in wichtigen Positionen sitzen, und wer nennt sich schon selbst gerne alt? Man ist doch immer selbst gerne dort dabei, wo das Leben ist. Nur habe ich für mich aus all diesen Alters- und Zielgruppendefinitionen bisher keine Antwort auf die Frage gefunden, was wirklich »jung« ist. Ich selbst bin jung und werde gerade alt, das kann es also nicht sein. Meine beiden Talkshows werden »die jungen Talkshows« genannt. Von den Medien, von Pro7, von mittlerweile allen, die darüber reden. »Jung« ist mein Image, stelle ich fest. Meine Redaktion und ich als Moderatorin müssen diese Erwartungen kontinuierlich und auf längere Zeit erfüllen. Auf hoffentlich sehr lange Zeit, denn ich will noch lange moderieren. Ich liebe diesen Beruf, den Umgang mit den Menschen und den vielen schillernden Themen des Lebens, die ich dadurch immer wieder neu entdecken kann.

Angesichts dieses Jugendkultes habe ich natürlich Angst, im Laufe der Zeit älter zu werden. Nimmt man mir es dann überhaupt noch ab, über junge Themen zu talken? Das bringt mich zum Nachdenken. Hat Jugend und Lebensfrische, Kaufkraft und Entscheidungsfreude überhaupt etwas mit einem bestimmten Alter zu tun? Sind es nicht andere Attribute, die uns angesichts der Jugend schon seit Generationen zum Schwärmen bringen? Ist »Jungsein« nicht eine altersunabhängige Definition von Charakter und Lebenslust, eine Offenheit für vieles, wenn nicht gar alles?

Es sind zwar die Themen der jungen Szene, über die ich talke. Aber es ist vermutlich mein Talkstil, der mir das junge Image verpaßt. Ich rede über alles, schonungslos. Egal, was die Leute dann über mich reden. So wie im täglichen Leben, wo man auch von einem Thema zum nächsten springt, vom Ernsten zum Leichten, vom Traurigen zum Komischen und zurück. Ungefiltert, ungeschliffen, ungeschönt. Das ist zwar kantig und tut manchmal weh. Und wenn ich vor laufender Kamera plötzlich bemerke, wie sehr ich gerade »danebenliege«, dann schmerzt das natürlich. Denn ich weiß aus Erfahrung: Das wird man dir nicht verzeihen. Alle, auch die Presse, werden sich darauf stürzen wie der Stier in der Arena auf das rote Tuch. Das ist die eine Seite der Medaille. Die andere: Es macht unglaublich viel Spaß, wenn ich spüre, daß es läuft und jeder dabei ist. Es ist dann wie im täglichen Leben, wenn man ein gutes Gespräch mit Freunden hat. Es redet einer, dann ein anderer, dann wieder der nächste und doch haben alle das Gefühl mitzureden. Dann bedeutet Reden auch Hören. Das ist eine meiner wichtigsten Regeln. Soviel ich auch quatsche – ich höre genausoviel zu.

Ich muß mich in jeder Show, bei einer täglichen Show täglich, für egal welche Themen und Menschen interessieren. Man kann diese Situationen nicht ausgefeilt vorherbestimmen. Woher will ich wissen, wie mein Talkgast plötzlich vor der Kamera reagiert? Da kam es schon vor, daß wahre Quasselmäuler vor der Kamera plötzlich kein Wort mehr über die Lippen brachten. Und die Kameras laufen, das Scheinwerferlicht brennt, das Publikum wartet – im Studio und zu Hause. Es muß etwas passieren! Um Himmels willen, was jetzt? Der sagt einfach nichts! Egal was ich frage und selbst sage! Ein Taubstummer? Oder einmal hatte ich eine eigentlich ganz schüchterne Frau als Gast, die vor der Kamera kaum mehr zu bremsen war. Sie fing plötzlich an, ihre eigenen Produkte zu promoten. Das geht nicht, schreit es in mir. Aber wie sagst du das jetzt, wie machst du das möglichst charmant? Dabei muß ich Zeiten einhalten. Wenn es ganz schlimm wird, merke ich das spätestens daran, daß der Regisseur in mein Earpiece (fernsehdeutsch, sorry: Minikopfhörer) raunt: »Jetzt schau mal, daß du weiterkommst«, oder daß der Aufnahmeleiter unruhig mit den Füßen zu scharren beginnt. Wenn ich mir alle unerwünschten, skurrilen und überraschenden Vorfälle anschaue, die einem in so einem jungen Talkerleben vor und hinter der Kamera passieren, so kommt mir das manchmal vor wie ein Spießrutenlauf von einer Panne zur nächsten. Dann kann man zu den Regeln, die das Talken ausmachen, eigentlich nur sagen: Da gibt es nur eine Regel, nämlich die, daß es keine gibt, doch die stimmt auch nicht ganz. Dann machen mich die Möglichkeiten, die ich als Talkmasterin habe, auch wieder glücklich.

Ich kann reden, über alles, jedes Thema und viele Menschen kennenlernen. Das ist eine meiner Leidenschaften. Über viele Themen reden.

O Gott, diese Themen!! Piercing, Aidskranke, Sex vor der Ehe ja oder nein, Sind Blondinen die besseren Frauen? Brainfloating, Mein Partner war schwul, Ich bin das schwarze Schaf der Familie, Drogen haben mich zerstört, Mit 180 in den Tod, Straßenkinder, Sexueller Mißbrauch, Ich mache Nacktfotos, Unsterblichkeit, Zensur im Internet, An mir ist nichts mehr echt! – und so weiter. Talkshows mit solchen Themen nennen sie »die jungen Talkshows«. Davon habe ich zwei. Sie lieben sie und hassen sie. Sie überschlagen sich in Verurteilungen darüber, daß eine Talkmasterin ein derartiges Themenzapping betreibt. »Wo bleibt da noch die Kultur?« Wie kann sie sich nur für dieses engagieren, wenn sie sonst immer jenes tut. Wo ist da die Kontinuität, die Ernsthaftigkeit, die Glaubwürdigkeit. Sich gegen den sexuellen Mißbrauch an Kindern zu engagieren, paßt offensichtlich nicht, wenn man manchmal auch Themen bringt, die mit Sex zu tun haben. Wie kann sie nur, diese zähnebleckende, grinsende »Medienfratze« (*Die Woche*) mit ihrem »vielleicht inszenierten« Attentat (konnte man allen Ernstes in der Zeitung lesen). Da wird mir manchmal ganz gruselig. Aaaaahhh!!! Die Kopfdecke übers Gesicht! Das ist eine Seite meines Berufes: kalter Gegenwind, böse Attacken, feige Verleumdungen. Es war und ist noch immer schwer, zu lernen, solche Attacken an mir vorbeigleiten zu lassen.

Aber die schöne, aufregende Seite ist immer viel stärker. Ich interessiere mich einfach für fast alles. Reden bedeutet für mich, mit Menschen zu leben, nicht gegen sie und nicht für sie, sondern *mit* ihnen. Dazu gehört die ständige Auseinandersetzung, diese Reibung mit meiner Redaktion, dem Publikum und mit den Medien, auch mit Kritikern. Ich liebe es, von einem Thema zum anderen zu zappen, wie wir es jetzt in meiner neuen Night-Show im Zehnminutentakt praktizieren. Und ich finde es spannend, die dabei entstehenden Grenzen zu spüren: Wofür soll ich mich eigentlich noch alles interessieren? Nach 45 Shows habe ich in meiner wöchentlichen Night-Sendung am Montag abend bereits halb so viele Themen diskutiert wie in meinen 700 Day-Shows. Also über tausend Themen in drei Jahren mit vielleicht viertausend Gästen! Manchmal, wenn ich abends mit bleierner Zunge und leergetalkt ins Bett falle, denke ich: Wie machst du das eigentlich, wie hältst du das durch? Und wie lange noch? Außer daß ich zugegebenermaßen ganz gerne rede, ist eine große treibende Kraft meine Liebe zu den Menschen. Mich wundert und begeistert es immer wieder, was die Leute alles für unterschiedliche und schillernde Einstellungen haben, junge wie alte. Ich finde es toll, daß das so ist, das ist unsere Freiheit, die uns niemand nehmen kann. Dann liebe ich meinen Beruf. Talken (sorry, fernsehdeutsch: also »reden«) soll Spaß machen und anregen, soll kontrovers und spontan sein. Wir brauchen kein künstlerisches und kulturelles Konzept. Die Talkshow ist eine Ausgeburt der zweiten Hälfte dieses Jahrhunderts und des Medienbooms. Kunst wollten wir »Jungen, Hungrigen, Kaufkräftigen« nie sein, eher Kult. Vergleiche mit Goethe und Schiller, also der Blütezeit der deutschen Kultur, liegen uns nicht. Solange wir einfach so ungefiltert lostalken können – über Themen, über die wir in Kneipen mit Freunden sprechen, wenn wir uns zum Quatschen treffen, dort, wo das live, spontan und unreflektiert geht, im Fernsehen also –, solange ist noch etwas in Ordnung bei uns. Ich empfinde dies als einen wichtigen Teil unserer Freiheit, unseres heutigen Lebens, meines Lebens. Und solange es welche gibt (nicht nur Kritiker, sondern auch Drohbriefschreiber), die sagen: »Man sollte dir den Mund verbieten!«, denke ich, ich bin noch auf dem richtigen Kurs.

Solange die Meinungen von Menschen nicht festgehalten werden können wie Fingerabdrücke, können wir reden, als ginge es um unser Leben. Das ist es, was Talkshows, besonders junge, unverwechselbar und unersetzbar gemacht hat: daß ungefiltert reden Leben ist.

Ulla Kock am Brink wurde 1961 in Mülheim an der Ruhr geboren. Sie studierte zunächst in Bonn Germanistik, Sozialwissenschaften und Spanisch, später in Köln Sonderpädagogik. Seit 1989 ist sie bei RTL. Sie fing als freie Mitarbeiterin in der Redaktion News an, moderierte vertretungsweise das Wetter, gleichzeitig die 5-Minuten-Game-Show »Scrabble« (380 Folgen) und anschließend die Sendung »Star Report«. Im Januar 1992 gründete sie zusammen mit Annette Pisacane die Firma »CAMEO Filmproduktion«. Seit 1992 auch moderiert sie die »100 000-Mark«-Show, im Januar 1997 bereits zum 41. Mal. Im Februar 1996 startete ihre Spielshow »Glücksritter«. Ulla Kock am Brink ist eine begeisterte Taucherin und sammelt Madonnenfiguren. Sie lebt in Köln.

Ulla Kock am Brink

Ulla Kock am Brink

Riesenshow, riesen Aufwand –
und alles sieht so leicht aus

John de Mol produziert in Hilversum ca. 3000 Fernsehstunden im Jahr. Studio 22 ist mit 2000 m² das größte Studio Europas. Hier werden neben anderen großen Programmen, die holländischen, die deutschen und demnächst evtl. auch die englischen »100 000-Mark«-Shows produziert.

Alles naar wens? (Alles nach Wunsch?) Die Kantinenmaid steht in der Tür – zwanzig Augenpaare starren sie verständnislos an – ach, das Essen, ja ja, prima, lecker ...

Hilversum, im Oktober '96, wir sitzen im *Vergaderzaaltje* (Versammlungsräumchen, warum hängen die »Käsköppe« an alles ein »je« dran?), in zwei Stunden beginnt die Show. Die Endredaktionssitzung findet wie immer bei Magerkost wie Fritten, Bohnen und Kotelett überm Studio statt. Ein voller Bauch moderiert nicht gern, ich halte mich an einer Salatschüssel fest. Vor mir liegt der Sendeablauf – die »Executive Producerin« (Chefin) Debora Flens geht Punkt für Punkt der Generalprobe durch. Warum Kamera 4 beim Hindernisparcours im Bild war, die Bodenmatten bei der Kletterwand in der Generalprobe weggerutscht sind, *god verdumme* (klassisches holländisches Schimpfwort). Die Tresortür ist bei *Opkomst Ulla* (Auftritt – damit meint sie mich) zu früh aufgegangen, dafür bin ich zu spät rausgekommen. Ulla, warte bitte noch drei bis vier Sekunden länger, bevor du zur Videowand gehst. Gut, abgehakt, gespeichert.

Jede Teamabteilung wird in dieser Schlußsitzung durch einen Stellvertreter repräsentiert. Änderungen und Ergänzungen jeder Art, vom Farbanstrich für Gitterstäbe bis zur Warnung, mir bei

112

der Explosion im Finale doch bitte die Ohren zuzuhalten, werden hier in letzter Minute besprochen. Das Ganze läuft in einem katastrophalen deutsch-holländischen Kauderwelsch ab, dafür aber in entspannter Atmosphäre. Die Fritten lachen mich an, eine kleine Portion kann doch nicht schaden – her mit den Fettstäben, schließlich habe ich drei bis fünf Stunden Aufzeichnung vor mir … Nach neununddreißig »100 000-Mark«-Shows lasse ich mich von dem Wust an Zusatzinformationen nicht mehr beeindrucken – ich schlürfe noch einen Kaffee mit leckerer Sprühsahne, dann ist das Meeting vorbei, die »Kribbelphase« beginnt. Fürs Dessert (Karamelcreme mit einer dekorativen Schokobohne on top) bleibt keine Zeit – noch eine Stunde bis zur Show.

Anscheinend hat mein Körper ein Ritual fürs Lampenfieber entwickelt – auf dem Weg zur Maske geht's in schöner Regelmäßigkeit los. Mein Herzschlag ist erhöht, zu allem Überfluß tanzen plötzlich kleine gemeine Blitze in meinem Magen, und mit einem Mal ist die sonst so fidele Ulla ganz still. Ich wünsche mir nur noch eins: Ruhe, Schlaf, Einsamkeit, einen ruhigen Beamtenjob – alles, bloß nicht da raus müssen. Aber Gott sei Dank fängt mich jemand auf – ein Engel in Menschengestalt, Barbara, macht sich ans Make-up-Werk, keine leichte Aufgabe.

Gestern haben wir alle 16 Stunden lang geprobt, heute morgen noch einmal, dann die komplette Generalprobe, kein Wunder, daß sich meine Augen mit entzückenden dunklen Rändern bedanken. Barbara erzählt in einem Hypnosesingsang von ihren letzten Ferien, mein Hirn beruhigt sich, mein Herz hämmert unbeugsam weiter. Draußen vor der Tür warten 600 Mann Publikum, ich höre die Geräusche im Studio, laute Musik, Klatschen, Sprechchöre der Kandidatenfans. In der Maske selbst wuseln sechs Visagisten und Visagistinnen. Die in spacig anmutende Jogginganzüge gekleideten Kandidaten schleichen herein – wir alle mobilisieren jetzt unseren Galgenhumor, reißen Witze über die Proben, über die dank der handwerklichen Kunst unserer Schminkkünstler herbeigeführten optischen Veränderungen (»Mein Gott, wenn ich dich so kennengelernt hätte …«). Dieses Geplänkel, der lockere Umgangston, das Witzereißen, das

Schweigen – die Luft vibriert vor Anspannung, denn für die Kandidaten geht's gleich nur um eins. Bloß nicht im Parcours hängenbleiben, Hauptsache, sie kommen aus den Käfigen raus, Hauptsache, sie können ihre von weither angereisten Fans im Studio begrüßen. Alles weitere ist wurscht, das erste Hindernis ist für sie das Schlimmste.

Die Kandidaten (später in der Show werden sie wunderbar reißerisch »Gladiatoren« genannt) sind bereit. Das Make-up unserer vier Paare wurde bereits vor der Generalprobe aufgelegt, kurz vor der Show wird nur noch einmal überpudert. Jetzt legen sie die Knie- und Ellenbogenschoner an. Mit dem Aufsetzen der Helme beginnt für unsere Paare der Ernst, in ein paar Minuten geht's nicht probehalber, sondern endlich und *wirklich* los – wir wünschen uns gegenseitig Glück und meinen es auch so.

Meine nächste Station: die Garderobe – dort wartet, geduldig wie immer, Ingrid, die Kostümbildnerin. Alles steht parat, um aus der Jeansfrau eine öffentliche Person zu machen. Heute ist »animal print« angesagt. *Rückblende:* Gestern nachmittag war Kostümprobe. Für mich ein Spießrutenlauf par excellence. Aus 15 verschiedenen Kombinationen, die alle anprobiert werden müssen, suchen Ingrid und ich ein paar mögliche Kleidungsstücke aus. Zuerst quetsche ich mich in ein PRADA-Outfit – nicht schlecht. Aber: Wie sieht das vor der Kamera aus?

Also raus ins Studio. Und da kommen sie schon, die Kommentare der Kameramänner, das Augenrollen der RTL-Redakteurin, die Bemerkungen der 50-kg-Pressefrau. Dazu die eigene Unsicherheit. Auf viel zu hohen Schuhen wackle ich witzelnd vor Kamera 2 hin und her, gucke dabei auf den Monitor und sehe ein graubraunes Puttchen Brammel mit einem etwas ausladenden Hüftschwung. Also das Nächste: Das goldene Jackett ist zu groß, die lila (igitt!) Hose zu schlabberig. Vor'm Spiegel sah's noch »*heel mooi,* Ulla« (sehr schön) aus. Doch die Kamera macht nicht nur dicker, sondern läßt auch Klamotten anders wirken. Gold und Lila verwandeln mich in einen Späthippie – das geht nicht. Michaela, eine Kandidatin, raunt mir zu: »Zieh das bloß nicht an, das bist du doch gar nicht.« Dankbar lächle ich sie an und wanke so ermutigt noch einmal gen Garderobe. Das Letzte ist es dann,

auch wenn Leopardenkunstfell bei 40 Grad im Studio nicht ideal ist, egal, ich kann ja nicht nackig gehen. An die Schuhe gewöhne ich mich bestimmt noch, an die Kommentare *niemals*!!
Zurück zu meinem Garderobenraum, in zwanzig Minuten geht's los. Gestiefelt (Stiefel sind hip) und gespornt geht's noch einmal in die Maske, Hände und Dekolleté schminken. Das Lampenfieber tanzt Samba in meinem Magen. 600 Mann Publikum lassen sich gerade von Andreas erklären, wie man sich nach der Show »einen geordneten Rückzug« vorzustellen hat, noch zwei Mal Applausprobe, währenddessen fummeln zwei Tonleute an meinen Klamotten rum, das Mikro rutscht am Revers runter, doppeltes Tape muß unsichtbar befestigt werden. Ich kann nicht mehr stillstehen, Ingrid lacht sich eins, denn sie weiß, daß ich gleich vor lauter Hufescharren einen Zweimetersatz mache. Die Tonjungs haben's geschafft, wir grinsen uns an, Andreas stellt mich vor, und schwupps – schon stehe ich vor'm Publikum, um es zu begrüßen und auf die Sendung einzustimmen.
Alle 12 Kameras sind positioniert, die Tresortür ist zu, Debora, die »Executive Producerin«, checkt die letzten Absprachen per Walkie-talkie, die Atmosphäre ist wunderbar. Sobald ich das Gefühl habe, daß mit dem Publikum alles stimmt, daß die Leute gut drauf sind, geht's mir blendend. Dann bin ich Zirkuspferd.
Jede Show hat ihre eigene Dynamik, ihren eigenen Zauber. Deshalb mischt sich bei mir auch Angst mit Vorfreude. Für diese technisch gigantische »100 000-Mark«-Show steht uns lediglich ein Probentag zur Verfügung, am Aufzeichnungstag wird nur das nachgeprobt, was wir am ersten nicht geschafft haben.
Für Punkt halb zwei war die Generalprobe angesetzt. Danach Endredaktionssitzung, jetzt die Sendung. In dieser kurzen Zeit muß ein 150 Mann starkes Team eine riesige Informationsmenge verarbeiten und umsetzen. Alle müssen ihr Maximum an Perfektion und Professionalität einsetzen, denn jeder ist von der Leistung der anderen abhängig. Wenn ich meine Positionen nicht einhielte, hätte der Beleuchter umsonst Licht gesetzt, könnte der Kameramann seine geprobte Fahrt nicht machen, hätte der Regisseur nicht die Bilder, die er haben will. So einfach und so

kompliziert ist die Sache. Jeder der 150 Leute hat sein ganz eigenes Drehbuch im Kopf – in der Show muß alles im Kurzzeitgedächtnis Gespeicherte aufs Trapez gebracht werden. Die Vorbereitungen für eine einzige Show dauern Wochen. Eigens eingestellte Spiele-Producer entwickeln immer neue Spielideen – doch von der Idee bis zur technischen Umsetzung ist's ein weiter Weg. Sicher macht es Spaß, sich auszudenken, daß Kandidaten in einer Show in einer mit echtem Schnee ausstaffierten Parkgarage Schlitten finden müssen.

Der Schnee allein kostete 60 000 Gulden – ohne die zwanzig Studenten, die zwei Tage lang das weiße Naß im ersten Parkdeck verteilten. In Holland gelten generell etwas lockerere Gesetzesnormen. Aber auch hier muß jedes erfundene Spiel vom TÜV offiziell abgenommen werden. Das ist übrigens auch in unserem Sinne – die Sicherheit unserer Kandidaten steht tatsächlich an erster Stelle.

Allen Sicherheitsvorkehrungen zum Trotz mußten wir einmal ein Spiel mitten in der Show abbrechen. Damals gab es in der »100 000-Mark«-Show noch den sogenannten *Live Act,* eine Mutprobe. Die weiblichen Kandidaten mußten dabei tippen, ob ihre Freunde die betreffende Aktion durchziehen würden oder nicht.

Dieses eine Spiel wurde den Kandidaten erst in der Show vorgestellt, es konnte also auch nicht vorher mit ihnen geprobt werden. Für solche Fälle hatten wir eigentlich Probekandidaten, meistens Studenten. Die *Live-Act*-Probe fand morgens am Aufzeichnungstag statt. Die Produktionsassistentin hatte vergessen, die Studenten anzurufen – schlimmer Fehler, wie sich später herausstellte. Mangelnde Vorbereitung bestraft Fortuna sofort; in der Show schlug sie uns kräftig eins auf die Finger: Die Kandidaten waren mit der Aufgabe überfordert, es hätte sogar gefährlich werden können. Bei jedem noch so geringen Risiko für die Kandidaten gibt's nur eins – die Nummer abblasen.

Also kippten wir kurzerhand das Spiel, und schämten uns wirklich, unserem Publikum in dieser doch so sorgfältig inszenierten, dramaturgisch ausgefeilten, technisch perfekten Show unser Versäumnis erklären zu müssen. In einem solchen

116

Moment nutzt einem der vermeintliche Vorteil einer Aufzeichnung gegenüber eine Live-Show absolut nichts. Bei der »100 000-Mark«-Show liegt's in der Natur der Sache – denn wir können und wollen vor dem Live-Publikum generell kein Spiel wiederholen (die Studiogäste passen schon auf, daß alles mit rechten Dingen zugeht): Funktioniert ein Spiel nicht oder nur teilweise, ist das wirklich eine Katastrophe. Die Kandidaten powern sich bei jedem Spiel aus, geben ihr nicht wiederholbares Bestes. Nur eine Konsequenz von vielen: Da uns ein Spiel fehlte, mußte ich zehn Minuten mehr mit Text füllen. Das war weniger toll, da sich die Show bereits im zweiten Drittel befand und die Spannung schließlich nicht »zugequatscht« werden sollte. Überhaupt ist die »100 000-Mark«-Show keine Plattform für den eitlen Moderatorentypus. Meine Rolle ist nicht die, im Mittelpunkt zu stehen, sondern in erster Linie Freundin und Schiedsrichterin zu sein. Klar bin auch ich eitel, aber meinen Status erklär' ich Ihnen am besten mit 'nem Originalspruch aus meiner Bottroper Heimat: »Bleib auf'n Boden, dann fällse nich runner.« Aber zurück zu unserem kleinen Mißgeschick: Nach dieser mißlungenen *Live-Act*-Runde fanden wir alle, daß wir eigentlich diese Spielrunde schon lange hätten ersetzen sollen. Den *Live Act* gibt's nun nicht mehr.

Nicht nur in Krisensituationen sind wir auf das Nervenkostüm unserer Kandidaten angewiesen. Sie gehören zum Kern der Show, sie tragen durch ihren Einsatz und ihre Natürlichkeit zu dem bei, was den Charakter der Show ausmacht. Ohne den unverklemmten Umgang mit dieser großen Herausforderung hätten wir statt der spielerischen eine rein kämpferische Atmosphäre. Alle vier Kandidatenpaare proben jedes Spiel mindestens zweimal, und zwar so gut, daß sie wirklich in der Show mit voller Kraft rangehen können. Auch für sie ist eine gute Vorbereitung wichtig, damit sie in der Show ohne Unsicherheiten spielen können.

Ich rede viel mit »meinen« Kandidaten. Erstens bin ich notorisch neugierig, ich liebe romantische Kennenlerngeschichten und verrückte Anekdoten. Zweitens kann ich die einzelnen Stories, die ich später im – übrigens spontanen – Talk einbringe, im Gespräch am besten speichern. Und ich bin immer wieder baff, wenn mir meine Gäste erzählen, wie sie sich das Fernsehen allgemein, diese Show und auch meine Person vorgestellt haben. Sabine aus Mettmann erzählt, sie habe gedacht, die Leute in der Fernsehunterhaltung wären wahnsinnig schrill, zögen sich Kokain wie andere Gummibärchen rein, trügen die »Schaut her, ich bin beim Fernsehen und Ihr nicht«-Brillen und wären tierisch selbstbewußt, eitel und größenwahnsinnig. Diese Spezies gibt's bestimmt, aber nicht bei uns. Am Probentag geht's im Studio entspannt, aber absolut diszipliniert zu. Das schrillste Outfit ist vielleicht 'ne Lederjacke (es zieht wie Hechtsuppe in Studio 22), an Drogen gibt's Kaffee und Tee, dargereicht von rotgekleideten *Gastvrouwen* (in deutschen Studios gibt's das leider nicht) und Kekse, Kekse, Kekse. Die Versorgung mit diversen Süßigkeiten während der elend langen Proben war wohl eine der besten Ideen John de Mols. Jedes Stimmungstief weicht augenblicklich einem dankbaren Lächeln – wir werden high gedopt, mit Mars, Snickers, Keksen und der Herzlichkeit unserer »Ladies in red«.

Die Süßigkeiten helfen auch unseren Kandidaten über die lange Durststrecke des Wartens hinweg. Für sie ist der Dreitagesaufenthalt in Holland eine echte psychische und physische Belastung. Zunächst müssen sie innerhalb kürzester Zeit zu einem Teammitglied werden. Die Interessen jedes einzelnen haben sich nämlich dem Ablauf der Show unterzuordnen. Es ist nicht leicht zu verstehen, weshalb man teilweise zwei Stunden lang warten muß, um dann auf ein Kommando unserer Betreuer aufzuspringen, um ein Spiel zu proben. Die Knochen tun einfach weh, wenn man zum zweiten Mal die Kletterwand hochgehievt wurde (in der Show müssen sie aus eigener Kraft rauf). Sie müssen auch lernen, Fehler des Partners zu akzeptieren, ihre Schwächen bei einem Spiel zu erkennen und – wenn möglich – auszubügeln, Stimmungsschwankungen des anderen aufzufangen. Nicht umsonst bezeichnen unsere Kandidaten die Tage im Show-Mikrokosmos als einen ganz speziellen Abenteuertrip – blaue Flecken und absolute Freudenmomente inklusive.

»Machen Sie's gut, tschüß«, die Show ist gelaufen. Es ist mal wieder so laut im Studio, daß ich die letzten Sätze gebrüllt habe, wider besseres Wissen, denn mein Mikrofon braucht's nicht so laut, und der arme Theo vom Ton bestimmt auch nicht. Ich gehe noch mal zum Publikum, verschenke traditionellerweise mein Glas Schampus (ist das eigentlich echter?) an einen Publikumsgast und bedanke mich für's Durchhalten. So eine Show ist nämlich nicht nur für uns verdammt anstrengend. Danach noch ein paar Fotos. Ich bin so durchgedreht, daß ich weitergrinse, obwohl keiner mehr knipst. Schnell abschminken – ein göttliches Gefühl, wenn Barbara mir eine heiße Kompresse macht. Sobald ich das Handtuch auf meinem Gesicht fühle, bröckelt auch die Anstrengung ab. Ich befinde mich in einer Art Naturrausch. Adrenalin bis zur Oberkante, gleichzeitig total müde – eben wie eine ausgequetschte Zitrone, die gerade im Lotto gewonnen hat. Aber nur, wenn die Kandidaten mit dem Geld nach Hause gehen. Alles läuft viel gedämpfter ab, wenn's nicht hat sollen sein. Klamotten ausziehen, und zwar schnell, und dann ab in die Kantine. Dort stehen – na was wohl? – frisch fritierte holländische Häppchen, es gibt zu trinken satt, Herz, was willst du mehr. Die Kandidaten befinden sich in einem ähnlichen Zustand wie ich. Wir hocken zusammen, kauen die eine oder andere Situation noch mal durch, die Ausgeschiedenen werden getröstet, irgendwann reden wir nur noch Blödsinn. Zwischendurch setzen sich Leute aus dem Team zu uns, oder ich gehe auch mal rüber.

Und morgen schlafen wir alle solange wir können – aber vorher muß ich noch unbedingt ein, zwei leckere holländische *Flammetje* (superscharfe, wirklich köstliche Minifrühlingsrollen) essen – oder drei ..., oder vier ...

© Renate Schmitz

Wolfgang Korruhn wurde in Halle/
Saale geboren. Er studierte zunächst
Medizin an der Freien Universität
Berlin – bis zum Physikum –, dann
Kunstgeschichte, Germanistik und
Kirchengeschichte in Basel. Fortan
schrieb er für Schweizer Zeitungen
diverse journalistische Arbeiten, auch
Kurzgeschichten und Filmkritiken.
Nach einer Zeit als freier Mitarbeiter
bei der SRG (Schweizer Radio und
Fernsehen) siedelte er nach Köln über.
Seither ist er Redakteur und Moderator
beim Westdeutschen Rundfunk in den
Bereichen Hörfunk und Fernsehen. Er
hat etwa fünfzig Reportagen und
Features produziert, war mit provo-
kanten Kurzinterviews wöchentlich
in der Sendung »ZAK« zu sehen und
später mit »Taxi-Talk« im ARD-
Morgenmagazin. Wolfgang Korruhn
ist Lehrbeauftragter an der Univer-
sität Düsseldorf und hat bisher drei
Bücher veröffentlicht: »Ach Du lieber
Gott«, Roman, 1994; »Hautnah –
Indiskrete Gespräche«, Porträts von
bekannten Zeitgenossen, 1994; »Dann
hab ich's einfach gemacht – Was
Mörder mir erzählten«, 1995.

Wolfgang Korruhn

Wolfgang Korruhn
Wie machen Sie's eigentlich?

Das folgende Interview hat nie stattgefunden. Es ist ausgedacht, aber viele Fragen des »jungen Journalisten«, die er dem »ausgefuchsten Interviewer« stellt, höre ich in meinen Seminaren an der Uni Düsseldorf, wo ich zu meinem großen Vergnügen Lehrbeauftragter bin, immer wieder.

»Warum«, fragt der junge Journalist, »sind Sie eigentlich Journalist geworden?«
»Das ist keine gute Frage für den Anfang eines Interviews«, antwortet der Profi und lehnt sich in seinem Sessel zurück.
»Und warum nicht?« will der junge Mann wissen.
»Weil das am Ende als Ergebnis herauskommen soll.«
»Also was ist eine gute erste Frage?«
»Verblüffen Sie mich mit einer Frage, mit der ich auf keinen Fall gerechnet habe.«
»Da muß ich nachdenken. Mir fällt im Moment keine ein.«
»Gut. Dann überlegen Sie, ich trinke inzwischen eine Tasse Tee.« Der alte, ausgefuchste Interviewer greift betont langsam zur Kanne, füllt seine Tasse und die seines jungen Kollegen, um ihm Zeit zum Nachdenken zu geben.
»Ich habe soeben beobachtet«, sagt jetzt der Junge, »daß Sie beim Teetrinken kurz die Augen schließen. Genußvoll. Machen Sie das bei der Liebe auch. Ich meine, schließen Sie die Augen?«
»Eine sehr gute Frage für den Start. Was ich auch immer antworten werde, ich kann mich nicht entziehen. Sie haben mich auf eine witzige Weise gefangen.«

»Also, wie machen Sie's: Augen auf oder Augen zu?«

»Ich mach sie gerne zu.«

»Und warum?«

»Jetzt wäre ich gezwungen, darüber zu reden, daß ich mich gern in Menschen vertiefe, daß ich sie gern hautnah spüre, daß ich immer versuche, ganz dicht an sie ranzukommen, genau hinzuhören, daß ich überhaupt sehr viel Information durch meine Ohren bekomme.«

»Wenn Sie jemanden im Fernsehen interviewen, können Sie nicht die Augen zumachen.«

»Aber ich kann sehr viel Drumherum aus meinem Blickfeld nehmen. Ich rücke sehr dicht an jemanden heran, so daß ich eigentlich nur noch ihn sehen und hören kann. Dieser Mensch, der jetzt da neben mir sitzt, ist die zentrale Person. Und niemand und nichts sonst. Ich fühle ihn. Fast körperlich.«

»Das heißt, ein Interview ist für Sie ein, wie soll ich sagen, erotischer Vorgang?«

»Na ja, Vorgang ist vielleicht nicht das richtige Wort. Das klingt nach Büroverkehr oder so was. Aber erotisch ist schon richtig. Sie wollen doch eine persönliche Begegnung mit einem anderen, von dem Sie hoffen, daß er seine Seelentüren aufmacht. Jedenfalls ein bißchen, soweit das kalte Medium Fernsehen das überhaupt zuläßt.«

»Das heißt, ich muß jeden Interviewpartner mögen?«

»Ja, sicher.«

»Verzeihen Sie, das merkt man bei Ihnen aber wirklich nur selten. Sie gelten als frech, sogar indiskret. Darf ich sagen unverschämt?«

»Sie dürfen. Ich fühle mich nicht beleidigt. Mit mögen meine ich etwas sehr Einfaches. Sie haben sich einen Menschen ausgesucht, den Sie gern interviewen wollen. Also finden Sie diesen Menschen in irgendeiner Weise interessant. Sie finden ihn klug oder witzig, Sie mögen seine Filme oder vielleicht sogar seine politischen Ansichten oder ...«

»Und wenn ich sie nicht mag?«

»Dann finden Sie ihn vielleicht noch viel interessanter, denn Sie wollen doch herausfinden, warum dieser Typ so und nicht anders denkt. Sie wollen herausfinden, verdammt noch mal, was ist das für ein Kerl, dessen Ansichten ich fürchterlich finde. Sie wollen herausfinden, was steckt dahinter? Das ist es doch. Oder?«

»Ich soll also meine Meinung verleugnen?«

»Wenn Sie jemanden aufsuchen, um ein Interview mit ihm zu machen, dann signalisieren Sie ihm: Ich interessiere mich für dich. Deshalb bin ich zu dir gekommen, oder deshalb lade ich dich in's Studio ein. Sie sind neugierig, Sie wollen alles wissen. Das ist die Grundsituation.«

»Ich soll ihn belügen und sagen: Ich finde Sie ganz toll und wähle Ihre Partei? Oder liebe Ihre Filme, obgleich ich die abscheulich finde?«

»Nein. Das Wichtigste ist nicht Ihre Meinung, sondern Ihre Neugier. Wenn Sie jemanden überhaupt nicht ausstehen können, dann finden Sie heraus, warum das so ist. Wenn Sie sich dann von ihm nach einem langen Gespräch verabschieden, dann . . .«

». . . finde ich ihn vielleicht noch furchtbarer als vorher.«

»Das kann passieren. Ja. Aber ich hoffe, Sie haben dazugelernt. Und Ihre Zuschauer ebenfalls.«

»Sie machen also diese personenzentrierten Interviews auch für sich selbst? Um dazuzulernen?«

»Ein witziger Kritiker hat mal über mich geschrieben: Der will eigentlich immer nur sich selber interviewen. Das hat der natürlich zynisch gemeint. Aber recht hat er trotzdem. Ich denke, ein Interviewer tut diese Arbeit, weil er im Gespräch mit anderen auch ein Stück von sich selbst entdecken will.«

»Wie langweilig für den Zuschauer.«

»Keineswegs. Der Zuschauer nimmt doch an meinem Lernprozeß teil.«

»Sie fühlen sich als Lehrer?«

»Ich bin ein Lernender, der den Zuschauern mitteilt, was er gerade Tolles lernt. Ich gebe Ihnen ein Beispiel. Ich habe ein Buch über Mörder geschrieben, hab' sie in ihren Zellen aufgesucht und stunden-, ja tagelang mit ihnen geredet.«

»Sie hatten keine Angst?«

»Am Anfang hatte ich meine Vorurteile. Aber durch das sehr

lange Beisammensein und die Intimität, die sich in einem solchen Gespräch entwickelt, habe ich mich immer öfter gefragt: Warum sitzt du nicht in der Zelle? Warum bist du nicht zum Mörder geworden? Bist du so viel anders, als dieser Mensch, der hier in seiner blauen Anstaltskleidung sitzt, eine Zigarette nach der anderen raucht und nicht recht weiß, warum er mit der Axt zugeschlagen hat?«

»Sie haben so was wie einen Rollentausch gemacht?«

»Der Kopf ist rund, damit die Richtung der Gedanken sich ändern kann. Seien Sie bescheiden, aber nicht, wenn es um Ihre Selbsterkenntnis geht. Geben Sie sich selbst eine Chance, immer wieder zu lernen. Dann lernen Ihre Zuschauer gleichzeitig mit Ihnen.«

»Sie glauben, die wollen das? Bei einem Buch ist das vielleicht anders, aber im Fernsehen ...«

»Verachtung des Zuschauers ist ein fürchterlicher Zynismus, den ich nicht teile. Viele sind immer noch neugieriger als wir denken.«

»Die plattesten Sendungen haben die höchste Einschaltquote. Das ist leider eine Tatsache.«

»Kennen Sie die chinesische Geschichte vom Glockenmacher?«

»Noch nicht«

»In Peking lebte ein Glockenmacher, der gern reich und berühmt werden wollte. Also, sagte er sich, ich werde eine riesige Bronzeglocke gießen, die dem Kaiser bestimmt gefallen wird. Und wenn sein Schatzmeister hier an meiner Gießerei vorbeikommt, wird er begeistert sein und sie kaufen. Aber der dachte gar nicht dran. So blieb das teure Stück stehen. Da sagte seine Frau zu ihm: Mach doch ganz kleine, niedliche Glöckchen für junge Mädchen, die lieben so was. Aber auch die kaufte niemand. So wurde der alte Glockengießer sehr nachdenklich und faßte einen mutigen Entschluß. Wenn ich für keinen Fremden Glocken machen kann, dann will ich Glocken für mich machen. Und das tat er. Er ließ sich Zeit, entwarf und goß eine wunderschöne Glocke, von der er schon als Kind geträumt hatte. Sie ahnen die Pointe des Märchens?«

»Diese Glocke wurde sein großer Hit.«

»Alle wollten sie haben. Und warum?«

»Weil sie marktgerecht war.«

»Er hatte mit dieser Arbeit etwas von sich selbst gegeben. Diese Glocke war – gewissermaßen – er selbst. Und was könnten Sie besseres vergeben, als sich selbst?«

»Ich bin nicht so bedeutend.«

»Dann arbeiten Sie daran, daß Sie es werden.«

Es entsteht eine Pause. Der Tee ist alle, so daß neuer aufgebrüht werden muß. Während der alte Profi in der Küche verschwindet, betrachtet sein junger Kollege ein paar Fotos, die auf dem Tisch liegen. Er erkennt den Interviewer, ein metallenes Stativ geschultert, daneben der Kameramann mit seiner Sony in der Hand.

Der Interviewer kommt zurück und noch bevor er sich gesetzt hat, sagt sein junger Kollege: »Stative sind grausam schwer zu tragen. Warum machen Sie das eigentlich selber? Das ist doch Aufgabe des Kameraassistenten.«

»So ist es. Aber wenn ich jemanden besuche, also einen sogenannten Promi, dann bin ich nur mit dem Kameramann zusammen. Sonst ist niemand dabei. Kein Assistent, kein Tontechniker. Den Ton mache ich selbst.«

»Verstehe, das ist eine Kostenfrage. So sparen Sie einen Mann.«

»Ich will das Team so klein wie möglich haben. Das erhält die Intimität. Small is beautiful. Am liebsten hätte ich die Kamera in der Stirn eingebaut und könnte alles allein machen. Aber, was mach ich mit dem Loch im Kopf, wenn ich eines Tages in Rente gehe?«

»Bei Ihnen würde vermutlich kein Loch entstehen, weil Sie immer ein Interviewer bleiben werden.«

»Ihr Wort in den Ohren unseres lieben, himmlischen Herrn. Aber meine Arbeit kann ich weiter tun, selbst wenn die Haare noch weißer werden. Ich bin Gott sei Dank kein Fußballer oder Stabhochspringer geworden.«

»Haben Sie eigentlich Angst vor den großen Tieren, die Sie befragen?«

»Darf ich Sie noch mal korrigieren?«

»Na gut.«

»Das ist keine gelungene Frage. Einmal, weil Sie mir nur die Mög-

lichkeit geben zu antworten: ja oder nein. Sagte ich nein, wäre
das natürlich eine Lüge. Aber das führt nicht weiter. Endet in
einer Sackgasse.«
»Also wie sollte die Frage lauten?«
»Was tun Sie, um mit Ihrer Angst fertig zu werden?«
»Das unterstellt, daß Sie Angst haben.«
»Genau. Diese Fragetechnik habe ich von Alfred Kinsey gelernt,
dem amerikanischen Sexualforscher, den ich leider niemals persönlich kennengelernt habe. Der ist schon 1956 gestorben, da
war ich noch ein schüchterner Schuljunge. Kinsey hat seine
Mitarbeiter ausgeschickt, tausende Menschen in den USA nach
äußerst intimen Dingen zu befragen. Also haben die gefragt:
Sagen Sie mir bitte mal, betrügen Sie manchmal Ihren Ehepartner? Alle haben natürlich entrüstet geantwortet: Nein, niemals!
So kam man nicht weiter. Kinsey mußte also eine bessere Frage-
methode entwickeln und seine Mitarbeiter besser schulen. Er
brachte Ihnen bei, wie man richtig fragt. Richtig heißt in diesem
Fall, daß man eine ehrliche Antwort bekommt.«
Der alte Interviewfuchs nimmt noch einen Schluck Tee, fährt
sich dann mit der Rechten durch das doch schon licht gewor-
dene, graue Haar und fügt hinzu:»Vorausgesetzt, daß man an
einer ehrlichen Antwort interessiert ist. Aber im Fernsehalltag
ist das ja keineswegs selbstverständlich.«
»Und wie hat Kinsey das gemacht?«
»Die Frage:›Betrügen Sie manchmal Ihren Ehepartner?‹ signalisiert doch, das tut man eigentlich nicht. Das ist unmoralisch,
aber sagen Sie mir's bitte trotzdem, denn die Frage steht auf
meinem Anhörungsbogen. Das Problem bestand aber darin, wie
kann der Frager seinem Gegenüber die Angst nehmen. Die
Angst, die eine ehrliche Antwort verhindert.«
»Er hat mit den Leuten also erst mal einen Tee getrunken und
ein bißchen über alles mögliche geplaudert, um sie aufzuschlie-
ßen und dann – zack – kam die entscheidende Frage.«
»Das ist in Talk-Shows eine beliebte Taktik, erst mal drumherum
zu schwafeln. Aber die Methode führt oft zum Gegenteil. Ja, ja,
es ist schon nützlich, jemanden ein bißchen anzuwärmen. Und
nebenbei bemerkt, lange Vorgespräche sind der Tod für ein

spontanes, persönliches Interview, das sich daran anschließen soll. Sagen Sie Ihrem Gesprächspartner ›Guten Tag, vielen Dank, daß Sie mir ein Interview geben wollen‹, und dann legen Sie los. Wenn Sie einen Rechercheur haben, lassen Sie den die Vorgespräche machen. Wenn Sie keinen haben, verzichten Sie ganz drauf.«

»Und warum? Im Vorgespräch nähert man sich dem anderen doch an, oder?«

»Ja, ja, das kann aber gefährlich werden, weil Sie Ihre Spontaneität einbüßen, nachdem Ihr Gesprächspartner Ihnen bereits alles ausgeplaudert hat. Sie wissen dann schon, wie er auf welche Frage reagiert, vermeiden vielleicht kitzelige Sachen, weil Sie soeben bemerkt haben, daß er grantig reagiert. Dann ist die Spannung raus. Außerdem, wollen Sie von ihm verlangen, daß er Ihnen alles zweimal erzählt, einmal im Vorgespräch und dann anschließend im Interview?«

»Aber zurück zum langsamen Umschiffen der entscheidenden Frage.«

»Ja. Damit drückt der Fragende seine eigene Hemmung aus. Er redet drumherum, und wenn sein Gegenüber sensibel ist, dann merkt er: Hoppla, dieser Interviewer will dich einseifen. Also sei vorsichtig, laß dich nicht in eine Falle locken. Ganz Schlaue erkennen daran sofort, daß Sie Angst haben und verlieren den Respekt vor Ihnen.«

Daran hatte der junge Kollege noch nie gedacht, daß sein Interviewpartner Respekt vor ihm haben muß.

»Wichtig finde ich: Sie müssen Ihren Partner respektieren, aber genauso wichtig ist es umgekehrt.«

»Sie haben gesagt, der Interviewer muß seinem Gegenüber die Angst nehmen.«

»Angst ist ein ätzendes Gift, das lähmt. Aber bleiben wir mal bei dem konkreten Fall Kinsey. Der hat seinen Leuten gesagt: Diese Frage ist überhaupt nicht unmoralisch. Warum eigentlich? Aber das müssen Sie dem Befragten auch klar machen.«

»Also soll ich sagen: Entschuldigen Sie, ich möchte Sie mal was ganz Heikles fragen. Ist doch nicht schlimm, oder?«

»Nein, der Interviewer schafft durch seine Fragen, sein ganzes

Auftreten ein gewisses Klima, ein Klima der Normalität, wenn Sie so wollen. Der Selbstverständlichkeit. Also fragt er die einfachste Sache der Welt: Wann haben Sie das letzte Mal Ihre Frau betrogen? Das signalisiert, hier geht's um was ganz Normales. Klar, daß Sie auch mal fremdgehen, also reden wir einfach drüber.«

»Ich komme noch mal auf die Angst zurück. Und jetzt richtig gefragt: Wie gehen Sie mit Ihrer Angst um?«

»Ich habe Kollegen getroffen und treffe sie noch, die sich vor der Sendung in ein Klo einschließen, um sich zu erbrechen. Vor Angst. Ich weiß von einem berühmten Show-Ehepaar, das sich vor jedem Auftritt von einem Hypnotiseur achtundvierzig Stunden in einen Tiefschlaf verzaubern läßt. Andere nehmen Psychopharmaka, greifen zur Flasche. Werner Höfer verriet mir mal, daß er mit den Fäusten gegen die Bürowand oder die Tür des Lifts trommelt, um sich ›stark‹ zu machen. Ich kenne Moderatoren, die vor der Sendung alle Leute, die ihnen begegnen, runterputzen, um dasselbe Gefühl zu kriegen. Die rennen wie Gorillas durchs Studio und fletschen die Zähne. Lächerlich.«

»Und wie machen Sie's?«

»Vor über zehn Jahren hab' ich meditieren gelernt. Das hilft auch im Alltag sehr. Aber das ist ein langer Weg. Vor den größten Ängsten bin ich – Gott sei Dank – durch mein Alter geschützt. Ich bin gelassener geworden und Mißerfolge haben nicht mehr solch eine vernichtende Wirkung. Außerdem fällt es mir zunehmend leichter, mich in die Gedanken oder Gefühle eines anderen Menschen zu versetzen. Und da sehe ich halt auch wahnsinnig viel Angst. Ich spüre, du lieber Himmel, was dieser Mensch redet oder tut, das ist nicht sein freier, vernünftiger Entschluß, sondern der steht in seiner inneren Konstellation. Daß er so oder so ist, das folgt aus seiner Biografie, seinen Enttäuschungen, seinem Liebesmangel und so weiter.«

»Ich wußte gar nicht, wie sentimental Sie sind.«

Der alte Interviewer lacht verlegen, so daß eine Pause entsteht und sein junger Kollege nachhaken kann: »Wahrscheinlich hätte ich jetzt fragen müssen: Wie haben Sie gelernt, trotz Ihrer offensichtlichen Sentimentalität, frech und direkt zu fragen?«

»Sie gefallen mir. Sie machen Fortschritte.«

»Wie waren Sie als Kind? Schüchtern?«

»Oh, ja. Extrem. Noch als Student bekam ich rote Ohren, sobald der Professor in die Richtung guckte, wo ich im Hörsaal saß. Gleichzeitig war ich aber ungeheuer neugierig.«

»Auf Klatsch?«

»Auf andere Menschen. Ich hab' gespürt: Wahrscheinlich bist du ein Außenseiter, ein schüchterner Träumer. Das hat zur Folge gehabt, daß ich mich fragte, wie leben eigentlich all die anderen, wie gehen die mit ihrem Leben um? Und so hab' ich angefangen, Fragen zu stellen. So wurde Neugier zu meiner größten Leidenschaft und Staunen zu meiner wichtigsten Möglichkeit.«

»Sie sind immer noch ein Kind?«

»Wenn Ihr Interviewpartner spürt, da sitzt mir ja ein neugieriges Kind gegenüber, das wirklich eine Antwort will und das nicht locker läßt, dann passieren die wundervollsten Dinge.«

»Aha, deshalb sitzen Sie oft mit den Promis im Sandkasten?«

»Ganz nah natürlich, wie Kinder das so machen. Und denken Sie ja nicht, daß Kinder nicht frech und indiskret sein können. Nur, man nimmt es ihnen nicht so schnell übel, weil sie es ohne Hinterlist tun.«

»Ich will aber kein Kind mehr sein.«

»Schade. Aber Sie haben recht, zum bewußten Kindsein sind Sie wahrscheinlich noch zu jung. Aber seien Sie sicher, Jugend ist ein Fehler, der sich von Tag zu Tag bessert.«

»Wie bereiten Sie sich auf Ihre Interviews vor? Gucken Sie viel fern? Werten Sie Zeitungen aus, um sich zu informieren? Und wenn Sie einen Autor befragen, lesen Sie tatsächlich sein Buch vor der Sendung?«

»Halt, halt, das sind ja vier Fragen auf einmal. Das signalisiert wieder: Dieser Interviewer ist unsicher. Wenn ich jetzt schweigen würde, dann müßten Sie noch drei Fragen nachschieben. Und dann wäre alles aus, dann könnte ich Sie auf Ihren Fragen verhungern lassen. Und einfach dasitzen und grinsen.«

»Das kommt vor?«

»Oh, ja. Gewisse Politiker bringen so was, und zwar mit der größten sadistischen Freude. Stellen Sie mehrere Fragen auf einmal, so machen Sie mir's leicht, mich zu entziehen. Weil ich mir von diesen Fragen eine aussuchen werde, und es wird natürlich die sein, die ich am leichtesten beantworten kann.«

»Und wenn ich auf eine kurze, präzise Frage keine Antwort bekomme?«

»Genieren Sie sich nicht, dieselbe Frage mit anderen Worten noch mal zu stellen. In aller Höflichkeit. Aber bitte ohne diese arrogante Floskel: ›Sie haben meine Frage nicht beantwortet.‹ Peinlich so etwas für den Interviewer.«

»Und der Promi nimmt mir das nicht übel?«

»Überhaupt nicht. Im Gegenteil. Bei einem klugen Menschen verlieren Sie sofort an Achtung, sobald er spürt, eigentlich sind Sie an seinen Antworten nicht interessiert.«

»Und was soll ich machen, wenn er immer noch die Lippen aufeinanderpreßt?«

»Sie können zum Beispiel sein Schweigen zum Thema machen und sagen: ›So tief sind Sie berührt, daß Sie darüber nicht reden wollen?‹ Oder: ›Ich verstehe, Sie fürchten, sich lächerlich zu machen?‹ Ich hatte mal einen sehr hohen Regierungsbeamten vor der Kamera, der hatte sich in einer antisemitischen Äußerung verplappert. Danach hab' ich ihn fragen wollen. Ganz klar. Er: ›Darüber spreche ich nicht mehr. Basta!‹ Damit wäre das Interview eigentlich geplatzt. Also hab' ich nachgehakt: ›Ach so, Sie haben inzwischen eingesehen, daß Sie eine schwere Dummheit begangen haben?‹ Er: ›Ich habe Ihnen gesagt, das Thema ist für mich erledigt.‹ ›Das heißt, der Kanzler hat Sie zusammengestaucht?‹ Da fing er an aufzubrausen, sich zu rechtfertigen und mir klar zu machen, wie gut er mit dem Kanzler stehe, wie sehr er ihn schätze. Und schließlich sei nur die böse Links-Presse Schuld an allem. Und er genierte sich nicht, auch noch die ›Süddeutsche‹ beim Namen zu nennen. Es war wirklich sehr lustig, er hat fünf Minuten über sein angedrohtes Schweigen geredet und sich in seiner ganzen Jämmerlichkeit dargestellt.«

»Wie gemein.«

»Bei den Mächtigen muß der Frager Widersprüche aufdecken. Der Journalist darf nicht mit der Macht liebäugeln. Er darf nicht zu den Mächtigen gehören wollen. Das hilft vielleicht seiner Karriere, aber ich denke, Sie wollen ja immer noch in den Spiegel gucken, ohne vor Selbstekel zu erbleichen.«

»Sie reden von den Mächtigen, also den Medienerfahrenen. Wie gehen Sie mit den Machtlosen, also den ganz normalen Menschen um?«

»In den Deutschen Bauernkriegen gab es ein Motto, das mir sehr gefällt: ›Friede den Hütten, aber Krieg den Palästen!‹ Wer Macht hat und uns Journalisten für die Erhaltung seiner Funktion einzusetzen versucht, der muß doch ganz anders angefaßt werden, als jemand, der womöglich ein Opfer der Macht ist. Oder nicht?«

»Sie sind nicht nur sentimental, sondern auch noch ein Moralist. Wer hätte das gedacht?«

»Ich bin hoffnungslos altmodisch. Sie haben recht. Aber 'ne fette Einschaltquote ist nicht besonders gut geeignet als Heftpflaster gegen ein schlechtes Gewissen.«

»Wir waren bei der Vorbereitung aufs Interview. Wie viele Fragen denken Sie sich vorher aus?«

»Natürlich die erste. Sie muß überraschend sein und ihn womöglich von seiner Funktion wegführen, wenn Sie den Menschen nicht als Funktionsträger, sondern zu seiner Person befragen. Fragen Sie den Minister nicht nach der Beziehung zu Rußland, fragen Sie ihn, ob er unter Schlaflosigkeit leidet. Fragen Sie nach dem Kind, das er einmal war. Oder wie das Kinderzimmer seiner Tochter aussieht.«

»Und dann lassen Sie alles laufen?«

»Vertrauen Sie Ihrer Intuition. Was nicht bedeutet, daß Sie sich keine Fragen ausgedacht haben. Überlegen Sie sich drei, vier Fragen. Mehr nicht. Sind es mehr, schnüren Sie sich in ein allzu enges Korsett. Bleiben Sie offen. Und vor allem: Entwickeln Sie Ihre Fragen aus den Antworten Ihres Partners. Hören Sie genau hin, konzentrieren Sie sich auf den Menschen und nicht auf Ihren Zettel.«

»Und wenn mir keine Frage mehr einfällt?«

»Dann sagen Sie's.«

»Im Ernst?«

»Wenn Sie live auf dem Sender sind, kann das bitter werden, das ist wahr. Sagen Sie zum Beispiel: ›Sie haben so viel von sich preisgegeben, daß mir nichts mehr einfällt.‹ Oder: ›Jetzt muß ich mal auf meinen Zettel gucken.‹ Ihr Gesprächspartner wird lachen oder sich 'ne Zigarette anzünden, und das schafft ein paar Sekunden Zeit, um nachzugrübeln. Überhaupt, bedenken Sie, kurze Pausen sind keine Katastrophe. Was Ihnen vor der Kamera unsäglich lang vorkommt, daß Sie fürchten, auf Ihrem Schädel wird jeden Moment eine Handgranate zünden, hat für den Zuschauer, der gerade in seinen Schokoriegel beißt, eine ganz andere Dimension.«

»Was ist noch nützlich zur Vorbereitung?«

»Mir ist wichtig, soviel wie möglich aus der Kindheit meines Partners zu erfahren. Die Kindheit ist der Schlüssel zur Person. Ich schaue mir zum Beispiel Kinderfotos an. Sehr aufschlußreich. Da gibt's ein Foto, das zeigt Franz Josef Strauß mit seiner Schwester Maria. Da trägt der Dreijährige ein weißes Lätzchen und Mädchenkleidung. Man hält ihn wirklich für ein Mädchen.«

»Das war üblich zur damaligen Zeit.«

»Ja, aber es prägt trotzdem. Wenn Sie ein bißchen tiefer gucken, werden Sie finden, daß Walburga Strauß, die Mutter, eine kleine Tochter drei Wochen nach deren Geburt verlor. Aber Walburga hatte nicht genügend Zeit, den Tod des Mädchens zu betrauern, weil ihr Mann sie erneut schwängerte. Das nächste Kind kam also viel zu rasch. Es war Franz Josef.«

»Kohl trug als Kind ja auch ein Röckchen. Aber warum muß ich das wissen?«

»Sie wissen es ja, und das spricht durchaus für Ihr Interesse an diesem Mann, auf dessen Machtinstinkt Sie so neugierig sind wie ich.«

»Ich finde, Sie vertiefen sich viel zu sehr in psychologische Probleme. Da bin ich ganz anderer Ansicht als Sie. Ich glaube, daß man grundsätzlich ...«

»...grundsätzlich sich nicht mit einem Interviewpartner streiten sollte. Sie dürfen ihn alles fragen, Sie dürfen scharf wie eine Gillette sein. Natürlich ohne ihn wirklich zu verletzen. Aber bitte, zanken Sie sich nicht mit ihm vor der Kamera. Sie werden immer den Kürzeren ziehen. Vertrauen Sie Ihrer Neugier und

Ihrer Achtsamkeit. Und lassen Sie Ihre persönliche Ideologie zu Hause in Ihrem Bücherschrank.«

»Ich soll so tun, als hätte ich keine Meinung?«

»Meinung, hat mal ein Spötter gesagt, ist ein Minimum an Tatsachen in Verbindung mit dem Maximum an Vorurteilen.«

»Aber als Mensch und Journalist habe ich doch das Anrecht auf meine Meinung, oder? Und die darf mir keiner nehmen.«

»Der Mensch – ein Gott, wenn er träumt, ein Bettler, wenn er nachdenkt. Hölderlin. Entschuldigen Sie, es war nicht böse gemeint.«

»Was ist für Sie ein kluger Interviewer?«

»Ich hab' mir überlegt, wen die meisten Leute für klug halten. Für klug hält die Mehrheit wahrscheinlich denjenigen, der ihnen genau das bestätigt, was sie bereits wissen. Die meisten Leute mögen keine Irritation durch neue Fakten und neue Erkenntnisse. Wollte ein Journalist sich darauf einlassen, wird er stehenbleiben und eines Tages gezwungen sein, sich selbst zu imitieren, weil er sich pausenlos wiederholen muß.«

»Sie denken da an den Herrn ...«

»...Vorsicht. Das passiert uns allen immer wieder. Und wenn Sie Erfolg haben, wird diese Versuchung immer größer. Also: Hochmut kommt vor dem Fall. Und der kann für einen Fernsehmenschen sehr, sehr tief sein.«

»Wo kann ich lernen, Interviews zu machen?«

»In Ihrem Alltag. Treffen Sie in der Bahn oder im Café jemanden, den Sie bemerkenswert finden, dann fragen Sie ihn.«

»Und das lassen die Leute zu?«

»Versuchen Sie's mal. Sie werden sich wundern.«

»Noch eine Frage zum Schluß.«

»Gut, aber wirklich nur eine. Ich hab' heute noch zu tun, ich muß nämlich ein Kapitel für ein ECON-Buch schreiben. ›Achtung Aufnahme‹ soll das heißen, und ich hab' keinen blassen Schimmer, was ich da schreiben soll.«

»Was würden Sie tun, wenn Sie Ihre Stimme verlieren würden und könnten keine Fragen mehr stellen.«

»Oh, schreckliche Vorstellung. Ich glaube, ich würde mir Interviews ausdenken und aufschreiben.«

»Und das könnten Sie?«

»Nein. Aber für dieses Buch probier ich's einfach mal.«

»Viel Glück.«

»Danke. Ich möchte Sie aber zum Schluß auch was fragen. Warum sind Sie Journalist geworden?«

»Was für eine gute Abgangsfrage. Aber hat man eigentlich das Recht, eine Frage einfach zu überhören? Ich meine, darf ich mich weigern, eine Frage überhaupt zur Kenntnis zu nehmen?«

»Sicherlich. Keine Frage.«

»Dann mache ich von diesem Recht Gebrauch und danke Ihnen für dieses Gespräch. Und natürlich für den Tee.«

Florian Langenscheidt wurde 1955 in Berlin geboren. Sein Studium der Germanistik, Philosophie und des Journalismus schloß er mit der Promotion zum Dr. phil. ab. Im Anschluß daran studierte er Verlagswesen an der Harvard University und erlangte an INSEAD in Fontainebleau den Master of Business Administration. Darauf folgte eine zweijährige Verlagstätigkeit in New York. Florian Langenscheidt ist Gesellschafter in der Langenscheidt-Verlagsgruppe sowie Vorstandsmitglied beim Verlag Bibliographisches Institut & F. A. Brockhaus AG. Er hat einen Lehrauftrag an der Ludwig-Maximilians-Universität in München, ist Gründungsvorstand von CHILDREN FOR A BETTER WORLD und Präsidiumsmitglied des WORLDWIDE FUND FOR NATURE. Auch als Autor und Herausgeber von Büchern (u. a. »1000 Glücksmomente«, 1991; »Sternschnuppenwünsche«, 1992; »Bei uns zu Hause. Prominente erzählen von ihrer Kindheit«, 1995; »Glück mit Kindern«, 1997) hat sich Florian Langenscheidt einen Namen gemacht. Er schreibt darüber hinaus als Journalist für zahlreiche Zeitungen und Zeit-

© Wolfgang-Peter Geller

Florian Langenscheidt

schriften. Seit 1993 ist er als Fernseh-
moderator regelmäßig im Bayerischen
Rundfunk in der Sendung »Münchner
Runde« (vormals »NachtClub«) zu
sehen. Florian Langenscheidt ist verheiratet und hat zwei Söhne.

Florian Langenscheidt

Vom »nachtClub« zur »Münchner Runde«

Über Moderatorenvorbereitung und
Gästeauswahl für den Talk

Warum machst du es eigentlich? Das ist die Einstiegsfrage, die
ich normalerweise zu hören bekomme, wenn Menschen erfahren, daß ich – im Hauptberuf Verleger und Autor – seit 1993
zusammen mit einigen Kolleginnen und Kollegen mit größtem
Vergnügen den »nachtClub« und die »Münchner Runde« im
Bayerischen Fernsehen moderiere. Ja, warum? Denn es erfordert
viel Vorbereitungsarbeit, die in der Sendung selbst kaum sichtbar wird. Doch davon später. Warum also? Weil es mich mit sanf-
tem Zwang in Themen hineinstößt, die ich sonst nur oberfläch-
lich als Zeitungsleser streifen würde. Und weil es mich mit
Men-schen unterschiedlichster Art zusammenbringt, die ich
sonst nie treffen würde. Das ist alles ...

Was für Themen behandelt Ihr denn? Tja, letztlich alles, was
interessiert, erregt, kontrovers diskutiert wird und aktuell ist.
Das stimmt allerdings nur halb. Denn Themen wie »Kopflaus-
welle in Deutschland« oder »Katzen-Aids« würden wir nicht
machen. Glaubwürdigkeit, gesellschaftliche Bedeutung und Seriosität sind uns wichtiger als die reine Einschaltquote (sosehr
ich jedesmal darauf gespannt bin), und ein Thema muß komplex
genug sein, daß sich sechs Gäste 60 Minuten lang intensiv und
lebendig darüber die Köpfe heiß reden können. Aber viel
anschaulicher als solche allgemeinen Worte ist ein Ausschnitt
aus meiner bisherigen Themenliste:

- Macht uns unser Essen krank?
- Weibs-Bilder. Wie Männer Frauen sehen.
- »Kauf mir doch ...« Wenn Eltern nur noch zahlen dürfen.
- Schicksal als Chance: Aus Lebenskrisen lernen?
- Eltern ohne Orientierung. Können wir unsere Kinder überhaupt noch erziehen?
- Kein Platz für helle Köpfe – Wirtschaft und Forschung im Dornröschenschlaf.
- Krisen, Kriege, Katastrophen: Können wir mit unseren Spenden wirklich helfen?
- Jeden Morgen Angst: Wenn die Schule zum Alptraum wird.
- 5 DM fürs Benzin. Rettet das die Umwelt?
- Streber, Wunderkinder und Genies. Chancen und Probleme Hochbegabter.
- Multimediale Wunderwelt. Vision und Wirklichkeit.
- Von der Gen-Tomate zur Turbo-Kuh. Essen wir uns krank?
- Mordopfer Kind. Wenn Menschen ihre Kinder töten.
- Gute Ehen – schlechte Ehen. Was hält Paare zusammen?
- Die Wirtschaft lahmt. Können wir unseren Wohlstand halten?
- Maske, Muskeln und Moneten. Boxen in Deutschland.
- Zukunft ohne Stau? Auswege aus der Verkehrsmisere.
- Erfolgreich – auch ohne Abitur?
- Angst am Arbeitsplatz.
- Olympia '96. Hehre Idee oder purer Kommerz?

Für die wenigen, die uns nicht regelmäßig sehen: Unsere Talkshow kam bis Sepember 1996 für über acht Jahre als »nacht-Club« wöchentlich live am Freitag abend im Bayerischen Fernsehen – und seitdem am Montag um 20.15 Uhr als »Münchner Runde«.

Und wie bereitest du dich auf all diese Themen vor? Da kann ich mit einem Paradoxon beginnen: Je weniger ich zu einem Thema weiß und je unbefangener ich drangehe, desto besser bin ich tendenziell als Moderator. Denn wenn ich über Gene im Kochtopf oder Boxen moderiere, leitet mich ein genuines Fragerinteresse – und stellvertretend für den Zuschauer versuche ich,

mit leuchtenden Augen alles zu diesen für mich relativ un-
erschlossenen Lebensbereichen herauszubekommen. Ich frage
dann neugieriger und direkter, bin leichter zu überraschen und
reagiere spontaner und emotionaler. Wenn ich über Multimedia
und Internet rede (da kenne ich mich sehr gut aus), bin ich
immer in der Gefahr, mich den Gästen überlegen zu fühlen,
mich in irgendwelchen Spitzfindigkeiten zu verlieren und das
Zuschauerinteresse aus den Augen zu verlieren. Wenn man sich
sehr gut in einer Materie auskennt, hat man meistens auch eine
klare Position, und das konfligiert mit der wichtigen Forderung
nach der Neutralität des Moderators. Besonders unangenehm
wurde das einmal beim Thema »5 DM fürs Benzin. Rettet das die
Umwelt?« Einer meiner Gäste war Ernst Ulrich von Weizsäcker,
der genau wußte, daß ich persönlich für die Einführung einer
Energiesteuer bin, und dies am Anfang der Diskussion direkt
ansprach. Da läßt sich schwer richtig reagieren, denn Wider-
spruch wäre ja unwahr gewesen. Nur: Ohne klare Zuordnung
meiner Position hätte ich die Sendung lieber moderiert!
Aber zurück zur Vorbereitung. Da soll man z. B. über Schulstreß
sprechen. Der eigene liegt weit zurück, Kinder in dem Alter gibt
es nicht. Was tun? Erst einmal lesen. Die Redaktion – ohne sie
ginge gar nichts – schickt mir meist zwei Schübe von Fotokopien
zum Thema, je zwei Zentimeter dick. Die enthalten alle Artikel
aus deutschsprachigen Zeitungen und Zeitschriften, die in den
letzten Jahren zum Umfeld Schulstreß erschienen sind. Das ist
großartig als erster Schritt, erschließt es mir doch die wesentlichen und aktuellen Facetten des Themas. Dazu kommen ein bis
zwei Bücher, meist von einem der Talkshow-Gäste selbst verfaßt, damit man gleich dessen Position und Denkweise kennen-
lernt.
Für Lesestoff bei Zugfahrten in den Tagen vor der Aufnahme ist
gesorgt ...
Während des Lesens produziere ich unendlich viele Karteikarten
mit Gedankenschnipseln, Zahlen, Fakten, Argumenten, Streit-
punkten und Fragen. Ich sauge mich voll mit dem Thema. Nur:
Jeden interessiert etwas anderes an einem Thema. Von daher ist
meine Fragestellung gerade mal die meine. Frauen, Mütter,

Jugendliche oder Lehrer wollen wahrscheinlich ganz andere Dinge über Schulstreß wissen. Und wir machen die Sendung ja für unsere Zuschauerinnen und Zuschauer und nicht für uns selbst.

Wie also erweitere ich meine Perspektive? Ein kleiner Umweg zur Antwort: Als ich 1992 vom Bayerischen Fernsehen gefragt wurde, ob ich Moderator beim »nachtClub« werden wolle, ging ich zu drei befreundeten Moderatoren, deren Menschlichkeit, Intelligenz, Erfahrung und Professionalität mich immer schon beeindruckt hatten, und fragte sie, welche Fehler ich vermeiden könne und was am wichtigsten sei bei Vorbereitung und Gesprächsführung. Und es war der einzigartige Alfred Biolek, der mir einen entscheidenden Tip gab. Er sagte damals, das Einlesen in die Materie sei natürlich notwendig. Aber wichtiger noch für ihn sei, daß er am Tag der Sendung ein paar Freunde aus unterschiedlichsten Lebensbereichen zum Mittagessen einlade, für sie koche und dabei über das Thema des Abends rede. So erfahre er, was Menschen mit anderem Hintergrund, Alter, Beruf, Geschlecht usw. an dem Thema interessiere, und das erweitere seine persönliche Perspektive entscheidend.

Das tue ich auch – allerdings ohne zu kochen, da dann niemand käme. Um zum Schulstreß zurückzukommen: In den Tagen vor der Sendung rede ich mit Lehrern, Nachhilfeprofis, Psychologen, Schülern, Kultusbeamten, Journalisten, Experten von Sorgentelefonen, Eltern und auch Taxifahrern – wen immer ich in geeigneten Momenten finde – über mein Thema. Ich hole mir Hintergrundinfos, Zahlen und Fakten aus einer Unzahl von Quellen, lasse Neugier, Allgemeinbildung und Erfahrungsschatz spielen und stelle meinen Fragenkatalog Schritt für Schritt zusammen.

Beim Thema »Gute Ehen – schlechte Ehen« z. B. hatte ich das große Glück, während der Wochen vor der Sendung mehrere Paare zu treffen, die seit über dreißig Jahren verheiratet waren. Sie können sich vorstellen, was ich da – nicht nur für die Sendung – gelernt habe über gelungenes Zusammenleben der Geschlechter! Und darüber hinaus traf ich noch auf der Buchmesse Ruth Westheimer, die mir alles über Sex in der Ehe verriet ...

Am Vortag der Sendung setze ich mich dann in Ruhe an den Schreibtisch und ordne den Gedanken- und Fragensteinbruch auf meinen Kärtchen. Pro- und Kontrapositionen, die Hauptfacetten des Themas, die Schlüsselfragen, der Aufhänger zum Einstieg und – falls sich nicht alles spontan ergibt – auf alle Fälle einen Gedanken oder ein Zitat zum Ausstieg aus der Diskussion.

Und wenn alles gut läuft, kommt dann ein lichter Moment, in dem mir das Thema so richtig konkret vor Augen steht. Ich spüre die Interessenslagen und Meinungen fast physisch, ich sehe die Hauptlinien der Argumentation und Betroffenheit glasklar vor mir, kann mich aber auch in jede Verästelung hineinbegeben. Dann erst fühle ich mich sicher und habe Boden unter den Füßen. Ohne Anstrengung ergibt sich daraus die Struktur des Gespräches am nächsten Tag. Denn bei aller Lebendigkeit der Diskussion: So eine Struktur muß ich im Kopf haben und durchsetzen. Meine Zuschauer wollen wissen, worüber wir gerade reden, sonst verlieren sie Orientierung und Interesse. Ich muß in der Sendung immer wieder innehalten, zusammenfassen und neue Ebenen öffnen, Meinungen pointieren und Gegenpositionen herausmeißeln. Wir wollen schließlich kein besserer Stammtisch sein.

Und wie bewältigst du den Anfang? Die Anmoderation formuliere ich mir vor. Mit vier bis fünf prägnanten Sätzen versuche ich auszukommen. Ein aktueller Aufhänger ist dabei hilfreich (kürzlich verwarfen wir das Thema »Wie provokativ darf Kunst sein?« – denn die Kunstszene bot einfach keinen aktuellen Skandal). Ich muß es in ganz kurzer Zeit schaffen, die Brisanz und Grundstruktur unseres Themas hinüberzubringen, packend, spannend, involvierend. Im engen Blickkontakt mit meinem imaginären Publikum da draußen ...

Eines habe ich gelernt: Nichts ist tödlicher, als wenn ich in der Einführung zeigen will, wie glänzend ich vorbereitet bin. Das lähmt die Gäste und langweilt das Publikum. Die Gäste sollen auf der Bühne sein, nicht der Moderator. Ich muß alles wissen, darf das aber nicht heraushängen lassen. Das Publikum wird nur durch die Art meines Fragens und Lenkens merken, wie gut ich mich auskenne. Es wird zur Kenntnis nehmen, wie ich es schaffe, daß alle Aspekte des Themas zur Sprache kommen, daß auch schüchterne Gäste zu Wort kommen, daß falsche oder einseitige Beiträge korrigiert werden, daß die Runde sich nicht an Belanglosigkeiten festbeißt usw. Es soll mich nicht als den großen Experten sehen, sondern als jemanden, der es vertritt im Studio und alle Fragen stellt, die es interessiert.

Und wie wählt Ihr die Gäste aus? Das ist wiederum eine der Meisterleistungen der Redaktion. Ich habe gemerkt, daß es gut ist, wenn ich Vorschläge mache, besser aber, wenn es dabei bleibt und ich die Auswahl der Redaktion überlasse. Denn das ist eine Kunst:

– Wir brauchen eine gute Mischung von Betroffenen, die Gefühle zeigen und wecken, und Experten, die einordnen und analysieren.
– Wir brauchen alle wesentlichen Positionen, Arbeitgeber wie Arbeitnehmer, Konservative wie Progressive, Autogegner wie Autoliebhaber usw.
– Wir brauchen Menschen, die unbefangen und lebendig in einem hochmodernen Studio in die Kamera reden können, haben aber nicht das Budget, um teure Videotests zu machen.
– Wir brauchen Männer und Frauen, Jüngere wie Ältere (gerade die Anwesenheit älterer, weiser Herren – von Lorin Maazel bis zu Ernst Maria Lang – habe ich sehr zu schätzen gelernt, da sie Proportion, Perspektive und Herzenswärme in manche abgehobene Diskussion bringen).
– Wir brauchen Menschen, die mit leuchtenden Augen erzählen und für ihre Position kämpfen können (wie etwa Willy Bogner beim Thema »Olympia '96 – hehre Idee oder purer Kommerz« mit seiner hinreißenden Schilderung des Erlebnisses an olympischen Spielen teilzunehmen, mit der er alle Skepsis gegenüber Doping, Boykotten, Betrug und Kommerzialisierung in den Schatten stellte).

Das ist nicht einfach und gelingt auch nicht stets perfekt. Immer wieder ist jemand dabei, der sich nicht zu reden traut oder es vor laufenden Kameras plötzlich nicht mehr wagt, eine Position zu vertreten, die ihn im Vorgespräch gerade interessant erscheinen ließ. Plötzlich hat er oder sie darüber nachgedacht, was die Eltern oder der Chef dazu sagen würden. Und hat kalte Füße bekommen.

Oder – in einer Sendung über Hochbegabte: Jemand kann zwar im Kopf die Wurzel aus einer 27stelligen Zahl ziehen, darüber hinaus aber nichts Wesentliches dazu sagen, ob ihn das glücklich und erfolgreich macht oder kaputt und isoliert.

Der Moderator ist der Nutznießer der unendlichen Vorarbeiten beim Finden und Auswählen geeigneter Gäste. Telefonate über Telefonate, Anfragen nach Anfragen, Vorgespräche und Hintergrundrecherchen, Terminprobleme und plötzliche Absagen – der Prozeß ist lang, bis eine lebendige, kontroverse, heterogene und kompetente Runde steht. Wir wollten etwa über den Sinn und Unsinn der Formel 1 sprechen – und fanden keinen geeigneten und eloquenten Gegner. Wir wollten das schreckliche Thema »Mordopfer Kind. Wenn Menschen ihre Kinder töten« besetzen – und fanden (natürlich) keinen direkt Betroffenen ... Aber wenn das Unmögliche gelingt, kann man als Moderator nur unendlich dankbar sein. Zum Beispiel bei »Maske, Muskeln und Moneten. Boxen in Deutschland«: Werner Schneyder als langjähriger und überaus kenntnisreicher Kommentator nahm mir (und damit dem Publikum) viele Illusionen vom Boxen als Sport und legte in verblüffender Offenheit die Rolle der Medien klar; Boxprofi und Amateurweltmeister Marco Rudolph vermittelte ein Gefühl von der Angst im Ring; Autor und Boxfan Wolf Wondratschek sprach von der Poesie des Boxens, Mario Hille als Vizepräsident des Bundes deutscher Berufsboxer von Schiebungen gegen unsere deutschen Boxstars, Schönheitschirurg und Ringarzt Henning Jänsch über die Problematik effizienter Dopingkontrolle, und die Sportjournalistin Blanka Schreiber-Rietig fragte uns alle, was das für eine Gesellschaft sei, in der Boxer zu Idolen und Helden würden. Eine solche Runde ist ein Traum für Publikum und Moderator und zeigt deutlich, daß es in der Talkshow auch ohne Top-Prominente geht. Jedenfalls sehe ich Boxen seitdem anders und weiß durch Zuschriften, daß dies auch vielen Zuschauern so geht. Noch etwas zur Vorbereitung des Moderators: Ich dachte mir, man könne eigentlich nicht über das Boxen sprechen, ohne selbst mal im Ring gestanden zu haben. So ging ich drei Tage vor der Sendung gegen den Widerstand mir nahestehender Menschen, die um meine Nase bangten, in die Münchner Boxfabrik, absolvierte Schlag- und Fitneßtraining und mußte dann gegen einen Schrank von Boxprofi in den Ring. Er ließ mich zum Glück leben, ärgerte mich allerdings mit der Aufforderung, ich solle ruhig richtig zuschlagen, ich könne ihm sowieso nicht wirklich weh tun ...

Triffst du die Gäste vorher? Nein. Denn unweigerlich käme ich mit ihnen ins Gespräch über unser Thema – und damit wäre viel Spontaneität raus aus unserer Live-Sendung. Nichts ist schlimmer, als wenn einer der Gäste sagt: »Wie ich Ihnen, lieber Herr Langenscheidt, ja vorhin schon sagte ...«
Ich gehe vierzig Minuten vor Aufnahmebeginn ins Studio, begrüße alle und präge mir die Gesichter zu den mir ja bekannten Namen und Lebensgeschichten ein. Dann reden wir über irgend etwas Belangloses, um Distanz abzubauen und Vertrauen zu gewinnen, vermeiden aber jede Diskussion zum Thema. Vor der Maske versuche ich zum Ausdruck zu bringen, wie sehr ich mich über die Teilnahme eines jeden Gastes freue, erläutere die angestrebte Struktur des Gespräches und ermutige zu lebendiger Diskussion, ohne daß gleich mehrere auf einmal sprechen und der Zuschauer nichts mehr versteht. Dann ab in die Sessel, und los geht's.
Vor der Sendung jedoch beschäftige ich mich lange und intensiv mit jedem Gast. Die Redakteure und Redakteurinnen, die sich mit ihm oder ihr getroffen haben, geben mir eine ausführliche Beschreibung der Grundpositionen, der Persönlichkeitsstruktur, der relevanten Erfahrungen und der biographischen Eckpunkte und weisen mich darauf hin, wie sich der Gast voraussichtlich im Studio bewegen wird (muß ich ihn eher unterstützen oder bremsen?). Darüber hinaus versuche ich an jede erdenkliche

Information zu kommen, um wirklich zu wissen, mit wem ich es in der Sendung zu tun habe. Denn die Menschen sind es, die mich interessieren – mehr als das abstrakte Thema.

Und bist du nach so viel Vorbereitung dann überhaupt noch nervös? Aber wie! Auf dem Weg ins Studio sitze ich im Auto und frage mich unaufhörlich: Werde ich dieses Mal die Anmoderation durcheinanderbringen und gleich am Anfang den Faden verlieren? Werden meine Gäste stocksteif dasitzen, so daß ich ihnen alles aus der Nase ziehen muß? Wird mir vor Ablauf der 60 Minuten der Stoff ausgehen? Oder werden die Gäste so durcheinanderreden, daß ich mich in einen rhetorischen Verkehrspolizisten verwandeln muß?

Wenn ich dann ankomme und die Gäste von Angesicht zu Angesicht sehe, legt sich ein Stück der Aufregung wieder. Aber nur, um im Studio ein paar Minuten vor Sendebeginn wieder aufzuflammen. Alles ist so steril und künstlich, denn zu meinem Leidwesen haben wir kein Publikum im Studio. Die Gäste sind plötzlich kleinlaut und schüchtern – und draußen hinter den Kameras lauern Hunderttausende von Zuschauern, die von Anfang an gefesselt werden wollen. Schweiß bildet sich auf der Stirn, das Mikro verrutscht, und keine meiner Eingangsfragen scheint mir plötzlich noch etwas zu taugen.

Dann kommen die Kurznachrichten und die Einleitungsmusik. Und plötzlich sehe ich mich auf dem Kontrollbildschirm, und die Zeit ist nicht mehr zurückzudrehen. Ich starte mit den wenigen vorbereiteten Sätzen – und merke, es geht. Ich gewinne Spaß, rede mich in Gefühle hinein, unterstreiche, pointiere, widerspreche. Es funktioniert mal wieder, und ich spüre fast körperlich, wie die Menschen in ihren Wohnzimmern hängenbleiben. Keiner schaltet weg. Das ist das Großartige an Live-Sendungen: Man wird ins kalte Wasser geworfen. Nichts darf schiefgehen – und wenn, muß man mit Charme und Witz darüber hinwegkommen (etwa, wenn Oswald Kolle einen McDonalds-Vorstand als »Inkarnation des Heiratsschwindlers« bezeichnet oder eine wichtige Politikerin zu spät in die Sendung kommt und ihr Stuhl unübersehbar leer bleibt).

Ich stelle die Gäste und ihre Beziehung zum Thema vor und bin froh, daß die Kamera nicht an meinen Lippen hängt. Wenn dann die Antwort auf meine erste Frage gut kommt und meine Gäste merken, daß sie sich fast wie zu Hause fühlen können, ist die Nervosität wirklich weg. Dann gilt meine ganze Aufmerksamkeit den Gästen, dem Thema und dem Gesprächsverlauf.

Ramona Leiß wurde 1957 in München geboren. Nach einigen Semestern Studium an der Universität München (Germanistik, Theaterwissenschaft und Chemie) begann sie 1981 als Hörfunksprecherin beim Bayerischen Rundfunk. Sie moderierte in der Folge diverse Hörfunkreihen, später auch Fernsehsendungen beim BR und beim NDR. Seit 1985 ist Ramona Leiß Moderatorin bei ZDF und ARD mit u. a. folgenden Sendungen: »Rund um Arbeit«, die »Knoff-Hoff-Show«, diverse Galas wie »Arena der Sensationen« und »Musi nach Maß«. Den Fernsehzuschauern ist Ramona Leiß u. a. durch die SAT.1-Sendung »Goldene Hitparade der Volksmusik« als Volksmusik-Fachfrau bekannt. Ramona Leiß hat ein Kinderbuch (»Geschichten aus dem Murmelwald«) und zwei Liedsammlungen veröffentlicht. Außerdem hat sie zahlreiche Musiktexte für Schlager, Pop und volkstümlichen Schlager verfaßt. Eine eigene CD ist unter dem Titel »liebe mich« 1995 erschienen. Ramona Leiß hat einen Sohn.

Ramona Leiß

Ramona Leiß

Von der Moderatorin zum Menschen und zurück

Bisher war's nur immer ein Verdacht – was wohl Problem Nr. 1 in der Moderation, zumal für eine Frau, sein könnte – aber seit ich hier auch ein paar Seiten beisteuern soll, weiß ich's ziemlich sicher. Dieser dumpfe Verdacht in mir bestätigt sich. Problem Nr. 1 ist: HEY, ICH WILL DIE LEUTE BEEINDRUCKEN! Genau wie jetzt, angesichts der Liste prominenter und honoriger Kollegen aus Politik, Aktuellem und Kultur. Wie viele Bleistifte muß ich wohl beim Schreiben dieser Seiten zerbeißen, um den Leser mit ebenso beeindruckenden Formulierungskünsten durch die Zeilen zu jagen?

Was muß ich bieten, um beeindruckend zu sein? Da irgendwo auf der Meßlatte – am liebsten natürlich im oberen Drittel. Für wen will ich denn raufklettern auf diese Beeindrucktreppe, auf der es mir mit jeder Stufe mehr auf den Magen drückt. Für die Zuschauer? Für die Kollegen? Für mich?

Wenn ich mich ehrlich frage – und vor allem ehrlich antworte –, dann fällt mir etwas Sonderbares auf: Die Zuschauer sind der geringste, die Kollegen ein beachtlicher und ich ein erdrückender Streßfaktor. Warum bin nun ausgerechnet ich selbst diejenige, die mir das Leben schwer macht? Bin ich zu eitel, zu karrierebezogen, zu ehrgeizig? Will ich als Frau der beste Mann sein?

Oder ist es ganz anders? Zu viele Selbstzweifel, tief da drinnen hinter dem selbstsicheren Lachen jede Menge Unsicherheit – bringst du das? Wollen die Leute wirklich dich sehen, oder ist es nur das gute Unterhaltungskonzept, das dich mitschwimmen läßt – austauschbar wie die Glühbirne in deiner Schreibtischlampe?

Nehmen wir an, jedes Fragezeichen wäre ein Ausrufezeichen, das ODER zwischen diesen scheinbaren Gegensätzen wäre ein UND – dann wäre das Ergebnis eindeutig: Ich wäre eine unsichere Frau, die der beste Mann sein will! Abgesehen davon, daß es mich nicht überraschen würde, wenn es außer mir noch andere mit genau diesem Problem gäbe, müßte ich an dieser Stelle bereits den ersten Bleistift zerbissen haben.

Und es mag schon beeindruckend sein, wenn du an einem Satz feilst, damit die Message wie ein atemberaubender Hochseilakt, gut eingeleuchtet, mit flotter Frisur und Top-Make-up frisch rüberkommt. Launige Worte genüßlich und in cooler Pose in die guten Stuben abgeschickt. Kann passieren, daß du in der Abteilung Marionettentheater landest und beeindruckend am Zuschauer vorbeiredest.

In eine Kamera zu sprechen, nennt man zwar sehr salbungsvoll moderieren, aber fest steht: Du sprichst! Und wenn du sprichst, sollen dir die Leute zuhören wollen. Und wenn die Leute verstehen, was du sagst, sind sie von dir beeindruckt. Mehr als wenn du ihnen das Gefühl gibst, daß sie jetzt von dir beeindruckt sein müßten. Und beeindrucken willst du sie doch, oder? Ich schon! Schon gar bei den beeindruckenden Gagen in der Unterhaltung (sorry, Kollegen von Politik, Aktuellem und Kultur).

Also vergiß die Sache mit dem Bleistiftzerbeißen! Problem Nr. 1 ist ein großes Problem. Damit klarkommen muß jeder für sich, so wie jeder für sich allein vor der Kamera steht. Zugegeben – ich kämpfe immer noch damit.

Problem Nr. 2: Das kleine Mädchen hat schon im Kindergarten gelernt, daß alle Menschen es lieben, wenn es liebenswert ist. Was liebenswert bedeutet, inhaliert es schon, bevor es das »Vaterunser« kennt. Die weißen Strümpfe, das süße Lächeln, artig, unschuldiger Augenaufschlag, hübsch – liebenswert eben, und SIE MÖGEN MICH. Es ist so ein gutes Gefühl, wenn dich alle mögen. Gutes Gefühl macht süchtig. Das kleine Mädchen wird ein großes Mädchen und weiß genau, wie es das mit dem guten Gefühl anstellen muß. Auch wenn's dann mit dem »Vaterunser«

schon wieder hapert. Jetzt höre ich einen fragen: Wo ist das Problem? Ist doch gut, wenn eine Frau sich positiv präsentiert! Aber genau das ist ja das Problem! Ich – eine Frau – habe gelernt, wie ich liebenswert zu sein habe, bin auf der Suche nach Anerkennung von einer Rolle in die andere geschlüpft, habe unzählige Häutungen hinter mir, ewig mit der Angst im Nacken, die Haut darunter paßt mir nicht oder nicht ins Fernsehbild. Habe mir all die Ratschläge, Meinungen oder schlicht das Geschwätz von Redakteuren und Bossen angehört und auch noch – süchtig danach, liebenswert zu erscheinen – zu Herzen genommen. Es hat mich Jahre gekostet, und ich schätze, so ganz frei davon bin ich immer noch nicht; ich habe mir all den liebenswerten Mist (und da fällt mir jetzt wirklich kein charmanteres Wort ein) immer noch nicht abtrainiert.

Erst mit Beginn meines geheimen Trainingsprogramms kam der Erfolg – langsam, aber nicht zu verhindern: Keine roten Fingernägel mehr, weil ich sie eigentlich nie mochte. Kein Hochtoupieren der Haare, weil ich keine Mütze auf dem Kopf brauche. Keine ewigen Röcke und Kostüme, weil ich auf Hosen und bequeme Schuhe stehe. Kein ins Kreuz schießendes Geradestehen, weil ich echt an was Wichtigeres zu denken habe. Kein zermürbendes Auswendiglernen von irgendwelchen Autorenergüssen, weil ich keinen Horror mehr haben will, den Text zu vergessen und selber weiß, was ich zu sagen habe. Kein »Ist schon in Ordnung«, wenn einer die Gage drücken will. Kein »Lieber ein paarmal öfter in die Kamera lächeln«, damit du ja freundlich genug bist, damit du ja keine Chance verpaßt, dem Zuschauer auf dem Schoß zu sitzen. Kein »Ich liebe meinen Job«, weil er manchmal echt hassenswert ist und ich nicht in Ehrfurcht davor erstarren will. Kein Einstecken bis über die Grenzen hinaus, weil du im Grunde deines Herzens, wenn auch mit der Zeit glattgeschliffen, immer radikal geblieben bist – wie damals auf der Uni, als du noch nicht gesagt hast: Na ja, ich bin eine selbständige Frau, aber keine Emanze.

Mit jedem kein, kein, kein kam mehr ich, ich, ich zum Vorschein. Und selbst wenn's in diesem Leben wahrscheinlich für die große Samstagabendunterhaltung nicht mehr reicht – und es bringt nichts, darüber zu spekulieren, ob ich zu blöd dazu bin oder die anderen –, fest steht: Die Leute mögen mich. Ich mag mich selbst jetzt auch lieber. Oder es könnte auch umgekehrt sein: Ich mag mich jetzt lieber – und die Leute mich auch. Mal sehen, wie lange ich damit Glück habe.

Und damit stehe ich vor Problem Nr. 3. Aber das kommt erst noch, und wir können es kurz machen. Zumindest für's erste und an dieser Stelle: Was ist, wenn kein rotes Licht an einer Kamera mehr aufleuchtet? Wenn da nicht mehr dieser Troß von 120 bis 150 Leuten hinter den Kulissen ist und ich keine Vortänzerin mehr bin? Keine persönliche Aufnahmeleiterin, die mich an die nächste Position führt, alles abschirmt, damit ich mich nur auf mich selbst konzentrieren kann? Keine Kostüm- und keine Maskenbildnerin, die mir durch 105 Live-Minuten folgen, das Hosenbein aus dem Stiefel zupfen, nachdem ich keine einzige Überlegung daran verschwenden mußte, was ich anziehen soll, weil alles perfekt ausgesucht ist, und ich nur ja oder nein zu sagen brauchte, Mineralwasser immer griffbereit, mal ein Abtüpferchen mit der Puderquaste hier oder ein nettes aufmunterndes Wort dort? Nicht mehr Tausende von Zuschauern vor Ort und Millionen zu Hause? Kein Verantwortungsgefühl, weil diese Unterhaltungsshows so teuflisch viel Geld kosten, das du nicht in den Sand setzen solltest? Keine Angst mehr zu versagen? Kein Kick mehr, wenn's mal wieder geklappt hat? Kein HEY, ICH HABE DIE LEUTE BEEINDRUCKT? Kein SIE MÖGEN MICH? Ich weiß gar nicht, ob ich dir, lieber Zuschauer, ehrlich sagen könnte, daß es mir dann nicht doch leid täte, was gegen Problem Nr. 1 und Problem Nr. 2 getan zu haben. Jedenfalls haben wir uns jetzt darüber unterhalten.

Ich danke für die Aufmerksamkeit. Denn charmant wollen wir doch bleiben, oder?

Hera Lind wurde in Bielefeld geboren. Nach dem Abschluß ihres Germanistik- und Theologiestudiums nahm sie ein Gesangsstudium an der Kölner Musikhochschule auf, das sie 1989 mit dem Examen beendete. Seit 1982 hat sie eine Festanstellung als klassische Sängerin beim WDR. 1988, während ihrer ersten Schwangerschaft, begann Hera Lind mit dem Schreiben. Der Roman »Ein Mann für jede Tonart«, inzwischen über eine Million Mal verkauft, wurde 1992 mit Uwe Ochsenknecht und Katja Riemann verfilmt. In der zweiten Schwangerschaft entstand die Fortsetzung: »Frau zu sein bedarf es wenig«, auch das ein Bestseller. Den ganz großen Durchbruch erzielte sie 1994 mit dem Roman »Das Superweib«. Während der dritten Schwangerschaft schrieb sie schließlich den ebenfalls überaus erfolgreichen Roman »Die Zauberfrau«. Seit 1995 moderiert Hera Lind im ZDF ihre eigene Fernsehshow »Hera Lind & Leute«. 1996 ist die Gesangs-CD »Hera Lind und Marion Schoeller – Klassik mit der Hanse Compagnie« erschienen. Hera Lind lebt mit ihrem Lebensgefährten und den drei gemeinsamen Kindern in Köln.

Hera Lind

Hera Lind

Chaos hinter den Kulissen

Achtung, Aufnahme! Dieser Spruch war mir seit Jahrzehnten vertraut. Als Sängerin im Chor des Westdeutschen Rundfunks wußte ich genau, wann es ernst wurde, wann man besser mit dem Scherzen aufhörte, wann man sich zusammenriß und das Letzte gab. Die rote Lampe über der Studiotür, das gespannte Gesicht des Dirigenten, die absolute Ruhe im Orchester und Chor, kurz bevor die erste Eins fiel. Und dann das »Danke, noch mal!«, weil irgendwo ein Stuhl geknarrt hatte, ein unsauberer Ton zu hören gewesen war, ein Räuspern, ein Frosch im Hals, ein Kiekser im Horn, ein Kratzer am Cello. Vierzehn Jahre Routine am Mikrophon.

Mit 37 Jahren, sechs Wochen nach der Geburt meines dritten Kindes, mitten im »Erziehungsurlaub« beim WDR kam das Angebot vom ZDF: die Talkshow »Hera Lind und Leute«. Der Anruf erreichte mich auf dem Minigolfplatz, als ich mir gerade mit meinem Mittleren eine Knackwurst teilte. Ich kaute anstandshalber zu Ende, bevor ich artig in das Handy sprach: »Ja, ich will.« Wahnsinn. Und das mir. Keinerlei journalistische Ausbildung. Nur 'ne ziemlich schlagfertige Klappe, wenn's ums öffentliche Parieren geht.

Und das willst du wirklich machen? Warum lädst du dir den Streß auf? Kind, bleib doch mit dem Hintern zu Hause! Laß doch Jüngere zum Fernsehen gehen. Zum ZDF? Dann geh wenigstens vorher mal zum Friseur. Ratschläge aus dem Familienkreis.

Und nun gerade.

»Haue wirst du kriegen«, sagte mein Mann halb besorgt, halb

amüsiert. »Aber mit dir muß man sich wenigstens nie langweilen. Also mach es. Es wird spannend werden.«

Wer nicht wagt, der nicht gewinnt – und der nicht verliert. Beides Seiten des Lebens, denen man sich stellen sollte. Das ging mir schon mit dem Singen so, denn eigentlich war ich Lehrerin für Religion und Deutsch. Das ging mir mit dem Schreiben so, denn eigentlich war ich Sängerin. Und nun ging es mir mit dem Moderieren so. Auf zu neuen Ufern. Man lebt nur einmal. Und Frau sowieso.

Erstes Beschnuppern mit dem Chefredakteur und der zuständigen Redaktion fand bei uns zu Hause am Kaffeetisch statt, mit Baby am Busen, zeitweilig. Zuerst Argwohn auf beiden Seiten, später herzliches Einvernehmen. Also, versuchen wir es. Ich brauchte Starthilfe. Die Redaktion verstand. Was ich mitbrachte, war unbändige Lust, was Neues zu lernen, der gute Wille, der laut Muttern bereits die halbe Miete ist (man muß nur wollen), und ein bißchen Begabung.

Was die Redaktion mitbrachte, war viel Geduld und viel Erfahrung. Und einen starken Willen. Manchmal zu stark für mich harmlose Frohnatur. Da sollten es zwei Frauen miteinander zu tun kriegen, die beide genau wußten, was sie wollten. Dr. Reitze, der Redaktionsleiter Gesellschaft und Bildungspolitik, und Dr. Heidenreich, mein privater Chef, sollten noch ihre Freude an uns haben.

Am Anfang war das Chaos. Kostümprobe im Mainzer Fundus. Ich kämpfte noch mit den Problemzonen, die so eine Schwangerschaft hinterläßt, schämte mich vor den kritischen Augen der Redakteurin hinter einer spanischen Wand, und außerdem fand ich die Kostüme viel zu bieder. Entsetzlich. Königin Mutter geht einkaufen. Trulla Poepken einmal festlich. So geh ich nicht vor die Kamera. Meine Chorkollegen lachen sich kaputt! – Doch, du gehst, hörte ich die stärkere Stimme sagen. Hier wird gemacht, was ich sage. Und deine Chorkollegen sind mir völlig egal. Daß das mal klar ist.

Die Maske arbeitete ähnlich knapp an meinem Geschmack vorbei wie die Garderobe. Eine herzensliebe Dame, die mir erfreut mitteilte, sie habe jahrelang Inge Meysel geschminkt, nahm sich meiner Problemzone Haupthaar an und freute sich, daß mein Gesicht noch relativ – ich sage relativ! – faltenlos sei. Nachdem ich eine Stunde unter ihren Heißwicklern gesessen hatte, fragte ich mich besorgt, wer diese biedere Mittfünfzigerin sei, die da im Muttikostüm der Marke »kaschiert, putzt, hebt und teilt, und das alles runtergesetzt« aus dem inzwischen angstschweiß-verklebten Ledersessel stieg, um in Richtung Panik-WC zu verschwinden. (Anfänglich war ich bei solchen Gelegenheiten bereits verkabelt, aber man lernt ja dazu, selbst in meinem Alter noch.)

Genau zwei Pilotsendungen billigte man mir zu. Ich kam mir vor wie auf dem Schafott. Die Vorbereitung verlief chaotisch. Ich thronte völlig verschüchtert an dem alten Schreibtisch in der BUFA in Berlin-Tempelhof, der früher Wim Thoelke gehört hatte, und versuchte, mit fliegender Feder die Stichworte aufzuschreiben, die etwa fünf Redakteure durcheinander brainstormten. Ständig klopfte einer an, fragte etwas (die Gäste seien jetzt da ... wohin mit dem Dackel von Frau Halmackenreuther?), Fotos von den Gesprächskandidaten flogen lose durcheinander, Manuskripte verwirrten mein armes, geistig entwöhntes Hirn. Schließlich hatte ich jahrelang mit Kleinkindern im Sandkasten debattiert. Und nun sollte ich von einem Tag auf den anderen mit sieben ausgewählten und weiteren sieben zufälligen Erwachsenen über ein bestimmtes Thema reden, und zwar genau sechzig Minuten lang, ohne Werbepause und Einspieler.

Alle anderen hatten es leichter als ich. Fand ich. Ich arme Anfängerin hatte das schwierigste Konzept. Biolek, so jammerte ich, der hat wenigstens Promis da sitzen, die gerne reden. Wenn der zu Inge Meysel sagt, schönes Kleid hast du an, dann fängt die gleich an zu plaudern, und schon ist es amüsant und spritzig und alle lachen und schlagen sich auf die Schenkel und es ist wieder mal eine amüsante Talkshow! Aber ich? Fünf bis acht Unbekannte auf einen Streich! Von denen die Hälfte noch vor Lampenfieber vergeht und kein bißchen zum Scherzen aufgelegt ist, inklusive meiner Wenigkeit! Und mein Studio ist viel zu groß! Biolek, der bleibt fein artig sitzen und läßt seine Gäste einzeln auftreten. Und ich soll das ganze Publikum mit einbeziehen! Wie soll ich da von einer Ecke in die andere kommen? Dauernd stöckele ich in meinem Lady-Di-Kostüm durch die Kamera und verursache mittlere Auffahrunfälle! Ständig muß der Aufnahmeleiter mich aus dem Bild winken! Aber ich hatte es ja so gewollt.

»Pechvögel« hieß dann auch zum fröhlichen Beginn meine erste Sendung, und ich setzte sie gründlich in den Sand. Alle Pechvögel, die mir von ihren kaputten Autos, brennenden Wohnzimmereinrichtungen und selbstmordgefährdeten Dackeln erzählten, ernteten von mir entweder ein geschwollenes »Ach, Sie armes Schwein« oder schadenfrohes Gelächter. Das sei nicht der Sinn einer seriösen Talkshow, wurde rüde redaktionell reagiert, ich hätte gefälligst meine privaten Gefühle hintanzustellen und meine Albernheiten zu unterlassen. Meine Gäste seien ernstzunehmende Gesprächspartner. Ich schlich bedrückt in mein Berliner Hotel und traute mich im Aufzug nicht, in den Spiegel zu sehen.

Auch mein zweiter Pilot, in dem es um Mobbing ging, war nicht der Heuler. Ich hatte beschlossen, kein Mitleid mehr mit meinen Gästen zu haben, sondern sachliche Fragen zu stellen und emotionslos zu reagieren. Also, Mobbing-Opfer. Sag, was ist dir widerfahren und warum? Und du, Mobber-Macho. Warum machst du so was? Irgend jemand hatte dem völlig temperamentlosen Mobbing-Opfer, das zu meiner Linken saß, vorher mitgeteilt, er möge nicht in die Kamera schauen, geschweige denn winken. Herr H. saß also wie festgeschnallt in seinem Sessel und antwortete wie ein Automat, ohne einmal den Kopf zu drehen. Ich wollte schier verzweifeln, ihn rütteln, ihn anschreien. Hee, hier spielt die Musik! Wenn du mit deinen Kollegen genauso geredet hast wie mit mir, ist es doch klar, daß sie dich gemobbt haben! Natürlich hatte der Kollegenschänder zu meiner Rechten mit ihm leichtes Spiel. »So einer wie der gehört einfach gemobbt.« Ich sah im Hintergrund den Redakteur verzweifelt in sein Mikro sprechen. Klar, daß dieser Spruch geschnitten wurde. Sechzig Minuten Talkshow erschienen mir wie sechzig Minuten Zahnarzt. Was noch fragen, was noch anregen, wenn uns daran liegt, daß man sich nicht gegenseitig auszieht, fertigmacht, beschimpft, ins Wort fällt? Sechzig Minuten wurden so qualvoll lang, daß ich einfach in Minute 57 abmoderierte. Damit war auch dieser Pilot unbrauchbar.

Die Kritik erfolgte unmittelbar nach der Aufzeichnung, auf nüchternen Magen und nicht gerade schonend. »Sie haben sich Ihre Sendung kaputtgemacht«, sagte die Redakteurin gnadenlos. Ich weiß. Ich Versager. Ich Pechvogel, ich Mobbing-Opfer. Auch die Gäste wurden mit Spesen und einem Händedruck auf dem Gang entlassen. Ich fühlte mich hundsmiserabel, als ich mit meinem fremden Gesicht und meiner künstlich hochgetürmten Frisur an jenem Herbstabend in Berlin auf den verspäteten letzten Flieger wartete, der mich nach Hause bringen sollte. Das war also der Preis. Zum ersten Mal in meinem Leben erschien mir der Preis für etwas, das ich tat, zu hoch. Ich werde nie den Moment vergessen, als ich gegen Mitternacht vor unserem Haus aus dem Taxi stieg und die frische Luft roch, die ich eine Woche lang nicht gerochen hatte. Die Kinderfrau stand im Schein unserer Haustürlampe da und wartete darauf, endlich nach Hause fahren zu können. Mein Mann befand sich auf einer Dienstreise. Ich war mit drei kleinen Kindern über's Wochenende allein und hatte genau zwei Tage Zeit, mich auf die nächsten vier Sendungen vorzubereiten. Vier Sendungen, die keine Piloten mehr sein würden.

Es kostete mich unendlich viel Mut, nach dem Briefing die Redaktion zusammenzurufen, an meinem klobigen Wim-Thoelke-Schreibtisch Platz zu nehmen und ein paar Arbeitsbedingungen klarzustellen.

Erstens: Die Sendung trägt meinen Namen und soll auch mein Gesicht haben. Das bedeutet, daß Garderobe und Maske meinem Typ angeglichen werden, und nicht umgekehrt.

Zweitens: Kritik an der Sendung bitte nicht sofort. Niemand, der nicht schon auf der Bühne oder vor der Kamera gestanden hat, weiß, was ein seelischer Auftrittskater ist. Wenn er dann auch noch gehauen wird, oder in den nüchternen Magen getreten, kann der Moderator/Sänger/Schauspieler am nächsten Morgen keine neuen Taten vollbringen. Also Kritik bitte am Morgen nach

der Aufzeichnung zwischen 10 und halb 11, und zwar von
jedem Redaktionsmitglied, und zwar zu vier Punkten:
Wichtig
offen geblieben
störend
erfreulich
und zwar genau in der Reihenfolge.
Drittens will ich keinen Knopf im Ohr. Ich kann schon zu Hause
nicht zuhören, wenn zwei gleichzeitig auf mich einreden. Wie
soll ich das vor einer Fernsehkamera schaffen, wenn mir die Nerven einzeln um die Ohren flattern.
Viertens möchte ich unsere Gäste anders behandeln. Es muß ein
anständiges Vorgespräch geben, bei dem nicht wieder einem
Gast gesagt wird, er dürfe sich nicht bewegen. Das Vorgespräch
soll ausschließlich zwischen mir und den Gästen stattfinden,
also alle raus aus dem Gästeraum, die nicht gecastet sind.
(Nichts verursacht mir mehr Panik, als wenn an die dreißig lam-
penfiebernde Personen mir aus einer kalten Rauchwolke entge-
genstarren, und ich weiß, daß ich sie gleich mit Namen ansprechen muß.) Das Vorgespräch soll unseren Gästen und mir die
Sicherheit verleihen, daß niemand in die Pfanne gehauen wird,
daß keiner seelisch ausgezogen wird. Wir sind hier nicht in einer
Fahrschulprüfung, also kann auch jeder wissen, wann er ungefähr mit welchen Fragen zu rechnen hat. Warum sollen die
armen Gäste unsicher und nervös mit ihren fernsehgeschmink-
ten Gesichtern eine Stunde lang auf dem elektrischen Stuhl verharren, bis ihnen buchstäblich die Spucke wegbleibt?
Und vor allen Dingen muß ein Nachgespräch stattfinden, bei
dem jeder Gast, der auch nur einen Satz vor der Kamera gesagt
hat, seinen seelischen Kater streicheln lassen darf. Ich verlange
anständigen Sekt, anständig was zu essen (denn wer kann schon
vor einem Fernsehauftritt auch nur einen Krümel zu sich nehmen) und ebenfalls von jedem Gast eine Stellungnahme zu den
vier Punkten:
an der Sendung
war mir *wichtig*
ist mir *offen* geblieben

fand ich *störend*
war *erfreulich.*

Wir nannten diesen seelischen Reibach fortan WOSE. Und WOSE rettete vielleicht unsere Sendung, zumindest wurde fortan unsere Zusammenarbeit zu einer menschlich niveauvollen Symbiose.

Ich muß zugeben, daß WOSE nicht auf meinem Mist gewachsen ist. Eine erfahrene Moderatorin, die zufällig in meiner Nachbarschaft wohnt, gab mir irgendwann mal heimlich und unverbindlich diesen Tip. Ich werde es ihr nie vergessen.

Fortan ging alles leichter. Mein Outfit durfte ich selber wesentlich mit beeinflussen. Ich bekam eine neue Kostümberaterin und eine neue Maskenbildnerin. Immerhin glich ich nun eher Marie Louise Marjan als Inge Meysel. Was ja durchaus als Fortschritt zu bezeichnen ist.

Die Rechercheure schickten mir verabredetermaßen eine Woche vor der Sendung das fertige und endgültige Manuskript mit einem Paßfoto von jedem Gesprächsgast. Was hatten mir vorher die losen Fotos in völlig unterschiedlichen Größen genutzt, wo ich Herrn X mit Frau und Schwiegereltern vor seinem Tretboot auf dem Müggelsee betrachten durfte? Rigoros schnitt ich bei solchen Fotos den entscheidenen Kopf aus Boot und Schrebergarten und hinterließ Schnipsel von Dackel, Hochzeitszeugen und Einbauschränken, die dann erbarmungslos in den Papierkorb flogen.

Meine erste Sendung, die gesendet wurde, handelte von »berufstätigen Müttern«. Ich saß im Kreise von Frauen in meiner Situation. Sie waren zwar alle peppiger gekleidet und pfiffiger frisiert als ich, aber wir verstanden uns gut und hatten das Gefühl, alle in einem Boot zu sitzen. Daß die Sendung von der Presse nicht bejubelt wurde, war völlig okay. Schließlich fetzten und beschimpften wir uns weder, noch fingen wir gemeinsam an zu weinen. Es war ein etwas steifer Talk unter berufstätigen Müttern, die jede auf ihre Weise ihr Leben zu organisieren versuchten und öffentlich nichts auf ihre Männer kommen lassen wollten.

Bei den »Kinderreichen«, meiner zweiten öffentlichen Sendung, war es dann schon wieder schwieriger. Außer den fünf Bühnengästen, deren Namen, Schicksale und privaten Familienverhältnisse ich mir merken mußte, saßen da noch die zahlreichen Kinder und Kindeskinder, deren Namen ich mir ebenfalls merken mußte. Der Chefredakteur kritisierte später, daß ich Kind sieben und neun der Familie XY einfach übergangen hatte, ob das Absicht gewesen sei! Ich wußte nur, daß sie adoptiert waren, und weil sie so einen asiatischen Eindruck machten, traute ich mich nicht, ihnen das Mikrofon unter die Nase zu halten. In den Sendungen, bei denen ich noch durch Knopf im Ohr ferngesteuert wurde, hieß es manchmal ganz plötzlich »Vorsicht, der versteht kein Deutsch!« – oder »Der nicht, der ist taub!« Situationen, in denen ich – für den Zuschauer völlig unverständlich – das Mikrofon plötzlich in ganz andere Richtungen lenkte und wirren Blickes durch die Zuschauerreihen irrte. So kam es vor, daß die rotfleckige Moderatorin einen verschüchterten Menschen in der dritten Reihe anherrschte: »Hee, Sie, so reden Sie doch! Das hier ist eine Talkshow!« – Was nachher in der WOSE unter »störend« vermerkt wurde.

Aus lauter Angst vor der Redaktionskritik, die früher gerne vor oder während des Frühstücks angebracht wurde (ich nahm während dieser Zeit erfreulich viel ab), erlebte ich während der Talkshows Situationen, die mit denen in der Schule identisch waren, wo ich mangels anderer Gelegenheiten in den Lehrer verliebt, nichts aufnahm als: »Er redet mit mir«.

Nicht, daß ich in einen meiner Talkgäste je verliebt gewesen wäre. Vielleicht in Herrn Sack aus Konstanz, der zwar in einer schlagenden Verbindung war, aber jenen Silberblick hatte, der mich aus den Puschen haut. Aber es kam durchaus vor, daß ich neben einem Menschen saß, der als Spezialist zum Thema eingeladen war und sicherlich irgendwie Schmidt oder Meyer hieß, ihm das Mikrofon unter die Nase hielt und nicht im mindesten begriff, wovon der eigentlich sprach. Wenn solche Menschen vor sich hin theoretisierten, fachsimpelten oder zu nicht enden wollenden Predigten ansetzten, wie zum Beispiel: »Das Haustier an sich haust gerne in geeigneten, tiergerechten Artgenossenschaften« oder: »Sicherlich sollte man bei Fernreisen immer darauf achten, sich auf Land und Leute vorzubereiten und keinen Lärm im Gastland zu machen, geschweige denn die Sitten der Urvölker durch Saufgelage zu verletzen.« Ich nahm nichts auf außer die böse, böse Uhr, das Winken des Redakteurs und das Gefühl, jetzt um Gottes willen nicht den Faden verlieren zu dürfen.

In Momenten, die ich für günstig hielt, riß ich ihm dann immer das Mikro von der Unterlippe und hastete in eine andere Richtung, wild darauf bedacht, nicht durch die Kamera zu laufen oder über ein Kabel zu stolpern. Erst viel später wurde mir bewußt, daß die Kameras ja dann auch immer hektisch zu neuen Ufern aufbrachen, und nicht selten kam es zu einem rüden Zusammenstoß zwischen Kabelträgern, Kameramännern und »Dameldet-sich-einer«-Winkern.

Alles machte ich falsch, alles. Selbst meinen eigenen blöden Text zur An- und Abmoderation auf dem Autocue von Kamera eins konnte ich nicht lesen, weil mich durch akuten Streß und Vitaminmangel eine Alterskurzsichtigkeit befallen hatte. Einmal bat ich »Kamera eins« während der heißen Probe, mit ihren Privatgesprächen aufzuhören (ich ahnte nicht, daß sie über Kopfhörer Anweisungen aus der Regie erhielt), und etwas näher zu fahren. Die junge Dame hinter der Kamera haute prompt zurück: Es sei ihr im Leben noch nicht passiert, daß sie mit »Kamera eins« angesprochen wurde, sie hätte schließlich einen Namen, und außerdem hätte ich mich bei ihr noch nicht vorgestellt! Als ich verwirrt stammelte: »Ich heiße Hera Lind, ich dachte, das hätte sich rumgesprochen. Entschuldigung«, sagte sie eiskalt: »Bitte!« und schwenkte davon.

In dieser Sendung – es ging wahrscheinlich um Schwiegermütter oder um Allergien – war ich noch schlechter als sonst. Aber meine Redaktion hielt inzwischen zu mir. Unter *wichtig* vermerkte ich am nächsten Tag, daß niemand der Moderatorin unmittelbar vor der Sendung ans Bein pinkeln dürfe. Das sahen alle ein. Trotzdem war dies ein Beweis für meine Zähigkeit. Die allgemeine Angst, ich könnte weinend das Studio verlassen, hatte sich gelegt.

Ich wußte, ich würde nicht mehr in die Pfanne gehauen. Sprüche wie »Sie haben die dreiwöchige Arbeit der Rechercheurin zunichte gemacht«, fielen nicht mehr. Durch die Art der Kritik, die ich eingeführt hatte, blieben wir immer sachlich, ohne uns menschlich zu verletzen. WOSE sagt mir nun jeden Morgen um zehn, was ich hätte besser machen können, aber WOSE endet immer damit, was erfreulich war. Und die Erfreulichkeiten mehrten sich. Erfreulich war manchmal mein Outfit (nicht immer, aber immer ö ...), erfreulich war, daß ich den Gästen nicht mehr panisch ins Wort fiel, weil ich mehr und mehr lernte, ihnen zuzuhören, erfreulich war, daß ich immer seltener plötzlich und unerwartet durch die Kamera lief, erfreulich war, daß ich den Gästen immer seltener das Mikro so eng vor den Mund hielt, daß sie fürchteten, sie müßten es essen, erfreulich war, daß gerade, als ein Pater sprach, eine Taube durchs Studio flog und weder den Pater noch die Moderatorin aus dem Konzept brachte.

Erfreulich waren manche Gäste. Zum Beispiel Herr K., ein Mann von Mitte Achtzig (es handelte sich um die Sendung »Was heißt denn hier Ruhestand«), der erst vor kurzem die Frau seines Lebens geehelicht hatte. Wir wollten von ihm wissen, wie und wo er die Endsiebzigerin kennengelernt hatte, wann er sich in sie verliebt hatte und was seine Enkel und Urenkel dazu gesagt hatten, daß er auf seine alten Tage noch auf Freiersfüßen schwebte. Die Rechercheurin hatte uns morgens bereits darauf hingewiesen, daß Herr K. gerne und eigentlich ausschließlich über die Rennen im Hamburger Stadtwald, die er in den zwanziger Jahren mit Erfolg (über 3000 Zuschauer!) organisiert hatte, berichtete. So bereiteten wir uns in der heißen Probe (Kamera läuft, auch Kamera eins, inzwischen steht ein netter Mann dahinter, der heißt Wirtensohn, und so nenne ich ihn auch!!) darauf vor, daß Herr K. womöglich vom Thema abschweifen würde, und unser Chefrechercheur, der über einen bezaubernden Humor verfügt, gab uns in der heißen Probe »Herrn K.«, was mich vor Lachen in die Knie zwang. Auf jede Frage antwortete er, daß er eigentlich in den zwanziger Jahren im Hamburger Stadtwald Rennen gefahren sei, mit großem Erfolg übrigens, denn schließlich seien über 3000 Zuschauer anwesend gewesen.

Nun also der Ernstfall. Herr K. saß geschminkt und gepudert auf seiner Bank, wohlgemerkt im Publikum, weil die Redaktion es doch für zu gewagt hielt, ihn auf die Bühne zu setzen. Die frisch verliebte Gattin schien eher beim Thema bleiben zu wollen als er. Trotzdem reizte es mich, vor der Kamera das Wort an Herrn K. zu richten. Wie er denn seinen Heiratsantrag formuliert habe, wollte ich wissen. (»Rennen im Stadtwald ...«?). Zu meiner und redaktioneller Überraschung stand Herr K. auf, trat festen Schrittes auf die Bühne (ich sprang auf, ein weiterer Bühnengast auch), küßte mir die Hand und teilte mit, daß er eigentlich Fahrlehrer gewesen sei, damals, in den zwanziger Jahren. Ich beobachtete den Redakteur, der panisch in sein Mikro sprach (schneiden?), und sagte dann ganz lässig, er, Herr K., könne gerne auf meinem Stuhl Platz nehmen. Er, ganz Herr, erwiderte charmant, er sitze nie, wenn eine Dame stehe, ich konterte, ich schaute ebenfalls ungern zu einem Manne auf, der Redakteur wischte sich unauffällig den Schweiß, und als Herr K. begann, über seine Fahrlehrertätigkeit zu berichten, warf ich ein, er sei sicherlich noch nie von einer Dame zu seinem Platz begleitet worden. So konnte ich die Szene elegant beenden.

Später, beim Nachgespräch mit Sekt und Schnittchen, durfte jeder Gast zu den vier Punkten »wichtig – offen – störend – erfreulich« Stellung nehmen. Herr K. stand auf – vollendeter Gentleman – und sagte, er sei heute rein zufällig wegen eines Geschäftstermins in Berlin gewesen, und das habe gut gepaßt, weil er nämlich gelegenheitshalber auch in unsere Talkshow habe kommen können. Die Frischverliebte zupfte ihn am Ärmel: »Vati! Stimmt doch gar nicht!«, aber er ließ sich nicht beirren. »Die Reportage war gut«, sagte er gönnerhaft. Schließlich verstehe er was von Öffentlichkeitsarbeit, habe er doch in den zwanziger Jahren im Hamburger Stadtwald ... der Rest ging in Husten, Räuspern und hektischem Fensteröffnen unter, und die Jungvermählte lächelte kopfschüttelnd und teilte uns verliebt mit: »Das sagt er immer, das ist einfach sein Lieblingsthema.«

Diese Sendung schweißte die Redaktion und mich noch aus einem anderen Grunde mehr zusammen. Man erinnere sich an die »Pechvögel«, die nie gesendet wurden. Eine von den »Pechvögeln« war eine Dame namens Braunersreuther gewesen, und es war natürlich Pech, daß sie nie im Fernsehen sein würde, weil die Moderatorin zu schlecht gewesen war. Nun, die Dame wollte ins Fernsehen, egal zu welchem Thema, und ausgerechnet bei »Was heißt denn hier Ruhestand« hatte sie erneut eine Chance bekommen. Unter dem Namen Schmidt bewarb sie sich als »Angst-vor-dem-Alter«-Kandidatin. Die Rechercheurin, die die »Pechvögel« nicht betreut hatte, war besten Glaubens, als sie mir Frau »Ich fürchte mich vor dem Altwerden« präsentierte. Beim Vorgespräch im Gästeraum (bei Zigaretten und Angstschweiß) prallte ich zurück: Die Dame kenne ich doch! Es ging mir wie bei der berühmten Szene aus der Matthäuspassion: Bist du nicht seiner Jünger einer? Sie leugnete aber und sprach: »Ich bin's nicht!« Ich fühlte mich vollends auf den Arm genommen, als diese Dame, an die ich mich genau erinnerte, zu scherzen beliebte: »Normalerweise frage ich Prominente, woher ich sie kenne, und nun fragt eine Prominente mich!« Sie heiße Schmidt und damit basta, und sie sei noch nie im Fernsehen gewesen, geschweige denn in meiner Sendung.

Weil ich mich ungern verscheißern lasse, telefonierte unsere Redaktion noch vor der Aufzeichnung mit dem damaligen Rechercheur, und wir türkten einen mißglückten Auftritt (»Frau Lind noch mal in die Maske!«), um Zeit zu gewinnen. Nach einer Viertelstunde kam die Bestätigung: »Sie ist Frau ›Pechvogel‹« mit den sieben kaputten Autos. Ihr geschiedener Name ist Schmidt. Als ich sicher war, daß meine Sinne mich nicht täuschten, konnte ich die Sendung ohne Probleme moderieren. Zumal Herr K. meine volle Aufmerksamkeit auf sich zog.

Ein anderer Gast, der nur unter »erfreulich« erwähnt werden kann, war Frau A. Sie war fünfundachtzig Jahre alt, kümmerte sich seit ihrem Achtzigsten um Knackis und hatte zu diesem Behufe ein Streitseminar besucht. »Streiten kann man lernen«, vermittelte sie mir begeistert. »Und dafür ist man nie zu alt.« Das weckte in mir neue Hoffnungen. »Wenn man um die SACHE streitet, muß man sich nie persönlich angegriffen fühlen«, erklärte sie strahlend. »Ich war früher so feige, daß mir das Nasse unter der Zunge wegblieb! Heute macht mir streiten richtig Spaß.« Und das mir, einem Oberfeigling in Sachen Streit! Der einzige Mensch, der es mir wert ist zu streiten, ist mein Mann. An dem übe ich immer. Der Arme.

Ein weiterer Gast, den ich nie vergessen werde, war Linda M. Sie war zu dem spritzigen Thema »Schöner leben auf dem Lande« eingeladen, weil sie so gerne auf dem Land wohnte und jeden Tag achtzig Kilometer zur Arbeit fuhr, und zwar im Dunkeln, was uns daran zweifeln ließ, daß sie ihre Landhütte in der Einöde überhaupt schon mal bei Tageslicht betrachtet hatte. Im Exposé stand: »Da sieht man auch schon mal einen Hirsch.« Ich hätte ihr gerne mitgeteilt, daß auch ich im Kölner Stadtwald in den neunziger Jahren ab und zu mal einen Hirsch sehe, aber ich hatte gelernt, mich als Moderatorin weitestgehend rauszuhalten.

Linda M. war immerhin eine der wenigen, die überhaupt das Berliner Studio erreicht hatte, schneite es doch seit Stunden in dicken Flocken auf die Hauptstadt, und das Verkehrschaos legte Flugplätze und Straßen lahm. Ich bat Linda M. mit launigen Worten, nicht auf die Schneekatastrophe einzugehen, da diese Sendung eine Aufzeichnung sei und sicherlich erst im Frühling gesendet würde. Nee, is klar, sagte die Landfreiwillige beherzt. Auf meine erste Frage, was denn eigentlich das Schöne am Landleben sei, antwortete sie dann erfreut, daß sie erst heute morgen ein unglaublich unberührtes Schneefeld gesehen habe, das noch nicht mal ein Hirsch betreten habe. Da fiel ihr siedend heiß ein, daß wir doch über den Schnee nicht reden wollten! »Der Schnee...« sagte sie, »den ich ja nicht erwähnen sollte...« – kurzer Blick auf den Redakteur im Hintergrund: Schneiden!!

Apropos Schneiden. In der Sendung »Silvesterbräuche« hatte ich einen unglaublich coolen Freak, der im Jahre 2000 die große Videosause starten will: in jeder Minute ein Ereignis aus den letzten 2000 Jahren. »Aha«, sagte ich, meine gesunde Halbbildung demonstrieren wollend, »dann kommt in der Minute 333 also ›bei Issus Keilerei‹!« Der Gast teilte mir zynisch lächelnd mit, jenes Ereignis sei VOR Christus gewesen. Dann machte er lässig die typische Schneide-Handbewegung mit Zeige- und Mittelfinger, eiskalt, vor der Kamera. Mädchen sind eben dumm.

In der Sendung »Weihnachten ist auch schön« hatte ich eine

Dame, die das ganze Jahr über Weihnachtsbäume und Osterhasen verkauft, hauptsächlich an Japaner und andere Touristen. Sie war so aufgeregt, daß sie Beruhigungsmittel zu sich genommen hatte. Um sie ein bißchen aufzulockern, fragte ich sie in der Sendung, wie ihr der Weihnachtsbaum gefalle, den ich (hahaha!) am Nachmittag eigenhändig ins Studio geschleppt hätte. Das war taktisch falsch. »So was von geschmacklos!« ereiferte sich die Weihnachtsfachfrau. So was von mega-out, dieser Goldschmuck! Da drehe sich ihr der Magen um, so plump sei dieser Baum geschmückt! Dieses Jahr sei grün angesagt, und höchstens noch blau, aber niemals Lametta, und schon gar keine elektrischen Kerzen!! Ich beteuerte, es sei ein Scherz gewesen, ich hätte gar nicht diesen Baum geschmückt, das sei jemand aus der Dekoration gewesen! Ich sähe den Baum gerade zum ersten Mal! Aber ich konnte bei der Frau nichts mehr retten. Zwei Millionen Menschen waren Zeugen meines absolut danebenen Geschmacks. Lametta. Goldschmuck. Kerzen! (Und dann noch meine Königin-Mutter-Aufmachung, ging es mir geknickt durch den Kopf.)

Auch Dr. Stöckchen werde ich nie vergessen. Wir hatten das interessante Thema »Strafe muß sein«, und natürlich schlägt heutzutage kein Mensch mehr sein Kind, nicht mal in Gedanken. Nur Dr. Stöckchen, ein verknittert dreinblickender Schwabe, lebte ganz offen nach dem Bibelspruch »Wen der Herr liebt, den züchtigt er« und gab das auch noch vor der Kamera zu. Das war nett von ihm, denn endlich brachte mal jemand ein bißchen Stimmung ins Studio. Zu meiner Linken berichtete also Dr. Stöckchen, daß schon der Säugling, der keinen Spinat essen mag, was von ihm auf die Mütze kriegt, und daß der Fünfjährige, der verbotenermaßen mit dem Rädchen auf die Straße gefahren ist, danach giert, mit dem Stock geschlagen zu werden, weil er dann regelrecht Erleichterung verspürt. Geradezu um Schläge gebeten werde er, sagte der vier- oder fünffache Vater mit dem Doktortitel zufrieden, weil seine Kinder ihn nach den Schlägen noch viel mehr lieben würden als zuvor. Rechts neben mir der neunzehnjährige Anatol berichtete hingegen wortkarg, daß er seinem Vater bereits mit acht Jahren »eins in die Fresse geschlagen«

169

habe, weil der versucht hatte, ihn am Wändebemalen zu hindern. Alles in allem eine kurzweilige Runde, was später unter »erfreulich« abgebucht wurde.

Für mich persönlich waren die Begegnungen mit einigen Menschen so wertvoll, daß ich später den Kontakt mit ihnen aufrechterhalten habe: Da war Andrea Frohmader, die fünffache Mutter, die in Scheidung lebt und mehrmals jährlich nach Bosnien fährt, um sich um Vergewaltigungsopfer zu kümmern. Da war Sonja Deuter, die alleinerziehende Mutter eines schwerstbehinderten Jungen, dem die Ärzte kein »geistiges und emotionales Teilnehmen am Leben« bescheinigen wollten, und der heute lesen und schreiben kann, da waren Persönlichkeiten wie Monika Hohlmeyer oder Regine Schneider, mit denen ich mich gerne bei einem Glas Wein nach der Talkshow weiter unterhielt, privat und weit weg von den Kameras.

Aber kommen wir zurück zum Chaos: Annelies L. brachte zum Thema »Haustiere« ihren Dackel (samt Kalbsknochen) mit auf die Bühne, und ich fühlte leise Panik in mir aufsteigen, als das Tierchen während des Interviews anfing zu würgen und zu speien, während Frauchen beteuerte, er sei »ein Stück von meinem Mann«.

Schön war auch die Sendung mit der Schönheit. Lauter Models und Typberaterinnen saßen bei mir auf der Bühne, auch ich hatte mich recht zeitaufwendig unter die Heißwickler begeben und Escada-mäßig in Schale geschmissen (Grace Kelly geht zum Dinner), und nachher wollten alle fünf sofort das Video sehen – übrigens das erste und einzige Mal, daß Gäste darauf bestanden.

Ich hatte inzwischen erreicht, daß ein Videoapparat in meinem Hotelzimmer installiert worden war, auf daß ich völlig allein und im stillen Kämmerlein, nur mit einem »Östricher Lenchen« aus der Minibar, meine Sendung sah und erst mal eine Nacht seeliges Vergessen darüber fand, bis WOSE mich dann am nächsten Morgen in die Zange nahm. Die eitlen Diven ließen sich nicht davon abbringen, sofort das Video anzusehen, und so fanden sich alle fünf nach kurzer Zeit in meinem Hotelzimmer ein, inklusive der »wandelnden Problemzone«, die zum Standpunkt

»Ich bin dick aber schön« zugegen war. Die Problemzone sank auf mein Doppelbett, entspannte sich bei Wein und Erdnüssen zunehmend und verteilte ihre knapp drei Zentner auf das Anmutigste auf meiner Heizdecke, während die Models bei Mineralwasser und Tee kritisch auf ihr Erscheinungsbild äugten. Ich muß erwähnen, daß ich erstens nie zuvor und zweitens nie mehr Gäste mit auf mein Hotelzimmer genommen habe, schon gar nicht die Männerrunde, die am nächsten Tag zum Thema »Der Mann in der Krise« in meine Sendung eingeladen war.

Ein Mann geriet übrigens nach unserer Aufzeichnung tatsächlich in die Krise: der Vorsitzende eines Männerbundes (»Laßt doch den Männern ihre Spielwiese«) und Bankdirektor in einer süddeutschen Kleinstadt fühlte sich ins falsche Licht gesetzt, nachdem eine Dame ihn auf der Bühne als »gebärneidisch« bezeichnet hatte, und versuchte später per Anwalt und viel Schriftverkehr, die Ausstrahlung der Sendung zu verhindern. Was ihm, nebenbei erwähnt, nicht gelang.

Chaos hinter den Kulissen – dieses prickelnde Gefühl wird es hoffentlich immer geben. Da wird gelacht, gestritten, diskutiert, da werden Türen geknallt, Kostüme hektisch an- und ausgezogen, da wird der Chefredakteur immer gerade dann reinkommen, wenn die Moderatorin entweder in Unterwäsche oder mit Lockenwicklern in ihre Karteikarten vertieft ist, da sagen in letzter Sekunde Gäste ab oder behaupten, jemand anderer zu sein, da kommen manche vor Nervosität nicht mehr aus der Toilette, da müssen Rechercheure beruhigen, schlichten, umsetzen. Der Warm-Upper macht seine Show, ich äuge durch den Monitor und betrachte die Menschen, mit denen ich es gleich zu tun haben werde, während die Damen von der Maske und meine Kostümberaterin noch an mir rumzupfen, da kommt der Mann vom Ton und fragt »Darf ich Sie schon verkabeln?« (»Nein! Erst wenn ich ... Sie wissen schon!«), da verabschiedet sich die Redakteurin auf dem Weg in die Regie (»Sie machen das schon!«), da höre ich die Leute lachen und klatschen, da sehe ich die fünf Bühnengäste leichenblaß unter ihrer Schminke, wie sie auf ihren Sesseln Platz nehmen, da vertiefe ich mich ein letztes Mal in meine Spickzettel, und dann, dann kommt das »Bitte

Ruhe« aus der Regie, das »Alles klar!« von der Aufnahmeleitung, und ich stehe in der Gasse und lehne den Schluck Wasser ab, den die Requisiteurin mir mitleidig reicht: jetzt bloß keinen Lippenstift mehr verschmieren. Jetzt wird es ernst. Jetzt wird sich konzentriert, jetzt stehe ich ganz im Dienst der Sache. Und mit mir vierzig andere Menschen vor und hinter den Kulissen. Die rote Lampe über der Studiotür, die absolute Ruhe auf der Bühne und im Publikum, das gespannte Gesicht des Dirigenten – auch wenn der Dirigent im Regieraum sitzt: das ist das Leben, wie es spannender und reicher nicht sein könnte. Und ich bin wieder da, wo ich früher war.

© ZDF/R. Schäfer

Wolf von Lojewski

Wolf von Lojewski wurde 1937 in Berlin geboren. Nach Abitur und Wehrdienst nahm er Ende der 50er Jahre in Kiel das Rechtsstudium auf, das er 1966 mit dem Ersten Juristischen Staatsexamen in Schleswig abschloß. Bereits während des Studiums arbeitete er als für Landespolitik zuständiger Reporter, Redakteur und Korrespondent für die *Kieler Nachrichten* sowie das *Flensburger Tageblatt*. 1966 wechselte Wolf von Lojewski zum Fernsehen. Zunächst moderierte er die »Nordschau« des Norddeutschen Rundfunks, von 1971 bis 1974 war er ARD-Korrespondent in Washington. Danach hatte er bis 1981 die Redaktionsleitung des »Weltspiegel« in Hamburg inne und moderiert die »Tagesthemen«. Als Auslandskorrespondent und Leiter des ARD-Studios verbrachte er die Jahre 1982 bis 1987 in London; von 1987 bis 1992 bekleidete er die entsprechende Position in Washington. Seit März 1992 ist Wolf von Lojewski Leiter und Moderator der ZDF-Nachrichtensendung »heute journal«. Für seine Serie »Rund um Big Ben« wurde er 1983 mit dem Goldenen Gong ausgezeichnet, 1995 erhielt er die Goldene Kamera als Moderator des »heute journals« und den Telestar. Auch als Buchautor ist Wolf von Lojewski erfolgreich hervorgetreten (»Die Briten sind anders – Erfahrungen um Big Ben«, 1988; »Amerika – Ein Traum vom neuen Leben«, 1991). Wolf von Lojewski ist seit 1968 verheiratet. Seine Hobbys sind Windsurfen und alte Bücher.

Wolf von Lojewski

Wer ist die Moderatorin, der Moderator der Zukunft?

Die meisten Berufsbezeichnungen beim Fernsehen klingen komisch. Als ich anfing vor fast 30 Jahren, war ich ein Realisator. Das war im Prinzip ein Journalist. Doch – wie der Name schon erahnen läßt – war der wichtigere Part meines Schaffens, Themen irgendwie optisch umzusetzen, real zu machen, wenn man so will. Also, es kam darauf an, dem Kameramann Menschen oder andere Motive vor sein Objektiv zu treiben, die er dann abfilmte oder – wenn es denn Menschen oder Tiere waren – dazu animierte, irgendwelche Bewegungen auszuführen, die für das Thema dramaturgisch bedeutsam erschienen. Der eine mußte auf Geheiß des Mannes hinter der Kamera durch irgendwelche Räume schreiten oder seltsam verrenkt telefonieren oder an irgendeiner Maschine etwas tun, das er im realen Leben nur selten tat, falls aber doch, dann eben nicht so ... Auf diese Art verdichtete sich bei allen Beteiligten die Erkenntnis, daß den Abläufen des Lebens immer etwas nachgeholfen werden mußte, um im Fernsehen richtig zu wirken. Jeglicher Text hatte damals noch einen recht niedrigen Rang. Das neue Medium – so lehrten uns die »alten Hasen« – heiße ja nicht Fernhören, sondern Fernsehen.

Wahrscheinlich schon viel zu früh wurde ich Moderator – »live« und »aus dem On« stand auf den Ablaufplänen ... Es blieb nicht aus, daß nun der eine oder andere aus meiner Bekanntschaft mit bislang ziemlich ungewohnter Ehrfurcht auf mich zutrat, um zu bekennen: »Ich habe dich im Fernsehen gesehen!« Die Erwartung, er könne sich möglicherweise sogar noch an irgend etwas erinnern, das ich gesagt hatte, wurde jedesmal enttäuscht. Ehrlich gesagt, das meiste war auch ziemlich schwer zu behalten. Ein jeder Satz des jugendlichen Moderators in einem Regionalmagazin des NDR war von solcher Inhaltsschwere, daß der Zuschauer auch gut daran tat, ihn mit wohlwollendem Interesse an sich vorbeirauschen zu lassen.

Es gab – um wieder eine eindrucksvolle Vokabel lässig in die Runde zu werfen – in jenen Tagen noch nicht das Wunderwerk des »Autocue« – jene für den vortragenden Fernsehkünstler hilfreiche Erfindung, die ihm seine Texte vor das Objektiv der Studiokamera spiegelt. Inzwischen gibt's das schon lange, es ist ein wenig gemogelt, aber dennoch gnädig und praktisch. Denn selbst wer in der Schule durchaus geübt war, Passagen aus dem »Faust« oder »Das Lied von der Glocke« vor einer lärmenden Klasse und einem kritisch lauschenden Lehrer auswendig herunterzurasseln, dem half ja immerhin ein gewisser Ablauf des dramatischen Geschehens, die Verse wohlgeordnet aus dem Gedächtnis zu kramen. In den Fernsehnachrichten oder Magazinen ist der innere Faden der vorzutragenden Poesie von ziemlich verknoteter Art. Hier 30 Sekunden über die Bundesbank und deren Pläne mit dem Diskontsatz, dort 40 Sekunden Streit in der Bonner Koalition, ein paar Sekunden für die Tschetschenen und ein paar mahnende Worte an Saddam Hussein, da wird gewählt und dort explodieren Bomben: Wem – außer dem Computer – fließt ein solches Potpourri schon munter aus der Seele?

Dennoch: In den frühen Fernsehjahren wurde es aus reiner Not zur Tugend, das Spreizige und Unharmonische auswendig zu lernen und dann vor der Kamera herunterzusagen wie im Examen. Dies verführte den Deuter der großen Zusammenhänge in seinen Formulierungen zu besonderer Kühnheit und Tiefe. So erinnere ich mich noch mit ehrfurchtsvollem Schaudern an diesen meiner frühen Texte: Nach ein paar nüchternen und alles in allem sogar verständlichen Daten und Zahlen stand auf dem Manuskript – und hätte auch im Gedächtnis des Moderators fest verankert sein sollen: »... da drängt sich ganz unwillkürlich der Gedanke auf ...«, und – Filmriß im Gedächtnis! – just an dieser Stelle wußte ich, live und im On, nicht mehr

176

weiter. Seither preise ich keine Gedanken mehr, bevor ich sie wirklich habe.

Sie haben es sicher schon gemerkt, all diese Geschichten aus meiner Jugend sind der etwas hilflose Versuch, mich um die zentrale Frage dieses Buches zu drücken: Was ist denn nun das Erfolgsgeheimnis? Die Antwort ist kurz und simpel: Glück! Irgendwann nach Studium, Volontariat bei einer Tageszeitung und ersten Reporterjahren für das Regionalprogramm erreichte mich ein Anruf meines damaligen Intendanten Gerhard Schröder, und seine Frage war, ob ich – neben Klaus Bölling – zweiter Korrespondent in Washington werden wolle. Ehrlich gesagt, mit Verdiensten in der Kategorie Moderation hatte das Angebot eigentlich nichts zu tun. Eher könnte der NDR-Boß einer gewissen Überdosis meiner Moderationen ausgesetzt gewesen sein, was ihn auf die Idee gebracht haben könnte, diesen Journalisten erst einmal in die Weite der Welt zu schicken.

So trieb ich mich vier Jahre bei Cowboys, Indianern und Eskimos herum, stocherte im Watergate-Skandal und stand mit langer Mähne vor dem Weißen Haus in Washington, bevor ich mal wieder eine Zwischenlandung auf Moderatorenstühlen machte – am Pult des »Weltspiegel«, auf dem Hocker von »extra-drei« und schließlich hinter dem Tisch der »Tagesthemen«. Aber sechs Jahre später verdichteten sich gütige Zufälle zu der Einsicht auf allen Seiten, es könne mir gewiß nicht schaden, noch weitere Jahre in der Ferne zu reifen: fünf im englischen Regen und dann noch mal fünf unter Amerikas Sonne, um wieder zu trocknen. Eine nachträgliche Erforschung der Motive, warum an den einzelnen Stationen meiner Herumtreiber-Laufbahn die Wahl mal auf mich und mal auf andere fiel, könnte wohl da und dort Nachvollziehbares, Sachliches zu Tage bringen, da und dort auch nicht. Faßt man alles zusammen, dann lief die Sache auf klarem Kurs und mündete logisch im »heute journal«. Denn da wollte ich früher oder später mal hin.

Was lernen wir daraus für die allgemeine Verwendbarkeit? Im Prinzip nicht viel. Dann und wann muß der Journalist einfach auf dem richtigen Bahnsteig stehen, es hält der richtige Zug, und er springt auf. Das bringt Bewegung in ein Journalistenleben,

Umzugsfirmen haben gut an mir verdient. Immer fand sich ein freundlicher Sender, der meine Hotels und Flugtickets in Afrika und Asien bezahlte, der mir in den USA und in London Studios und begabte Kameraleute und Cutterinnen an die Seite stellte und begeisterungsfähige Kollegen aller Art. Denn ohne sie bleibt der Fernsehjournalist ein Blinder.

Wenn irgend jemand – ein jugendlicher Leser, vor allem eine junge Leserin dieser Zeilen – von mir einen Rat einholen möchte, so kann ich nur mit diesem dienen: Werden Sie Journalist, wenn Sie die Leidenschaft in sich spüren und lassen Sie das übrige auf sich zukommen! Wenn Sie Talent haben, wird das schon früher oder später jemand merken. Rückschläge und Enttäuschungen sind unausweichlich, aber der Erfolg auf die Dauer auch.

Ob jemand dann unbedingt Moderatorin oder Moderator werden muß, das mag der Zufall entscheiden. Denn darüber, was Moderatoren überhaupt sind und welchen Nutzen sie für die Seelen der Menschen haben oder welchen Schaden sie anrichten, ob diese Wesen auf dem Fernsehschirm nun unbedingt erfahrene Journalisten sein müssen oder ob die bloße Erscheinung die Tugend ist, darüber gibt es in einer immer schneller werdenden Medienwelt zwei sich widersprechende Theorien. Die eine, die konservative, sagt klar ja. Und sie verweist darauf, daß es doch nicht schaden könne, wenn sich jemand ein paar Jahre oder Jahrzehnte in der Welt und im realen Leben herumtreibt, bevor er oder sie versucht, dies alles aus dem Studio heraus in irgendwelche Zusammenhänge zu bringen.

Und doch hat diese klassische Theorie auch ihre gefährlichen Seiten. Was wird in Zukunft ein Moderator sein, wenn Hunderte von Programmen vom Himmel regnen? Sind jugendlicher Schwung und Schönheit nicht viel konkretere Werte als jede Form von Reife, Erlebnis und Erfahrung? Hätte denn ein Mensch mit gesundem Verstand Steffi Graf oder Boris Becker je den Rat gegeben, sie sollten erst einmal ein Sportstudium und dann auch noch eine zweijährige Lehre beenden, bevor sie als Star in die Tennisarena treten? Wir wissen doch schließlich von jedem nervenzehrenden Match, wie schädlich gerade das Grübeln und

Denken für die Vorhand wie für die Rückhand ist. Von den Nachteilen des Alterns gar nicht erst zu reden …

Der Star der amerikanischen Nachrichtenszene, Dan Rather, hat vor ein paar Jahren einmal geunkt, nur noch Schauspieler oder Fotomodelle würden in nicht allzu ferner Zukunft Moderatoren sein. Sie seien für das Publikum attraktiv, daher automatisch auch kompetent (so wie Professor Brinkmann aus der »Schwarzwaldklinik«) und für das Management des Senders pflegeleicht. Nicht so aufmüpfig und besserwisserisch wie Journalisten …

Allerdings ist darauf hinzuweisen, daß dieser Dan Rather bei CBS genau wie seine Kolleginnen und Kollegen bei ABC und NBC der Gegenbeweis für seine These sind. Sie sind alle schon im reiferen Alter und haben den Ansturm der Nur-noch-Telegenen in all den Jahren abwehren können, keine noch so munteren Zwanzig- und keine Dreißigjährigen haben sie von ihren Stühlen geschubst. So verdichtet sich mein Rat an eine nachwachsende Moderatorengeneration letztlich dahin: Wenn Sie bei einem taufrischen, supertollen Sender Erfolg haben wollen, dann tun Sie es schnell und unbeschwert – frei vom Fluch jeder Erkenntnis! Bleiben Sie locker und lassen Sie Ihren forsch-fröhlichen Blick nicht stumpf und trübe werden durch mühevolles, verwirrendes Erleben. Doch wenn es denn unbedingt ein großer Sender sein soll – eben wie das ZDF oder die ARD –, dann geben Sie der Geduld eine Chance. Selbst RTL wird unaufhaltsam älter und ist nicht mehr frei von dem Verdacht und der Versuchung, gelegentlich mit dem Seriösen zu flirten.

Wir dürfen allerdings eine dritte Möglichkeit nicht völlig übersehen: Was, wenn dieser seltsame Beruf so plötzlich, wie er kam, auch wieder verschwindet? Der Computer – wie wir immer wieder hören – hat noch große Dinge mit uns vor. Und eine seiner besonderen Fähigkeiten soll es ja sein, gemeinsam mit der Fernsehtechnologie neue wundersame Welten auf den Schirm zu zaubern. Auch neue, schönere Menschen. Warum dann nicht einen virtuellen, einen künstlichen Moderator? Nach einem Fotomodell modellierte der Computer das Gesicht, von einer Schauspielerin liehe er den Klang der Stimme, die »Software« des Textens könnten die zugeschalteten Nachrichtenagenturen und

Archive beisteuern. Ein Redakteur mit dem Gespür für aktuelle Trends und Emotionen könnte am Keyboard des virtuellen Moderators die marktgerechte Stimmungslage einstellen: alle Stufen zwischen »cool« und »irre« ...

Reporter – überhaupt Journalisten jeder Schattierung – wird es auf jeden Fall noch lange geben. Schon das spricht dafür, sich diesem schönsten aller Berufe zu verschreiben. Übrigens: Nina Ruge hatte die Idee, ausgerechnet ich sollte für dieses Buch etwas über »Ironie in den Nachrichten« schreiben. Aber das – da sind wir uns wohl einig – wäre nun doch gegen die Würde unserer Zunft!

© T & T/Axel Kirchhof

Hans Meiser wurde 1946 in Bad
Rothenfelde geboren. Nach dem
Studium ging er 1970 zum Südwestfunk Baden-Baden, wo er an der Gründung des »Pop Shop« (Vorläufer von
SWF 3) beteiligt war. Ab 1971 arbeitete
er als Nachrichtenredakteur bei Radio
Luxemburg; 1984 war er dabei, als RTL
plus in Luxemburg ins Leben gerufen
wurde. Acht Jahre lang blieb er Anchorman der RTL-Hauptnachrichten »7 vor
7«, bis er 1992 seine eigene Fernseh-
produktionsgesellschaft »creatv« gründete und mit den Sendungen »Notruf«
sowie »Hans Meiser« einen neuen Weg
einschlug. Für die Moderation seiner
Nachmittagsshow »Hans Meiser« wurde
er mit zahlreichen Fernsehpreisen
ausgezeichnet. Neben den täglichen
Sendungen produziert er regelmäßig
»Hans-Meiser«-Spezialausgaben zu
bestimmten Themen wie Stierkampf,
Mallorca u. ä., präsentiert Galas und
führt in der Reihe »Gefragt« Interviews
mit Politikern und Prominenten aus
dem Showbusiness. Hans Meiser ist
»Botschafter Erste Hilfe 1996«. Er lebt
mit seiner Frau und seinen beiden
Töchtern am Rande der Eifel.

Hans Meiser

Hans Meiser

Fernsehen find' ich blöd

Eine ganz und gar nicht blöde Karriere

Bei meinen Freunden und Bekannten saßen immer alle zusammen vor der Glotze. Mit Chips und Salzstangen, die Füße auf dem Tisch, gebannt auf die Glasscheibe schauend. Keiner sprach. Man hätte ja was versäumen können von dem, was Kuli sagte, Frankenfeld kalauerte oder Herr Köpcke dem erstaunten Volk berichtete. Und überhaupt – bei uns zu Hause gab es gar keinen Fernseher. Wir gingen lieber ins Theater – oder, wenn's unbedingt sein mußte, auch mal ins Kino. Fernsehen – nein danke. Schließlich kaufte meine Familie dann doch ein solches Ding, von Graetz, schwarzweiß, »das regt die Phantasie an und macht nicht dröge«, ein schlauer Neunmalkluger. Ich spreche vom Jahr 1967. Dabei gab es schon seit der Funkausstellung im vergangenen Jahr Farbfernsehen in Deutschland. 1967, ein Jahr nach dem Abitur, war Fernsehen also plötzlich spannend, na ja, etwas spannender.

Aber Hörfunk war viel spannender. Schon zu Schülerzeiten trieb ich mich immer wieder beim Süddeutschen Rundfunk herum – erst im alten, dann im supermodernen neuen Funkhaus. Ich kannte sie alle: Peter Mordo, den Erfinder der »Mittwochs-Party«, Waldemar Müller, den Sprecher der »Schallplattenrevue«, und Günter Freund, Hermann Harmann, Rainer Nitschke, Sybille Nägele, Norbert Scheumann, Wolfgang Weikert. Ich kannte sie, weil ich als Schülerzeitungsredakteur immer wieder Interviews, »Hintergrundberichte« und »Reportagen« über das Funkhaus schrieb. Wahrscheinlich wollte das keiner lesen, ich aber konnte so ganz einfach meine Neugier stillen. Eine bis heute – wenn auch mittlerweile auf andere Dinge ausgerichtete – unstillbare Neugier ...

Jahre später: Das Studium der Germanistik, Geschichte und Kunstgeschichte liegt hinter mir. Erfolgreich »beendet« nach dem sechsten Semester und der Zwischenprüfung. Ich wußte einfach alles und noch viel mehr, viel mehr als die Dozenten und Professoren.»Wenn Ihnen das mal nicht eines Tages leid tut«, so die alte Universitätsangestellte, als ich mich ausschreiben ließ. Sollte die nette Dame diese Zeilen lesen: Ich habe es bis heute nicht bereut.

Und jetzt bin ich wohlbestallter Rundfunkredakteur. Die ersten Schritte beim Südwestfunk in Baden-Baden gemacht. Gelernt unter anderem auch von Elmer Bantz. Dem Mann, der als letzter – nach dem Einmarsch der Russen in Berlin – das Licht im Funkhaus an der Masurenallee ausgeschaltet hatte, um sich – wie die meisten damaligen Kollegen – auf und davon zu machen. Unten vor der Funkhaustür aber stand ein russischer Offizier. Und also saß Elmer Bantz wieder vor dem Mikrofon. Wenn auch jetzt andere das Sagen hatten. 1945 – eine verrückte Zeit.

Jetzt beim SWF.»Junger Freund, wir vom 1. und 2. Programm sind es nicht gewohnt, in verrauchten Studios zu arbeiten.« Schon hatte ich wieder eine neue Lektion im SK 4 (»Sendekomplex« sollte das wohl heißen) des 3. Programms des Südwestfunks gelernt. 3. Programm? Richtig, wir waren die neuen Wilden aus dem still-verträumten Baden-Baden: Walter Krause, Frank Laufenberg, Karl-Heinz Kögel und ich. Ein Programm, das schon damals, 1970, weit über die Grenzen des Südwestfunks hinaus bekannt war. Die erste Postkarte aus Maastricht. Frank Laufenberg schwenkt sie wie eine Trophäe in der Luft – »gibt es im Käseland eigentlich noch keinen Rundfunk, und die Kollegen des Westdeutschen Rundfunks, senden die überhaupt noch?« Na ja, wir waren schon gut damals ... und sehr überzeugt von uns. Heute gibt es das 3. Programm des Südwestfunks gar nicht mehr. Daraus ist jetzt SWF 3 geworden – für mich immer noch eines der besten Hörfunkprogramme in Deutschland.

Doch ich wollte damals mehr, raus aus dem Schwarzwald. Weitermachen. Neues machen. Neue Leute kennenlernen. Nach nur kurzer Zeit reichte mir Baden-Baden nicht mehr. Schade eigentlich ... Und meine damaligen Kollegen und Lehrer (Walter Krause und viele andere) sind in alle (Rundfunk-)Welt verstreut. Beim Südwestfunk in Baden-Baden tauchen ihre Namen nicht einmal mehr in den offiziellen Broschüren zum 20jährigen Bestehen des SWF 3-Programms auf, das ja eigentlich – siehe oben – weitaus älter ist. Aber den damaligen Erfolg, Grundstein des heutigen, schreiben sich jetzt andere auf die Fahnen. Es ist in dieser eitlen Branche so verdammt schwer, Leistungen anderer anzuerkennen. Hauptsache, der eigene Glorienschein verblaßt nicht allzu schnell ...

Luxemburg ruft. Der Sender, der 1932 von zwei rundfunkbesessenen Bastlern auf einem Dachboden an der »Place d'Armes« aus der Taufe gehoben wurde, hatte sich im Verlaufe einer wechselvollen Geschichte seit 1957 zum erfolgreichsten Rundfunksender in Europa entwickelt. Schon bald nach seiner Gründung wurde der Sender in eine Aktiengesellschaft umgewandelt. Und fortan sendete er weit über die Grenzen des Großherzogtums hinaus. Als die deutschen Truppen am 10. Mai 1940 das wehrlose Land überfielen, mußten als erste die Rundfunkmacher dran glauben. Die Nazis übernahmen die Regie. Nach dem Zusammenbruch ging der Sendebetrieb nahtlos weiter. Die deutschen Agitatoren verließen durch die Hintertür die herrlich im Stadtpark gelegene Villa Louvigny und durch das Hauptportal betraten die neuen Herren das Funkhaus, eine amerikanische Rundfunk- und Pressekompanie. An der Spitze Hans Habe. Sein erstes Hörfunkprogramm in deutscher Sprache: Grüße von kriegsgefangenen Deutschen in Amerika, Großbritannien und vor allem Frankreich, die über die Sender in Junglinster die Familien zu Hause in Deutschland grüßen konnten. Für viele in Deutschland damals ein erstes Lebenszeichen der verloren Geglaubten. 1957 dann begann der Siegeszug von Radio Luxemburg.

Die Luxemburger suchten also wieder einmal neue, gute Leute. »Man geht doch nicht zu diesem OMO-Sender.« O-Ton Karl-Heinz Kögel, heute Chef (und ehemals Erfinder) von Media-Control. In dieser Branche verliert man sich nie aus den Augen. Dennoch ging ich über die Mosel.

Aufbau der Nachrichtenredaktion zusammen mit einigen anderen »guten Leuten«. Einzige Nachrichtenquelle damals: dpa, viel später erst AP und schließlich DDP. Wir machten als Deutsche Nachrichten auf deutsch für Deutsche in Deutschland, aber aus dem Ausland. Eine verrückte Situation. Wir tippten auf uralten Olympia-Schreibmaschinen. Wer die Texte irgendwann einmal auf irgendeiner Müllkippe findet, wird nichts verstehen, nichts lesen können. Denn tippen konnten wir alle nicht, Sekretärinnen gab es nicht, und so tippten wir, was nur wir selbst auch lesen konnten. Wir berichteten über alles und waren ständig auf Achse.

Unwetter und politisches Durcheinander in Bonn, die Unfähigkeit, der RAF Herr zu werden, die Landshut-Entführung und der Schleyer-Mord. Wir berichteten, worüber auch alle anderen berichteten, nur immer ohne Übertragungswagen, von der nächsten Telefonzelle aus oder – manchmal – auch mit der kilogrammschweren NAGRA auf der Schulter.

Für die Kollegen in der Nachrichtenredaktion des RTL-Hörfunks war diese dpa-Meldung am 14. August 1973 keine Meldung: Der Tod von Hermann Harmann. Mit ihm hatte ich Jahre zuvor als Schülerzeitungsredakteur ein Interview geführt. Und er, zu seiner Zeit ein absoluter Radio-Topstar des SDR, erzählte mir ganz leise, nachdenklich, in einem Nebensatz, wie er gerne sterben möchte. »Am Mikrofon. Für die Zuhörer wird das sicherlich ein Schock sein. Aber ich liebe meine Arbeit. Und ich möchte während der Arbeit sterben.« Sein Wunsch wurde ihm erfüllt. Er starb während der Kopfansage im Studio.

Wir waren nicht besser als die anderen, die ARD mit ihrem riesigen technischen Apparat und dem blitzschnellen Korrespondentennetz. Aber wir hatten den Ehrgeiz, genauso schnell zu sein – und vor allem genauso gut. Beruhigend zu wissen, daß heute manches vergessen ist, was wir damals gemacht haben.

Fernsehen ist blöd. Diese Technik. Dieser Personalaufwand. Wie kann der Reporter vor Ort überhaupt noch journalistisch arbeiten, muß er doch auf so viele Dinge achten – neben seiner Berichterstattung – dachten wir. Und plötzlich dann, allerdings nicht ganz aus heiterem Himmel, der Beschluß der CLT im

kleinen Großherzogtum:»Wir machen Fernsehen für Deutschland.« Im Mai 1983 fiel die Entscheidung, und auch der Sendestart stand schon fest: 2. Januar 1984.
Ein Paukenschlag in der Medienlandschaft, den manche geflissentlich überhören wollten. Und dennoch haben mir Kollegen der öffentlich-rechtlichen Anstalten – wenn auch erst Jahre später – erzählt, wie unser Programm vom Saarländischen Rundfunk auf dem Hallberg in Saarbrücken aufgefangen und in das ARD-eigene Leistungsnetz eingespeist wurde. Wir wußten, daß der normale Zuschauer uns aufgrund unserer geringen Sendeleistung aus Luxemburg nur bis etwa Bitburg/Trier oder Saarbrücken/Kaiserslautern sehen konnte. Die privilegierten Zuschauer(-Kollegen) der ARD aber eben auch in Kiel und München. Und wie muß man damals über unsere ersten Gehversuche gefeixt haben. Zu recht – aber wir konnten so zumindest (fast) unter Ausschluß der Öffentlichkeit lernen. Ausprobieren. Verwerfen. Ideen ausleben. Die Kritik war uns, wenn überhaupt, nur zähneknirschend gesonnen. Eigentlich auch kein Wunder. War doch alles so ganz anders auf dem Bildschirm als bisher. Prof. Dr. Helmut Thoma sagt heute zuweilen:»Manches war damals erschreckend anders.«
Landtagswahl 1985 in Nordrhein-Westfalen. Wir – die Nachrichtenredaktion des noch so jungen Senders – wollen von diesem Ereignis berichten. Müssen allerdings feststellen, daß es keine freien Bild- und Tonleitungen mehr für den Wahltag gibt. Kein Wunder auch, war uns der Landtagswahltermin doch erst knapp vier Wochen vorher im Kalender »aufgefallen«. Volker Kösters, damals Chef vom Dienst, hatte eine ungeheuerliche Idee: Wir senden aus Düsseldorf per Satellit. Ein »Up-Link« – diese Riesenschüssel – mußte her, der FÜ 1 (Fernsehübertragungswagen) von Studio Hamburg reiste am Samstagmittag an, ARD und ZDF beendeten gerade den dritten Probetag, und Sonntagmorgen kam unsere Redaktionsmannschaft aus Luxemburg.
Plötzlich steht ein älterer Herr mit etwas mürrischem Gesicht im FDP-Fraktionssaal des alten Düsseldorfer Landtages, in unserem Wahlstudio also, die Hände tief in den Taschen der leicht ramponierten Kordhose vergraben, die Wolljacke nicht mehr ganz

neu. Schaut sich um, stellt sich nicht vor, warum eigentlich auch, denn schließlich kennt man ihn, und murmelt etwas Unverschämtes wie:»Aha, die jungen Kollegen aus dem Ausland wollen uns jetzt in Deutschland zeigen, wie man Fernsehen macht.« Sagt's, dreht sich um und geht: Gerd Ruge.

Schade eigentlich, daß manches Rennpferd so schnell vergißt, daß es auch mal als Fohlen auf der Weide stand.

Aber wir kämpften. Und wir mußten kämpfen, wollten wir nicht untergehen.

Die Öffentlichkeit wurde langsam aufmerksam auf uns. Nicht immer positiv, aber man kannte uns. Und dann die unvermeidlichen Rückschläge. Wie z. B. das Interview mit Franz Schönhuber, dem Vorsitzenden der Partei der Republikaner. Jede seiner Antworten begann mit »Wissen Sie, junger Freund ...« oder »Lassen Sie mich mal so sagen, junger Freund ...«. Und ich verwahrte mich dagegen. Ich wollte nicht durch diese rhetorischen Anredschlenker von den Reps vereinnahmt werden. Doch er blieb dabei: Immer und immer wieder dieses »junger Freund«. Bis das 5-Minuten-Interview zur Hälfte aus dem Streit zwischen dem rechten Haudegen und dem wütenden RTL-Moderator bestand. Damals hatten weder die Kollegen noch gewisse Teile der Presse Verständnis für mich. Aber ich würde mich heute nicht anders verhalten. Vielleicht wäre ich nur in der Auseinandersetzung etwas ruhiger. Auch Journalisten haben ein Recht darauf, von den Politikern nicht ins Abseits gestellt zu werden. Gerade auch von den Politikern, die sich immer wieder bekannter Journalisten bedienen, wenn es darum geht, gewisse Positionen und Institutionen zu besetzen. Ich habe nur immer gesagt: Du bist du und nicht der andere. Ich lasse mich nicht verbiegen.

Wie damals, als ein wutentbrannter Jürgen Echternach, CDU-Chef in Hamburg, nach einem kurzen Interview das Studio verließ. Die Fragen waren »unerhört«, schimpfte er, »ich sehe keinen Zusammenhang zwischen Ihrer Frage und der politischen Realität«, usw. Ich habe mich damals während meiner aktiven Nachrichtenzeit als »Anchorman« immer wieder gefragt – und das tue ich auch heute noch manchmal, wenn ich sehe, wie die Kollegen bei manchen Politikern scheitern: Wer ist hier eigentlich für wen da? Der Journalist/Moderator (und somit der Zuschauer) für den Politiker oder der Politiker als Vertreter des Volkes für den Journalisten und somit den Wähler? Eine Frage, die mir bislang noch kein Mensch beantworten konnte ... Nachrichten: Du kannst sie nicht beeinflussen. Du bekommst sie übermittelt durch die Nachrichtenagenturen, die eigenen und fremden Korrespondenten, vielleicht auch durch eigene Recherche. Aber hast du dazu als Moderator überhaupt Zeit? Du bist im Leitungsbüro und nimmst die überspielten Filme der Korrespondenten entgegen, du telefonierst mit den Kollegen draußen und holst dir vielleicht noch ein paar fehlende Informationen dazu. Aber ob du da bist oder ob ein anderer da ist – du hast keinen Einfluß auf den Nachrichtentag. Du bist dem heißen politischen Geschehen ausgeliefert wie auch der lauen Nachrichtenlage des politischen Sommertheaters. Du hast zu berichten, möglichst objektiv und natürlich emotionslos. Ja, und dann ist da noch der Chefredakteur ... aber das ist wohl überall so.

Nach 9 Jahren und etwa 3000 Nachrichtensendungen – wichtgen und kurzen, langen und auch sicherlich unwichtigen – der Abschied. Ich war ausgebrannt und hatte schon längst die innere Kündigung vollzogen. Mit Peter Kloeppel hat einer der Besten in Deutschland das Ruder als »Anchorman« übernommen.

Der Sprung in die Unterhaltung. »Der größte Fehler, den Sie machen können. Sie sollten sich das noch mal überlegen«, meinte Hanns-Joachim Friedrichs, als wir uns einmal auf dem Studiogelände trafen. Ich habe es mir überlegt – immer wieder –, weiß heute noch nicht, ob die Entscheidung gut war, richtig war sie allemal.

Täglich eine Talkshow. Gutmeinende Kollegen schrieben mich in den journalistischen Orkus. Einige ARD-Obere machten sich lustig, und Hanns-Joachim Friedrichs meinte eineinhalb Jahre später: »Ich habe mich getäuscht, es war die richtige Entscheidung.« Einer der ganz wenigen, dessen Lauterkeit es zuließ, ohne persönlichen Neid die Leistung oder ganz einfach die Arbeit von Kollegen anzuerkennen.

Jeden Tag zwischen vier und sechs Gäste, fünfmal die Woche, 200mal im Jahr. Dabei produzieren wir zwischen sechs und acht

Sendungen pro Woche. Wir müssen diesen Mörderrhythmus einhalten, um auch mal Urlaub machen zu können. Immer gut drauf, nie Kopfschmerzen, nie Probleme außerhalb des Jobs, nie Ärger, nie Grippe, das kann doch nicht funktionieren. Kann es auch nicht. Es sei denn, du hast eine Crew, eine Mannschaft, ein Team, das zusammen mit dir arbeiten und zusammen mit dir den Erfolg haben will. Ich habe so ein Team. Von der ersten bis zur letzten Frau, vom ersten bis zum letzten Mann. Übrigens – zwei Drittel meiner Crew sind Frauen.

Meine Redakteure helfen mir, wenn nichts mehr geht, wenn das schwarze Loch sich plötzlich nähert, das merkst du schon Sekunden vorher, und sie flüstern dir das erlösende Stichwort in das kleine »Ohr«, das unter Hemdkragen und längerem Haupthaar versteckt die Sicherheitsleine ist. Gut, bei Aufzeichnungen kannst du schon mal reparieren, aber zwei Drittel unserer Sendungen während der Produktionswochen sind live.

Aber vielleicht bist du so wie du bist, weil du immer noch so bist, wie du früher warst. Neugierig! Und wer neugierig ist, kann fragen. Darf aber auch nur so fragen, daß die Gäste sich nicht in die Ecke gedrängt fühlen. Durch die intensiven vorbereitenden Gespräche der Redakteure mit den Gästen kenne ich die Doll-Punkte, die vorprogrammierten Bruchstellen. Und also kann ich ausweichen. Wir – meine Redakteure und ich – führen keine Gäste vor, graben keine Gruben und spannen keine Stolperdrähte. Zumindest versuchen wir das Tag für Tag aufs neue ... Das Erfolgsgeheimnis des Moderators also so einfach wie der Sandkuchen aus dem »Doktor Oetker Kochbuch«.

Und dennoch frage ich mich manchmal: Warum machst du das eigentlich? Du kannst doch dein Leben weitaus bequemer führen, mehr Zeit für dich und vor allem für deine Familie haben. Du nimmst den ganzen Streß auf dich, du läufst (fast) jeden Tag zu Hochtouren auf, du arbeitest täglich am Rande deiner Belastungsgrenzen, weil dir der Job ganz einfach Spaß macht. Natürlich – manchmal fluche ich, flippe aus, fühle mich mißverstanden, benachteiligt. Ach nein, benachteiligt eigentlich nicht. Ich habe – aus meiner Sicht – den schönsten Beruf der Welt, ich kann mir gar nichts anderes mehr vorstellen. Und ich kann Kollegen aus der Branche nicht verstehen, die über ihren doch so anstrengenden Beruf lamentieren. Mein Gott, wo bleibt die Ehrlichkeit? Was gibt uns unser Job nicht alles und natürlich das Publikum! Ganz abgesehen davon – und auch das darf nicht verschwiegen werden – geht es uns, die wir arbeiten können und Ideen in diesem Medium haben, wirklich nicht schlecht. Wenn jede Fernsehfrau und jeder Fernsehmann das Publikum wichtiger nähme als sich selbst, dann wäre manches im deutschen Fernsehen besser als es zur Zeit ist. Die Betroffenen werden sich sicherlich erkennen, wenn sie diese Zeilen lesen. Und auf der nächsten Medienparty werden dann wieder ein paar weniger grüßen. Sei's drum.

Auch wenn Kritiker das immer nicht wahrhaben wollen: Wie oft wird da geschrieben und behauptet, was bar jeglichen Wahrheitsgehaltes ist. Man spricht nicht mit dir, war nie im Studio oder gar, im Vorfeld, in der Redaktion. Du kannst dagegen halten – oder es sein lassen. Das Gedruckte scheint einfach glaubwürdiger. Und der sich Verteidigende bleibt zurück, »diese beleidigte Leberwurst«.

Immer und immer wieder werden wir gefragt, woher wir unsere Themen nehmen. Wenn Kollegen behaupten, sie machten alles selbst, muß ich sie bewundern. »Meine« Ideen sind meistens die Ideen der Redakteurinnen und Redakteure.

Manchmal habe auch ich eine ganz gute Idee. Vielleicht sollten wir wirklich mal eine Sendung mit den gehässigsten Kritikern machen? Eine Idee, die sicher nicht nur meinem Team nicht gefällt. Schade eigentlich ...

Man muß auch Kritik einstecken können, aber sie sollte sachlich und nicht persönlich verletzend sein. Oder was hat mein »Versandhaustoupet mittlerer Preisklasse« eigentlich mit unserer und meiner Arbeit zu tun?

Muß ich nun schon wieder eine Gegendarstellung schreiben, mit meinem Kleinstadtfriseur und meinen Kollegen aus der Maske als Zeugen?

Übrigens, die Damen und Herren von der ARD, die die tägliche Talkshow als etwas Unerhörtes betrachteten, das nichts im ersten »deutschen Fernsehen« zu suchen hat, hoben sehr bald schon, nachdem unser Erfolg nicht mehr von der Hand zu weisen war, die ersten drei täglichen ARD-Talkshows ins Programm. Zwei davon wurden bereits wieder abgesetzt. Ein Erfolgsrezept läßt sich nun einmal nicht beliebig oft wiederholen. Dabei konnte man bislang immer meinen, gut sei nur, was wenige sehen. Und schlecht, was die Mehrheit einschaltet. Kluge Menschen haben das immer wieder behauptet. Aber vielleicht setzen sich jetzt auch langsam die wirklich Klugen gegen die Klugscheißer durch. Entschuldigung – aber muß Fernsehen immer brav und angepaßt sein? Kann Fernsehen nicht auch manchmal ein bißchen frecher sein – wenn es nicht die guten Sitten und den guten Ton verletzt? Schon Schiller war frecher als viele seiner Zeitgenossen.

Ach, Götz von Berlichingen – ich bin so, wie ich bin. Und ich werde auch so bleiben.

Ulrich Meyer wurde 1955 in Köln geboren. Von 1976 bis 1979 studierte Ulrich Meyer Humanmedizin an der Universität Köln. 1979 startete er mit einem Volontariat bei der *Kölnischen Rundschau* seine Medienkarriere. Nach einigen Zwischenstationen wurde er 1987 Nachrichtenchef bei RTL plus, ein Jahr später begann er mit dem Aufbau der Regionalprogramme in Hamburg, Schleswig-Holstein und anderen Bundesländern. 1989 übernahm Ulrich Meyer die Leitung der Redaktion »Explosiv« und wurde Moderator von »Der heiße Stuhl«. Bevor er 1992 in Berlin seine eigene Produktionsgesellschaft »META productions« gründete, war er zwei Jahre lang stellvertretender Chefredakteur bei RTL plus. Für SAT.1 hat Ulrich Meyer seither als freier Produzent die Sendungen »Ulrich Meyer: Einspruch!«, »Alarm«, »Kinder Einspruch!«, »Ulrich Meyer: Die Menschen hinter den Schlagzeilen« sowie »Akte 95/6 – Reporter decken auf« eingerichtet. Seit Dezember 1995 ist Ulrich Meyer Anchorman der Nachrichtensendung »18.30«.

Ulrich Meyer

Ulrich Meyer

Kein Kuß für Bibi ...

Über den Boulevardtouch in privaten
Fernsehnachrichten

Dreißig Minuten Fernsehnachrichten hatte der Kollege zu kritisieren. Dreißig Minuten eines geballten Nachrichtentages inklusive Jingles, Trailern und Werbung. Dreißig Minuten Feuerwerk
fürs Auge und fürs Ohr. Bei ihm aber war vor allem eines hän-
gengeblieben:»Daß der Netanjahu sich nicht küssen lassen wollte – das fand ich ganz unglaublich.« Tja, da war sie wieder, die
Bestätigung: Der Boulevardtouch in privaten Fernsehnachrichten
befördert die Erinnerungsfähigkeit in besonderer Weise.
Es war der Tag, da der neugewählte israelische Ministerpräsident Benjamin »Bibi« Netanjahu erstmals mit Palästinenserpräsident Yassir Arafat zusammentraf. Bevor sich die beiden, mit
verkniffenen Gesichtern, die Hände schüttelten, hatten Netan-
jahus Unterhändler den Palästinensern auch das abverlangt: Der
Ministerpräsident möchte auf keinen Fall von Herrn Arafat
geküßt werden! Im Gesamtzusammenhang dieses Nachrichtentages eine eher minder bedeutende News – aber sie illustriert wie
kein anderes Detail die absurde Art, wie beide Nahostführer um-
einander herumschlichen.
Der Boulevardtouch – er langt dort hin, wo es bunt ist, wo jeder
etwas findet, was ihn sehr persönlich interessiert, wo jedermann
aus seiner Fernsehsessel-Lethargie erwacht. Es ist wie in einer
breiten Einkaufsstraße: Irgendwas packt jeden. Und die Mecha-
nismen sind immer gleich: Packend ist, was die Phantasie an-
stößt, was mich einfach *noch* mehr wissen wollen läßt – ja etwas,
was auch die niederen Instinkte ansprechen kann, mit Verlaub.
Eben wie bei »Boulevard Bio« – nichts ist unmöglich ...

Das Ziel ist natürlich ein perfides. Wie bei uns allen, die wir täglich um unseren Zuschauer/Leser kämpfen müssen: Unser Zuschauer soll intensiver hinhören, länger zuschauen, einfach bei uns bleiben. Desto mehr Zeit bleibt uns, ihn zu überzeugen, ihn zu halten, ihn bei anderen für uns werben zu lassen.

O ja, wir arbeiten nicht fürs Grimme-Institut, sondern für die Männer und Frauen draußen im Lande, für die Fernsehen nicht zuvorderst Kunstform, sondern wesentlicher Bestandteil ihres Lebens ist. Adieu jetzt allen Lesern, die sich den Purismus in den Fernsehnachrichten auf die Fahnen geschrieben haben. Für diejenigen, die andauernd weiterlesen, kommt jetzt die Pursergeschichte.

Der Boulevardtouch im täglichen Leben oder wie man aus einem Langweiler eine aufregende Geschichte macht: Es war auf dem Flug von Berlin nach Hamburg. Wie üblich bei Geschäftsfliegern hatten sich alle Passagiere hinter ihre Zeitung zurückgezogen, raschelten ein wenig und gaben sonst kein Lebenszeichen von sich. Vorne im Gang stand ein armer Steward, der mit fahrigen Handbewegungen erzählte, das Flugzeug habe zwei Notausgänge, darüber hinaus diese legendären »illuminated escape-path-markings«, die dort hinführten, und bisweilen fielen irgendwelche Sauerstoffmasken von der Decke. Die Aufmerksamkeit für seine Geschichte war gleich null. Keiner hörte hin. Keiner wollte etwas wissen von der beeindruckenden Rettungstechnik dieser Maschine.

Auf dem Flug zurück von Hamburg nach Berlin, nur wenige Stunden später, erfuhr ich, wie man's macht. Es war wie immer an Bord dieser Geschäftsflieger, alle hatten sich in ihren Sitzen hinter ihrer Zeitung verschanzt, und keiner hörte auf irgendwas. Auf einmal kam von hinten die sehr rauchige, sehr anregende Stimme einer Stewardeß über den Bordlautsprecher: »Meine Damen und Herren, mein Kollege hat in dreimonatiger Arbeit eine Unterhaltungsnummer einstudiert, die er Ihnen jetzt vorführen möchte.«

Am Ende dieses wunderbar vorgetragenen Satzes schaute niemand mehr in die Zeitung. Alle blickten wie gebannt auf den Purser, der wiederum mit fahrigen Handbewegungen erzählte, das Flugzeug habe zwei Notausgänge und verfüge darüber hinaus über diese berühmten »illuminated escape-path-markings«, die dort hinführten.

Seine Message war absolut dieselbe wie schon auf dem Hinflug. Nur eben veredelt mit dem »magic« Boulevardtouch – im Wissen, daß Menschen auch im ganz normalen Leben neugierig sind, auf Ungewöhnliches reagieren, noch lieber auf Geheimnisvolles. Der B-Touch hat auch hier gewirkt: Er war perfekt umgesetzt, spannend vorgetragen, enthielt die entsprechenden Reizworte, die wir alle kennen als Schlingen für die Aufmerksamkeit. Dies war der richtige Weg von der Nachricht zur Nachrichtengeschichte: die Andeutung, daß da mehr sei, als alle unsere Tagesschau-trainierte Nüchternheit uns ahnen läßt.

Nicht die fünf Journalisten-Ws – wer, was, wann, wo, weshalb – machen da auf Dauer glücklich. Sondern eher der ständig neu unternommene Versuch, dem geneigten Publikum eine Geschichte, einen in sich geschlossenen Ablauf zu präsentieren, der für jeden nachvollziehbar ist.

So begann in SAT.1 »18.30« die Ausgabe mit den Berichten über die amerikanische Bombardierung des Irak mit dem Satz: »Der Präsident schlief tief und fest im Weißen Haus. Seine Militärs ...« Dieses mag eine untergeordnete Information sein, aber sie macht auch deutlich, wie wenig aufgeregt der Mann an der Spitze des Westens gewesen ist, als er diesen für ihn politisch lebenswichtigen, vielleicht sogar wahlentscheidenden Angriff ausführen ließ.

Dieser Satz gab ein bißchen Einblick in die Geschäftsmäßigkeit der Exekution von Macht. Und vor allen Dingen lieferte er etwas, was eine gute Nachrichtengeschichte mit Boulevardtouch *immer* wieder ausmacht. Nachrichtengeschichten, von den Alten schlicht »Nachrichten« genannt, müssen den Grundwert Identifizierbarkeit enthalten. Der Boulevardtouch präsentiert dem Zuschauer am liebsten einen Menschen, mit dem er sich identifizieren kann, eine Situation, die er sich ausmalen kann (der Präsident schlief tief und fest) *oder* die Gefühle, die er für sich nachvollziehen kann.

Nun mag der letzte Purist, der bis hierhin gelesen hat, meinen,

Nachrichten hätten nichts mit Gefühlen zu tun. Weit gefehlt, mein Guter: Jede Gewerkschaftsdemo, jeder Wirtschaftszusammenbruch besteht aus mehr Gefühlen als Inhalten – es ist wie stets eine Frage der Perspektive: Blicken wir runter aus der Chefetage oder empor vom Pflaster am Werkstor?

Und der Boulevardtouch-»Addict« wird auch immer wieder an sich feststellen, daß es drei Inhaltsreize gibt, die jeden packen – ob er es nun zugibt oder nicht. Geld, Tod, Liebe – das war bei SAT.1 einmal der Titel einer schönen, aber viel zu früh eingestellten Sendung, die genau diese Zielrichtung deutlich macht.

Geld, Tod, Liebe – daraus besteht Boulevardjournalismus, so heißt das Klavier, auf dem wir spielen, GTL als Turbo für das Leser- bzw. Zuschauerinteresse. GTL fährt automatisch die Massenlinie, um die wir uns alle so bemühen. Denn Fernsehen ist ein Massengeschäft, und wir müssen die Formulierungen finden, die Mutter auf dem Fernsehsofa zu Vater sagen läßt:»Siehst du, so sind se ... furchtbar!« Oder besser noch:»Eigentlich sind sie ganz nett.«

Und deshalb haben wir auch den Bericht über die Operation von Papst Johannes Paul II. mit diesem Schlenker anmoderiert:»Der erste, der dem Papst seine besten Genesungswünsche überbrachte, war ein Moslem: Palästinenserpräsident Arafat schickte rotweiße Blumen.« Das ist eine Kleinigkeit. Aber es geht um Kleinigkeiten, die originell, menschlich und, das allerwichtigste, mnemotechnisch wirksam sind.

Am Ende einer Sendung können sich nur noch wenige an Aussagen, Auswirkungen, Aufzählungen erinnern – aber diese kleinen Ingredienzien der Nachrichtengeschichte, die kann jeder erinnern. Das alles muß unterstützt und flankiert werden. Wir sind ja in einem optischen Medium: Da muß Optik rein, da muß Grafik sein, da muß der Zuschauer per Computer animiert werden: Ich muß ihn und seine Augen auf seinem Fernsehschirm spazierenführen. Spazierenführen auf dem Boulevard der Welt, ihm die Auslagen erklären und deuten.

Für den Moderator und seine Aufgabe heißt das: Laß Küppersbusch Küppersbusch sein. Es zählt nicht der Zungenflicflac, sondern die Geschichte vom Kuß für Bibi, von den rotweißen

Blumen für den Papst ... Konzentrier' dich auf dein Gefühl für die Bedürfnisse des Zuschauers, auf deinen Instinkt, wenn du über den Boulevardtouch redest: »18.30«, die Nachrichtensendung von SAT.1 um 18.30 Uhr hat sich ein Motto selbst gewählt: »Die Bilder, die Fragen, die Antworten des Tages ... « Boulevardtouch – das heißt nicht: Wir kämpfen um die Zuschauer von 3sat, die dann doch nur zufällig reinschalten und sich nicht zum Programm bekennen. Boulevardtouch – das ist das Ringen, ja die Liebe zu den Massen, die sich über die Boulevards der Städte, der Fernsehdatenautobahnen schieben. Auf dem Boulevard tobt der Kampf um die *Zeit* unseres Zuschauers. Und wir haben gewonnen, wenn er sagt: »Da steht was drin, da habe ich was gesehen, da bleibt was hängen.«

Die Bilder, die Fragen, die Antworten das Tages, antizipiert für jene, die auf dem Boulevard unterwegs sind, mit Begeisterung von den Machern angereichert um die Geschichten, die auf dem Boulevard passieren. Daß das Ganze in sich stimmig sein soll, ist keine Frage: Wir machen Nachrichten, und die stimmen – bei SAT.1 allemal. Unsere Nachrichten transportieren zwar keine besseren Inhalte. Da haben wir auch gar keine Wahl. Aber unser Boulevardtouch ist die Maraschino-Kirsche obendrauf und gleichzeitig mehr als nur ein roter Hingucker. Sie sickert durch und vermittelt das entscheidende Geschmacksgefühl.

© Frank W. Hempel

Geert Müller-Gerbes wurde 1937 in Jena geboren. Nach einem Volontariat bei der *Heidenheimer Zeitung* und dem Wehrdienst studierte er Geschichte, Soziologie und Jura. Von 1962 bis 1968 arbeitete er als Journalist für den *Tagesspiegel*, für RIAS Berlin und den Sender Freies Berlin. Im Anschluß an ein Intermezzo bei IBM Deutschland war er ab 1969 Pressereferent des Bundespräsidenten Gustav W. Heinemann, ab 1974 Leiter des Referats Presse- und Öffentlichkeitsarbeit im Bundesministerium für Jugend, Familie und Gesundheit. Als Deutschlandkorrespondent berichtete er von 1976 bis 1991 für Radio Luxemburg aus Bonn und gehörte 1984 zu den RTL-Televison-Mitbegründern. Ab 1988 moderierte er die RTL-Talkshow »Die Woche – Menschen im Gespräch«, von 1990 bis 1994 das »Osteuropa-Magazin« der Deutschen Welle tv. Seit 1992 besitzt Geert Müller-Gerbes ein eigenes Redaktionsbüro in Bonn und moderiert die Sendung »Wie bitte?!« bei RTL-Television. Er ist verheiratet und hat vier Söhne.

Geert Müller-Gerbes

Geert Müller-Gerbes

»Wie bitte?!« zwischen Kult und Quote

Servicethemen locker vom Hocker
und kompetent präsentiert

Ich sitze zu Hause in meinem bequemen Sessel, den normalerweise der Hund in Beschlag nimmt. Es ist kurz vor Weihnachten
1991. Das Telefon klingelt, und es meldet sich jemand, der behauptet, Rudi Carrell zu sein. Der typisch holländische Akzent
ist unverkennbar, aber ich glaube ihm nicht. Auf die Mitteilung:
Hier ist Rudi Carrell, antworte ich: Und hier das Vorzimmer des
Papstes. Dann lege ich auf. 30 Sekunden später klingelt es erneut. Es ist wirklich Rudi Carrell.
Er bietet mir die Moderation einer abendlichen Show an, bei RTL,
produziert von einer holländischen Firma, an der er Anteile
habe. Es handele sich um ein Format in Anlehnung an »Take
that« von der guten alten Tante BBC. Ob ich das machen wolle?
Samstagabend? Mittelgroße Show? Beste Sendezeit? Das reizt.
Ich frage meine Frau und sie ermutigt mich, ja zu sagen, mit der
lakonischen Bemerkung: Wenn du dich nicht ausziehen mußt ...
Ich kannte Rudi Carrell bis dahin nur flüchtig, hatte aber immer
sein außergewöhnliches Talent für das Aufspüren von Pointen
bewundert und seine Professionalität respektiert. Ich war politischer Journalist in Bonn, früher Sprecher des Bundespräsidenten Gustav Heinemann, dem seriösen Fach eher zugehörig als
der Showbühne. Rudi Carrell lernte ich als den Erfinder der
»Tagesshow« kennen. Einmal führten wir auf dem Bonner Bun-
despresseball ein Stück daraus gemeinsam auf. Der Bundeskanzler, der schon damals Helmut Kohl hieß, warnte mich ein-
dringlich vor Rudi Carrell. Es war wirkungslos.

Dieser Rudi Carrell also bot mir nun an, eine Show in meinem Heimatsender RTL zu moderieren.

Was konnte das sein? In den ersten Januartagen kamen wir zusammen und klopften die Grundidee miteinander ab. Sie schien mir genial. Unter dem Titel »Wie bitte?!« verbirgt sich das nach der Tagesschau einleuchtendste Strickmuster einer Fernsehproduktion überhaupt: »Wie bitte?!« ist die Möglichkeit, die vielfältigen kleinen und großen Sorgen von Herrn und Frau Jedermann mit Hilfe des häufig falsch verstandenen Dreigestirns Scherz, Satire und Ironie so ins Bild zu heben, daß eine tatsächliche Abbildung der Wirklichkeit entsteht – mit Themen, wie sie nur das Leben selbst schreiben kann. Gleichzeitig wird dem Großen auf die Finger geklopft, der gewöhnlich auch der Buhmann ist.

Die Genialität dieses Formats liegt darin, daß vier Schauspieler und Schauspielerinnen einen Fall kabarettistisch aufgreifen und nach allen Regeln der Kunst darstellen. Ein Moderator liefert für die so präsentierte Geschichte die Eckpfeiler und führt den Zuschauer immer wieder auf den Boden der Tatsachen zurück. Der Moderator hält das Seil, auf dem die Viererbande spielt und glänzt. Die Schauspieler allein wären zwar vergnüglich anzusehen, im Zweifel aber nicht glaubwürdig. Der Moderator allein wäre langweilig. Die Mischung aus beiden Elementen ist ein Stück des Erfolgsgeheimnisses von »Wie bitte?!«.

Ein weiteres Stück des Erfolgsgeheimnisses ist die Tatsache, daß die Redaktion, die ungewöhnlich sorgfältig arbeitet, monatlich etwa 8000 Briefe erhält. Die Briefe kommen aus allen Bevölkerungsschichten, aus allen Landesteilen, aus allen Altersgruppen. Sie schildern die Not der Menschen mit Rentenversicherungen, mit Lebensversicherungen, mit Autoversicherungen, mit allen Versicherungen. Sie schildern den Ärger mit Möbelherstellern, mit Schlafzimmerproduzenten, mit Sofafabrikanten, mit Küchenbauern, mit allen Möbelproduzenten. Sie schildern den Frust mit dem Ordnungsamt, mit der Polizei, mit dem Gericht, mit dem Bauamt, mit dem Einwohnermeldeamt, mit dem Sozialamt, mit Behörden schlechthin. Sie schildern den Zorn von Menschen, der sie befällt, wenn sie den Nachbarn dabei ertappen, wie er die Himbeerhecke zu nah an das eigene Grundstück pflanzt, wie er eine Mauer zieht, wo er keine ziehen soll, wie er den Hund laufen läßt, obwohl Mittagsruhe ist. Sie schildern das Leben, wie es wirklich ist. Prall, kurios, bunt und ungerecht. Das ist der Stoff, aus dem Fernsehen gemacht wird, wenn es die Menschen unmittelbar erreichen soll. Es geht nicht darum, am grünen Tisch Spiele zu erfinden, die nicht mal der Neonbeleuchtung der irrealen Yuppie-Welt standhalten. Das ist schon vielfach versucht worden und wird immer wieder vergeblich versucht werden. Es geht um die Glaubwürdigkeit des Mediums und um seine Nähe zu dem, was die Menschen bewegt. »Wie bitte?!« ist den Menschen nahe. »Wie bitte?!« ist die »Tagesschau« und »heute« mit anderen Mitteln. »Wie bitte?!« ist das Lokale und die bunte Seite der Tageszeitung gleichzeitig. Es ist den Menschen nicht egal, ob sie bei der Telekom die doppelte Gebührenrechnung bezahlen müssen – eher könnten sie darauf verzichten, die Bundesrepublik Deutschland im Weltsicherheitsrat der Vereinten Nationen vertreten zu sehen.

Dies alles wußten wir natürlich am Anfang nicht. Am Anfang dieser Sendung stand viel guter Wille und große Neugier. Ich wußte, daß das Wort Moderator in unseren Kreisen eigentlich ein Fremdwort ist. Eine gewagte Übersetzung in Anlehnung an das Küchenlatein nicht etwa von Umberto Eco könnte nahelegen, daß es von modestus–bescheiden und errare–irren komme und deswegen der Moderator ein bescheidener Irrer sei. Stowasser, der eigentlich Hundertwasser heißen müßte, würde im Grabe rotieren, hörte er von dieser gewagten Übersetzung. Aber ein Stück Wahrheit ist natürlich schon dabei. Bescheiden soll er sein, der Moderator, sich zurücknehmen soll er, ausgleichen soll er und vermitteln. Daß er ein wenig irre sein muß, stellt er spätestens dann fest, wenn er sich immer wieder vor die Kamera stellt. Es macht süchtig, und der Moderator wäre in der Tat irre, gäbe er dieser Sucht nicht nach. Der Moderator ist aber auch ein Stück Vermittler zwischen Publikum und dem Geschehen auf dem Bildschirm. Er darf nie vergessen, daß er eine dienende Funktion hat.

Im Laufe der Zeit ist der Sendung »Wie bitte?!« eine Aufgabe zugewachsen, von der die Macher der ersten Stunde nicht im entferntesten haben träumen können. Sehr viele Menschen haben das Vertrauen in bestehende Institutionen verloren. Gerichte sitzen Monate und Jahre auf Akten und Fällen, die den Betroffenen im wahrsten Sinne des Wortes unter den Nägeln brennen. Behörden aller Art behandeln den Menschen, als wäre er nur eine Nummer. Rentenerwartungen werden ebenso betrogen wie die Aussicht auf einen sicheren Arbeitsplatz bis ans Ende der Berufsfähigkeit. Gewerkschaften, Kirchen und Parteien vermitteln schon lange nicht mehr schlüssige Antworten auf bohrende Fragen. Zu viele Menschen fühlen sich allein gelassen und sehen sich vielfältig isoliert. Daß der Soziologe dies Vertrauensschwund in fast allen Bereichen des Lebens nennt, ist wenig tröstlich. Menschen suchen Hilfe und finden sie nicht. Da wird das Fernsehen zu einer Art Notanker. Eine Fernsehsendung als letzte Instanz für hilflose Bürger. Das wäre vor Jahren eine geradezu groteske Vorstellung gewesen. Heute ist das bitterer Alltag für eine Redaktion, die den Stoff für eine auch unterhaltende Sendung – ausgestrahlt am Samstag abend um 22.00 Uhr – zusammenträgt.

In welch groteske Lage sind wir hineingeschlittert. Ein privater Fernsehsender betreibt am Wochenende zu bester Sendezeit eine Verbrauchersendung mit ironisch-satirischem Unterton, nennt Namen betroffener Firmen, Behörden und Institutionen und hat dabei die Lacher auf seiner Seite, weil jede Ausgabe die These widerlegt, daß der Ehrliche letztlich der Dumme sei.

Keine Einmischung der Programmdirektion, kein Druck von Werbekunden des Senders, keine verlorenen Prozesse – Insel der Glückseligkeit? Keineswegs. Die Quote ist der Druck, unter dem auch eine solche Sendung steht. Mit sinkender Quote wird auch sie fallen. Nicht ins Bodenlose, aber immerhin. Die Sendung läuft jetzt fast fünf Jahre und hat sich vom Quoten-Dornröschen zum Quoten-Phoenix gemausert. Ein Marktanteil von 20 Prozent ist selbstverständlich geworden. Bleibt er es? Wir arbeiten dran.

Die Telekom hat 225 000 Mitarbeiter und macht einen Umsatz von mehr als 60 Milliarden Mark. Jedes Jahr. Sie ist eine Aktiengesellschaft und hat den Schritt vom Monopolunternehmen hin zum Markt noch immer nicht in allen Bereichen verkraftet. Die Telekom ist ein besonderer »Wie-bitte?!«-Kunde, einfach deswegen, weil in einem derart monolithischen Block geradezu zwangsläufig Fehler gemacht werden und die Menschen – bisher jedenfalls – auf die Telekom angewiesen sind, wenn sie ein Telefon haben wollen. Telefon heißt immer auch Telekom. Auf dieses Unternehmen hatte »Wie bitte?!« eine durchschlagende Wirkung. Es gibt heute keine Telekom-Dienststelle, bei der sich die angerufene Person nicht mit außergewöhnlicher Freundlichkeit unter Nennung des Namens meldet und höflich fragt: »Was kann ich für Sie tun?« Das wäre vor »Wie bitte?!« undenkbar gewesen. Dies ist nur ein Zeichen dafür, daß und wie eine Fernsehsendung Erfolg haben kann.

Ich wage die Behauptung, es gibt in Deutschland keine Behörde und keine Dienststelle, die nicht irgendwann in dem Brief eines Bürgers dem Hinweis auf »Wie bitte?!« ausgesetzt war. Vielfach lauten entscheidende Sätze einer Eingabe an Einrichtungen des Öffentlichen Dienstes: Wenn ich mein Recht nicht bekomme, dann wende ich mich an »Wie bitte?!«

Die Sendung kann den Menschen nur in den seltensten Fällen dazu verhelfen, daß sie zu »ihrem Recht« kommen. Aber sie ermutigt Menschen, sich zu wehren, sich ihrer Rechte bewußt zu werden und sich nicht alles gefallen zu lassen. »Wie bitte?!« facht den Bürgermut an und gibt Anstöße und Ermutigungen.

© WDR/H. Kratzer

Jean Pütz wurde 1936 in Köln geboren und wuchs in Luxemburg auf. Er machte zunächst eine Lehre als Elektriker, absolvierte dann ein Ingenieurstudium und studierte schließlich Physik und Mathematik. Parallel zur Referendarzeit und anschließender Studienratstätigkeit nahm er ein Soziologie- und Volkswirtschaftsstudium auf, das er 1968 mit dem Examen zum Diplom-Volkswirt abschloß. Seit 1966 war Jean Pütz nebenberuflich als freier Journalist tätig, seit 1970 ist er als Redakteur, Autor und Produzent beim WDR beschäftigt. Er ist nicht nur als Autor und Moderator der Sendereihe »Hobbythek« bekannt, sondern hat sich auch als Autor zahlreicher Bücher einen Namen gemacht, darunter etwa dreißig Titel, die im Rahmen der »Hobbythek«-Reihe entstanden sind. Außerdem moderiert er die »Wissenschaftsshow« und »Bilder aus der Wissenschaft« und ist als Redakteur verantwortlich für die Reihe »GLOBUS Forschung und Technik« (ARD). Seit Januar 1997 moderiert er die neue Magazin-Sendereihe »Dschungel – leben und leben lassen«.

Jean Pütz

Jean Pütz

Das trojanische Steckenpferd

Lange ist es her, da traf ich eine grundlegende Entscheidung für mein Leben. Naturwissenschaften hatten mich immer fasziniert, dies dokumentiert sich u. a. auch in zwei abgeschlossenen Studien: der Nachrichtentechnik und der Physik. Irgendwie verspürte ich in mir aber danach ein Manko, es fehlte mir der direkte Bezug zum Menschen. Ich bin kurz vor Ende des Zweiten Weltkriegs geboren und gehöre zu der Generation, die eigentlich nie begreifen konnte, daß ein so zivilisiertes Volk wie die Deutschen einem Verbrecherregime wie dem des »Dritten Reiches« den Weg ebnen konnte.

Diese Frage stellte sich mir ganz besonders, denn meine ursprüngliche Heimat ist Luxemburg. Die Deutschen hatten in Luxemburg zwar bereits vorher keinen besonderen Ruf, denn Ende des 19. Jahrhunderts verbreiteten dort schon einmal die Preußen Angst und Schrecken, aber die Nazis stellten die Preußen weit in den Schatten: Sie überfielen Luxemburg und versuchten, die Bevölkerung ähnlich wie die Deutschen gleichzuschalten. Deportationen, Zwangseinberufungen waren an der Tagesordnung. Wer sich überhaupt nicht einordnen wollte, wurde eingekerkert oder hingerichtet.

Trotzdem besaß Deutschland in den 50er Jahren für mich eine große Anziehungskraft, und ich wählte die Bundesrepublik als Land aus, in dem ich studieren wollte. 1956 kam ich nach Köln, um an der Staatlichen Ingenieurschule meinen Ingenieur zu machen. Irgendwie gefiel es mir in Köln, und die vermeintlichen Unholde entpuppten sich als liebenswürdige Menschen. Aber

206

wie hatte es passieren können, daß sie in ihrem Kollektiv die schlimmsten Verbrechen begingen, die man sich vorstellen konnte? Immerhin hatte Deutschland solche Genies hervorgebracht wie Gottfried Wilhelm Leibniz, einen der letzten Universalgelehrten, und den Philosophen des kategorischen Imperativs, Immanuel Kant. Die Ideen dieser beiden beeindruckten mich besonders. Richtungweisend für mich wurde jedoch eine Rede, die der Philosoph Karl Jaspers anläßlich der Verleihung des Friedenspreises des Deutschen Buchhandels an ihn in der Frankfurter Paulskirche hielt. Sein Thema:»Friede, Gerechtigkeit, Brüderlichkeit.« Fortan gab ich mich nicht mehr mit der Naturwissenschaft zufrieden. Konsequenterweise begann ich daher nach meinem zweiten Universitätsexamen in Physik mit dem Studium der Mediensoziologie. Hier hoffte ich, die Antwort auf viele Fragen zu finden, die das menschliche Verhalten in der Gesellschaft betrafen. Es war vor allen Dingen die empirische Soziologie, die mir zwei faszinierende Universitätslehrer nahebrachten: René König und Alfons Silbermann. Sie vermittelten mir das Instrumentarium, mit dem ich meinen persönlichen Forschungen nachgehen konnte, in deren Mittelpunkt stets die Frage stand, ob es neben den Naturgesetzen, die ich verstanden zu haben glaubte, auch im sozialen Verhalten von Menschen Gesetzmäßigkeiten gibt, die eine Art naturwissenschaftliche Stringenz besitzen.

Auch die Naturwissenschaft kennt viele statistische Gesetze, zum Beispiel die Theorie der»Thermodynamik«. Daß wir in diesem Bereich naturwissenschaftliche Gesetze formulieren können, liegt einzig und allein daran, daß eine riesige Anzahl von Molekülen als Akteure fungieren, denn Wärmeenergie ist nichts anderes als ungeordnete Bewegung von Abermilliarden von Molekülen. Im festen Körper schwingen sie in der Regel um festlokalisierte Plätze, in Flüssigkeiten und Gasen haben sie einen wesentlich größeren Bewegungsspielraum. Wir schauen sozusagen von oben auf das Geschehen, zum Beispiel auf die Gaspartikel, die sich jetzt, während Sie dieses lesen, in Ihrem Zimmer befinden. Die Moleküle stöbern im scheinbaren Chaos durcheinander, stoßen sich an, übertragen Bewegungsenergie von einem

Partikel auf das andere, prallen zurück, werden beschleunigt oder abgebremst, prallen auch gegen Begrenzungsflächen, zum Beispiel Wände, geben dort Energie ab oder nehmen welche auf. Trotz dieses totalen Durcheinanders gibt es eine Meßgröße, die sozusagen Ordnung in das Chaos bringt. Es ist eine rechnerische Größe, die wir Durchschnittsgeschwindigkeit bzw. Durchschnittsenergie pro Partikel nennen. Diese können wir interessanterweise sogar (im wahren Sinne des Wortes) mit unseren Sinnen begreifen. Wenn diese Gasmoleküle eine höhere Durchschnittsgeschwindigkeit als beispielsweise die Moleküle haben, die sich auf unserer Hautoberfläche befinden, dann erscheint uns die Luft im Zimmer warm, die Haut wird sozusagen aufgeheizt. Im umgekehrten Falle kühlt sich die Haut ab, denn dann werden die Gasmoleküle, die auf die Hautoberfläche prallen, mit höherer Durchschnittsgeschwindigkeit wieder zurückgestoßen, vergleichbar mit einem Tennisschläger, der dem Ball eine erheblich höhere Geschwindigkeit gibt. Das kann die Haut aber nur, wenn sie sich gleichzeitig etwas abkühlt. Diesen Zustand haben die Physiker mit einer exakten Meßgröße definiert, die heute mit einem relativ einfachen Instrument, dem Thermometer, festgestellt werden kann.

Wie gesagt, die Temperatur stellt nur eine Durchschnittsgröße dar. Wenn wir uns in Gedanken auf eines dieser beteiligten Gasmoleküle setzen würden, könnten wir niemals den Temperaturstatus des Gases, das heißt der umgebenden Zimmerluft, im Überblick erkennen. Und genau in dieser Situation befindet sich die Sozialforschung. Zunächst einmal ist es in den seltensten Fällen möglich, so viele Individuen zu befragen oder zu beobachten, daß Rückschlüsse auf das Verhalten einzelner Menschen gezogen werden könnten – trotz aller modernen Statistik. Gott sei Dank hat jeder einen individuellen Entscheidungsspielraum, der natürlich vom jeweiligen politischen oder auch persönlichen Status abhängt. Eine gut funktionierende Demokratie würde ich im Freiheitsgrad etwa mit den Molekülen in einem Gas vergleichen, Zwischenformen entsprächen der einer Flüssigkeit und völlig eingeengt sind die Moleküle in einem festen Körper, was mit einer totalitären Diktatur gleichzusetzen wäre. Letzteres träfe auf das »Dritte Reich« zu, und ich will hoffen, daß dieser Zustand für Deutschland ad acta gelegt ist; die Hoffnung liegt im gasförmigen Aggregatzustand.

Die Soziologie lehrt aber auch, daß eine Gesellschaft von nur relativ wenigen zum Terror bereiten Menschen gelenkt werden kann. So ist es der SA und der SS gelungen, das ganze deutsche Volk zu unterjochen. Sie hatten es um so leichter, weil sie geschickt neu aufkommende Technologien nutzten. Eine entscheidende Rolle in der totalitären Propaganda von Heinrich Goebbels spielte folgerichtig das Radio. Da machte es nicht viel aus, daß es anfangs über Lang- und Mittelwelle krächzte und ächzte. Er übte trotzdem eine solch suggestive Kraft auf die Massen aus, daß schon zu verstehen ist, warum sich auch viele anfängliche Skeptiker »bekehren« ließen. Die Situation läßt sich mit dem Immunsystem des menschlichen Körpers vergleichen. Es waren völlig neuartige Erreger, die auf den einzelnen einwirkten, gegen die der Organismus noch gar keine Antikörper entwickelt hatte, und so fiel er um so leichter der Seuche anheim. Nicht umsonst versuchen Diktatoren heute immer wieder, sich der Macht der Medien zu bedienen, aber sie haben es erheblich schwerer als seinerzeit, denn die Technik hat es wiederum möglich gemacht, daß eine Gesellschaft oder ein Volk niemals ganz abgeschottet werden kann, wie wir an den Verhältnissen in der DDR erfahren haben.

Apropos Antikörper. Im gesellschaftlichen Immunsystem spielen die Journalisten eine tragende Rolle. Sie sind letztlich die Akteure, die eingedrungene Krankheitserreger – das heißt Verbrechen am einzelnen, an der Gruppe oder am gesamten Volk – aufspüren müssen. Sie brauchen eine vorauseilende Sensibilität, um Gefahren, die von politischen Entwicklungen oder Wirtschaftsmonopolen, von mafiaähnlichen Strukturen, von neuen Technologien oder unverantwortlichen Verfahren drohen, rechtzeitig zu erkennen. Journalisten haben die Pflicht, solche Gefahren aufzudecken und den Bürger objektiv und verständlich zu informieren. Das heißt, investigativer Journalismus tut not, allerdings nicht in dem Sinn, daß die schlechte Nachricht eine »gute« Nachricht ist, weil diese sich besser verkaufen läßt; vielmehr soll dahinter eine ehrliche Verantwortung für das Ganze stehen. Insofern müßte eigentlich jeder gutmeinende Journalist einen Eid auf Freiheit, Wahrheit und Brüderlichkeit schwören, stets dem Allgemeinwohl verpflichtet.

Nun weiß ich, daß dies ein schöner Traum ist, aber ich habe in meiner Laufbahn sehr viele solcherart ehrliche Journalisten kennengelernt. Wenn diese die Medien prägen, wird unsere Demokratie niemals mehr in eine solche Bredouille geraten, wie sie im Ausgang der Weimarer Republik entstand. Ich sage das auch deshalb, weil sich aus freien Stücken in Bonn und in Berlin Journalisten zusammengefunden haben, die sich genau dies auf ihre Fahnen schreiben. Es handelt sich um Journalisten, die der WissenschaftsPresseKonferenz – WPK – angehören. Die WPK wurde vor zehn Jahren als eine Art »Mafia der Vernunft« gegründet. Ihr ist es immerhin gelungen, fast jede Woche eine Pressekonferenz in eigener Regie abzuhalten, in der Regel als kontroverse Konferenz konzipiert, das heißt, der Vortragende muß jeweils seinen Kritiker neben sich dulden – das gilt auch für Minister.

Die Wissenschaftspressekonferenz läßt sich nicht von außen sponsern. Die Mitglieder zahlen einen relativ hohen monatlichen Beitrag und müssen freie Journalisten sein, die im unabhängigen Pressegeschäft tätig sind. Mitglieder von Pressestellen der Industrie oder von Verbänden bzw. politischen Parteien und Behörden sind nicht zugelassen.

Aber all dies hat mir persönlich in letzter Konsequenz nicht ausgereicht. Wir leben in einer Welt, die durch Naturwissenschaft und Technik geprägt ist, und deshalb hat jeder Bürger das Recht, optimal über Technologien, Methoden und Entwicklungen informiert zu werden. Leider gibt es da eine sehr große Hemmschwelle, die sich zum Teil darauf zurückführen läßt, daß die Naturwissenschaften in den Grund-, Haupt- und Höheren Schulen sehr stiefmütterlich behandelt und vor allen Dingen wenig experimentell gelehrt werden. So werden wichtige Fächer wie Physik, Chemie, Biologie, Mathematik als unerträgliche Leistungsfächer empfunden mit wenig Bezug zur Realität. Da ist es kein Wunder, daß viele Schüler diese ungeliebten Fächer abwählen und praktisch als naturwissenschaftliche Analphabeten entlassen werden. Die Aversion erhält sich dann auch im späteren Leben, so daß die Gefahr besteht, daß Naturwissenschaft und Technik zu einer Art elitärem Spezialwissen verkümmert. In einer Demokratie ist dies äußerst gefährlich, denn auf lange Sicht führt mangelnde Akzeptanz zu einer immer geringeren Bereitschaft, für Forschung und Innovation das notwendige Verständnis aufzubringen. Obwohl Forschung die Arbeitsplätze von morgen schafft, wird es populistischen Politikern immer wieder möglich sein, die Forschungsausgaben zu kürzen und sich dabei in der Öffentlichkeit noch als verantwortungsvoll zu präsentieren. Das Ganze steht unter dem Motto: Was brauchen wir Forschung, wir haben doch Medikamente, Energie in Hülle und Fülle und genug zu essen und zu trinken. Die Elektrizitätswerke haben es einmal in einem anderen Zusammenhang auf den Punkt gebracht, indem sie den Slogan prägten: Wozu Kraftwerke, bei uns kommt der Strom aus der Steckdose.

Gegen diese Einstellungen bin ich stets Sturm gelaufen, nicht nur als Fachjournalist, sondern als Bürger allgemein. Ich erkannte die Gefahren schon ganz zu Anfang meiner journalistischen Laufbahn, die 1969 begann. Damals galt das Fernsehen noch als eine Art Schule der Nation; es sollte zumindest die mannigfachen Bildungslücken schließen helfen, die in einem unzureichenden Schulsystem immer eklatanter zutage getreten waren. Dies konnte das Fernsehen aber nicht leisten.

Ein Journalist, der genau beobachtet, merkt schnell, wann seine Kunden überfordert sind. Deshalb habe ich immer schon auf den Medienverbund gesetzt; heute würde man das als »multimedial« bezeichnen. Eine Fernsehsendung kann bestenfalls motivieren, aber niemals echte Erkenntnisse vermitteln. Deshalb muß sie – wenn sie effizient sein soll – mit schriftlichem oder anderem Begleitmaterial versehen werden.

Schon 1970 – vier Jahre vor der Energiekrise – habe ich eine Sendereihe realisiert mit dem Titel »Energie, die treibende Kraft«, in der ich die ganze Kalamität der Energieversorgung von der Kohle zum Erdöl, von Kernenergie zur Fusion darstellte. Leider beherzigte ich die Forderung nach einem Medienverbund nicht, und so ist diese Sendereihe völlig in Vergessenheit geraten. Das passierte mir mit meiner zweiten Sendereihe – 13 Folgen »Einführung in die Elektronik« – nicht. Es war – wie mir tausendfach geschrieben wurde – eine Sendung, die viele junge Leute an das Thema heranführte. Ganz besonders geholfen hat das parallel dazu erschienene Buch mit dem gleichnamigen Titel. Immerhin wurden von der Erstausgabe und dem Taschenbuch zusammengerechnet 600 000 Exemplare verkauft. Gleiches gilt für Sendereihen, in denen ich bereits 1973 die Chancen der digitalen Elektronik dargestellt habe. Hinzu kam eine Sendereihe, die die neuen Möglichkeiten des Fernsehens und seiner Übermittlung inklusive neuer Technologien, die heute alltäglich sind, vermittelte.

Trotzdem merkte ich, daß mit solchen Sendungen nur eine begrenzte Zuschauerzahl erreicht werden konnte. Deshalb suchte ich nach einem neuartigen Passepartout und fand dies in der Idee, den Alltag der Menschen unter die Lupe zu nehmen. Die Sendereihe nannte ich »Hobbythek« und tat so, als würde ich Hobbys ansprechen – angefangen beim Kochen, Backen, Spielen, Heimwerken und Anstreichen bis hin zu Alltagsarbeiten wie Putzen, Waschen, Bügeln usw. Später ging ich dann zu Themen über, die noch stärker verbraucherbetont waren, denn der Werbung war es ja mittlerweile gelungen, den Menschen weiszumachen, daß ihre Fertigprodukte das allein Seligmachende seien; von ökologischen, sozialen oder gesundheitlichen Nebenwirkungen wurde nie gesprochen. Dies sollten Sendungen zum Thema Kosmetik zum Selbermachen, gesundem Essen und Trinken, betörenden Parfüms, heilenden Düften bis hin zum Wohnen und Leben mit Pflanzen korrigieren, und es gelang mir, damit in die Domäne der Alltagsprodukte einzudringen und die Menschen besser aufzuklären. Kurzum, die Sendereihe wurde zu einem »trojanischen Steckenpferd«. Eine entscheidende Rolle dabei spielt natürlich die Tatsache, daß wir uns in der Sendung nicht immer ganz ernst nehmen, sondern daß der Zuschauer erkennt, hier agieren Menschen und nicht irgendwelche Automaten, die einen Text herunterbeten. Deshalb haben mein Team und ich nie versucht, uns professionell sozusagen bis ins letzte zu stylen: das menschlich Allzumenschliche war uns nie fern.

Dazu gehört, daß es dem Zuschauer möglich sein muß, die Rezepte und Verfahren in Ruhe auch nach der Sendung nachzulesen. Aus diesem Grunde haben wir eine der erfolgreichsten Monatszeitschriften entwickelt, die kostenlos an jeden Zuschauer verschickt wird, welcher uns einen an sich selbst adressierten und ausreichend frankierten Umschlag schickt. Der Post haben wir insofern ein Schnippchen geschlagen, als es uns gelungen ist, die Behörde davon zu überzeugen, daß es sich um eine Büchersendung handelt, deshalb muß der Rückumschlag nur mit einer Briefmarke im Wert von 1,50 DM frankiert werden. Über 20 Millionen Menschen haben seit dem Start der Hobbythek diese Möglichkeit genutzt und den kostenlosen Hobbytip angefordert. Hinzu kommen ca. 3 Millionen Hobbythek-Bücher. Die letzten vier Titel waren besonders erfolgreich, und zwar: »Essen Sie sich gesund, wenn der Körper aus dem Gleichgewicht gerät«, »Richtige Ernährung in allen Lebenslagen«, »Balkon- und Gartenpflege ohne Gift« und vor allem »Darm und Po – gesunde Pflege von innen und außen«.

Die Hobbythek läuft mittlerweile schon seit 22 Jahren und offenbar hat die Attraktivität keineswegs abgenommen, denn wir haben stets hohe Einschaltquoten und noch höhere Marktanteile; pro Sendung rechnen wir absolut bis zu eineinhalb Millionen Zuschauern, mit einem durchschnittlichen Marktanteil von 6 bis 10 Prozent. Dies ist um so bemerkenswerter, als es sich um eine Low-cost-Sendung mit moderaten Produktionskosten handelt.

Die Themen liegen sozusagen auf der Straße, in der Küche, im Garten usw. – kurzum im unmittelbaren Umfeld des Bürgers. Das Spektrum ist infolgedessen breit, was an den Titeln der Sendungen des Jahres 1996 deutlich wird:

12.01. Fleckenalmanach
09.02. Energieverschwendung und kein Ende
08.03. Essen Sie sich gesund bei Rheuma, Gicht und
        Knochenschwund
12.04. Garten und Balkonien gesund ohne Gift
10.05. Sanfte Heilung durch Aromatherapie
14.06. Richtig erfrischt durch den Sommer

12.07. Hobbythek auf Reisen – Praktisches und Interessantes
aus Vietnam
09.08. Neues vom digitalen Fernsehen und Radio
13.09. Hilfe gegen Mücken und Motten – Mit Natur gegen
Plagegeister
11.10. Backen delikater Brote leichtgemacht
15.11. Darm und Po, natürliche Verdauung leichtgemacht
13.12. Römische Genüsse, gestern und heute

Im Juli habe ich mir einen langgehegten Traum erfüllt. Ganz
allein bin ich nach Vietnam und auf die Philippinen geflogen und
habe als Autor, Moderator und Kameramann zwei Sendungen
völlig selbständig gestaltet. Das, was ich früher schon in Ansätzen mit einer Consumer-Video-Hi8-Kamera begonnen hatte,
fand durch eine neue technische Entwicklung seine Vollendung.
Mittlerweile gibt es – dank moderner Digitaltechnik – Kameras,
die in der Lage sind, eine fast gleiche Bildqualität zu liefern, wie
es mit den bisher üblichen Betacamcordern möglich ist. In diesem Fall war es die 3 Chip CCD-Kamera eines großen japanischen Herstellers. Leider haben die deutschen Elektronikprodu-
zenten in dieser Hinsicht nicht mehr viel zu bieten.
Bei meinen eigenen Dreharbeiten ist zwar keine Kunst heraus-
gekommen, aber sehr viel Authentizität und Glaubwürdigkeit,
was sich in einer Spitzeneinschaltquote und einem Marktanteil
bei der Ausstrahlung im Westdeutschen Fernsehen von über
10 Prozent dokumentierte – ein toller Wert.
Ich denke, diese Art der Berichterstattung, insbesondere über
Aktivitäten aus der Dritten Welt, werde ich weiterverfolgen.
Gerade diese Themen liegen mir besonders am Herzen, dabei
hat die Hobbythek gezeigt, daß es durchaus möglich ist, exem-
plarische Hilfe zur Selbsthilfe in diesen Ländern zu liefern. In
Zusammenarbeit mit »Transfair« wurde beim Start des Trans-
fair-Kaffee-Projekts eine flankierende Sendung ausgestrahlt, in
der ich die Verhältnisse der kleinen Kaffeebauern in Costa Rica
in Form einer persönlichen Reportage schilderte. Diese Sendung
hat nicht wenig zum großen Erfolg des Transfair-Kaffees mit
seinem Einzug in Supermärkte beigetragen.

214

Gleiches gilt für ein Projekt der Friedrich-Ebert-Stiftung, mit dem eine Cooperative vorwiegend alleinstehender indianischer Mütter unterstützt wird, die Cashewnüsse ernten und verkaufsfertig zubereiten. Seit dieser Sendung im Herbst 1993 verkauft die Cooperative »La Surenita« im Südwesten Honduras etwa 80 Prozent ihrer Produktion nach Deutschland. Die Cashewnüsse werden vorwiegend in den Läden verkauft, die die Rohstoffe vertreiben, die für die Realisierung der in den Hobbythek-Sendungen vorgestellten Rezepte notwendig sind. Das sind immerhin über 400 einzelne Verkaufsstellen, flächendeckend über die ganze Bundesrepublik.

Die Autoren der Hobbythek haben sich übrigens alle ohne Ausnahme streng verpflichtet, niemals an den von uns empfohlenen Rohstoffen und Produkten zu verdienen – auch nicht als stille Teilhaber. Das gilt auch für die vielen Produkte, deren Rezepte die Hobbythek exklusiv entwickelt hat, um exemplarisch zu demonstrieren, daß Ökologie und Produktqualität in Einklang zu bringen sind, zum Beispiel eine große Anzahl von Kosmetikprodukten, Reinigungs- und Waschmitteln, Spezial-Nahrungsmitteln, die der Gesundheit dienen, technischen Tips usw. Insofern geht die Hobbythek über die reine Produktinformation, wie sie beispielsweise von der »Stiftung Warentest« oder von der Zeitschrift »Öko-Test« geliefert wird, hinaus. Mit großer Befriedigung haben wir schon öfter festgestellt, daß diese Anregungen von der Industrie aufgegriffen wurden, zum Beispiel konnten wir beweisen, daß ein Waschmittel-Baukasten durchaus Marktchancen hat, prompt kam ein großer Waschmittelkonzern mit einem ähnlichen Produkt auf den Markt.

Diese Warenneutralität, zu der sich die Autoren verpflichten, ist für uns zwar eine Selbstverständlichkeit, aber in letzter Zeit beobachte ich mit Unbehagen, daß insbesondere in den privaten Sendeanstalten allzu häufig Produktinformation und Produktwerbung ineinanderfließen.

Alles in allem hat die Hobbythek noch ein Riesen-Themenspektrum auf Lager, und das Team freut sich auf weitere Taten.

Andrea Rubio Sanchez wurde 1965 in Würzburg geboren. Nach dem Abitur übernahm sie von 1986 bis 1989 verschiedene redaktionelle Tätigkeiten beim lokalen Privatrundfunk in München. An der Bayerischen Akademie der Werbung absolvierte sie anschließend ein Studium mit dem Abschluß Medienmarketingfachwirtin. Ab 1990 war sie nebenberuflich als Sprecherin tätig, bis sie nach einem Sprach- und Moderationstraining 1991 als Assistent Marketing Manager bei Radio Xanadu in München einstieg. Seit 1993 arbeitet Andrea Rubio Sanchez als freiberufliche Sprecherin für Rundfunk und Fernsehen, auch im Bereich Werbung. Seit 1994 ist sie als Programmmoderatorin bei Pro7 beschäftigt.

Andrea Rubio Sanchez

Andrea Rubio Sanchez

Dame mit Unterleib

Programm präsentieren

Nie werde ich den Tag vergessen, an dem Rita Reinkens, Chefin
der Anmoderation bei Pro7, mich während einer Aufzeichnung
plötzlich aus dem Regieraum über das Talk-Back-Mikro bat,
»... doch endlich mit dem Sprechtraining bei Frau X aufzuhören.« Was bitte? Konnte man denn überhaupt jemals zu perfekt sprechen?
Tatsächlich war ich Sprecherin und betrachtete bis dahin meinen neuen Job vor der Kamera als genau das: Sprechen vor der
Kamera, statt aus dem Off wie bisher. Und so blieb das, was die
Arbeit vor der Kamera eigentlich ausmacht, in meiner Anfangszeit wohl etwas auf der Strecke: Persönlichkeit, Ausstrahlung,
Glaubwürdigkeit. Zu sehr war ich auf die perfekte sprecherische
Umsetzung der Texte konzentriert, um eine wirklich runde Umsetzung des Sinngehalts rüberbringen zu können.
Als Moderation im eigentlichen Sinn kann ich die Anmoderation
(oder wenn Sie möchten: Ansagerei) bis heute noch nicht sehen.
Und doch ist sie eine sehr interessante Zwischenform – wie die
meisten Moderationen, wie vom Prompter gelesen werden. Und
das sind mehr, als Sie, liebe Leser, vielleicht vermuten.
Wenn ich meinen Beruf nenne, ernte ich oft ungläubige Nachfragen wie: »Ach, so etwas gibt es noch?« Lassen Sie mich deshalb zu Beginn einige Worte über den Sinn der Anmoderation
verlieren.
Die meisten Sender haben die Anmoderation gestrichen und ziehen es vor, Programmankündigungen in Trailerform zu versen-
den. Dadurch verspricht man sich eine gesteigerte Dynamik im

Programmablauf. Der Zuschauer wird praktisch von einem Programmpunkt zum anderen gezogen. Es gibt keine Verschnaufpause, der Abspann eines Spielfilms wird bereits zur Ankündigung eines weiteren Programmpunktes genutzt, durch eine Stimme aus dem Hintergrund. Das Corporate design des Senders prägt das Erscheinungsbild der Trailer und Teaser – das kurze Werbefilmstück für die Sendung –, und so erscheint alles wie aus einem Guß. Und damit auswechselbar und ein wenig einförmig, für meinen Geschmack. Denn ein einheitliches Erscheinungsbild ist heute, da Fernsehen als Werbeträger selbst nicht mehr ohne Markenappeal über die Runden kommt, zwar wichtig, doch darf eines dabei nicht vergessen werden: Persönlichkeit.

Persönlichkeit wird nicht durch eine Stimme aus dem Off transportiert (besonders wenn es die immer gleiche Stimme ist, die von Actionreißern bis zu Liebesfilmen alles anpreist), sondern immer noch durch eine Person. Ein Mensch also, dem wir hoffentlich Sympathie, aber in jedem Fall Gefühle entgegenbringen können. Ein lebendiges Wesen, das in seinen Facetten unsere eigenen Neigungen und Wünsche widerspiegelt. Hier können wir uns wiederentdecken und schon ist es greifbar, das »Fernsehen zum Anfassen«. Wir fühlen uns angesprochen, ernstgenommen. Da sitzt jemand, der uns einen schönen Abend wünscht und uns direkt in die Augen sieht, während er uns mitteilt, wie unser heutiger Fernsehabend aussehen könnte. Pro7 hat das erkannt und sich für eine sehr geschickte Kombination entschieden: erstklassig und abwechslungsreich produzierte Trailer plus schöne, freundliche Menschen vor der Kamera. Mögen uns unsere Programmgewaltigen erhalten bleiben!

Natürlich ist Anmoderation nicht gleich Anmoderation und so groß die Zahl der Sender, so groß auch die Unterschiede in der Präsentationsform. Denn jede Zielgruppe muß auf spezifische Art und Weise angesprochen werden.

Unsere Zunft sagt in der Regel drei Arten von Sendungen an. Manche Sender, z.B. dritte Programme der ARD, brauchen präzise vorgetragene Informationen zu einem Thema, das dem Zuschauer nicht geläufig ist. Die Moderation ist seriös, ruhig und selten von Humor getragen. Hier stehen Aussagen im Vordergrund, nicht die vortragende Person. Wissenschaftliche, politische oder religiöse Sendungen finden hier ihre Entsprechung. In den meisten Fällen wird der Zuschauer jedoch persönlich angesprochen, wie beispielsweise beim ZDF. Ein Thema, das den Lauf der Welt nicht ändern wird, wird freundlich und locker rübergebracht. Ein Familienmitglied sitzt sozusagen vor der Kamera, der Rest vor den Bildschirmen. Die Moderatorin (nichts gegen Männer, aber das anstrengende »Moderator/in« möchte ich mir auch für den Rest des Artikels sparen) erzählt, verpackt in netten Worten, einiges zum Inhalt des nachfolgenden Programmpunktes und läßt auch ihre eigene Meinung durchblicken.

Eine dritte Art der Anmoderation – wie etwa bei MTV oder Viva – könnte mit »Hey, du!« beginnen, was natürlich niemand sagt. Hier tritt der Informationsgehalt vollends in den Hintergrund. Das Was ist egal, Hauptaugenmerk liegt auf dem Wie. Die Moderatorin kann ihre Persönlichkeit voll ausleben und muß sich keinerlei Mühe geben, es jedem recht zu machen. Ihre Personality polarisiert: man liebt oder haßt sie. Welchen Film (oder Videoclip) sie gerade angesagt hat, wird relativ unwichtig. Je unbedeutender das Thema, desto auffälliger muß die Präsentation sein!

Ich möchte vorschlagen, begleiten Sie mich nun durch einen imaginären Arbeitstag bei Pro7. So können wir gemeinsam alle Stationen durchlaufen, bis die Aufnahme im Kasten ist, einverstanden?

Der Tag beginnt mit einer Textbesprechung mit dem zuständigen Redakteur. Hierbei werden nochmals Inhalte und Aussprache (all die komplizierten Namen polnisch-stämmiger Regisseure, die in der dritten Generation im französischsprachigen Teil Kanadas leben) durchgegangen. Die Texte können von Textern vorformuliert oder auch eigengestaltet sein. Wer über ein bißchen Talent verfügt, dem wird es nicht verwehrt, die Texte selber zu schreiben.

Bei der Textbesprechung lege ich vor allem auch Augenmerk auf die Einhaltung eines persönlichen Sprachstils. Denn die drei verschiedenen Präsentationsformen verlangen selbstverständlich eine jeweils ganz unterschiedliche Sprache.

Zu 1.: Nachdem hier vor allem Inhalte übermittelt werden sollen, ist die Sprache klar und schnörkellos. Die Sätze dürfen auch komplizierter oder verschachtelt sein, da ich voraussetzen darf, daß das gebildete Fachpublikum über ein genügend großes sprachliches Verständnis verfügt. Fremdwörter werden sogar erwartet, da sie die Kompetenzebene vermitteln, auf der sich der Zuschauer ebenfalls wähnt. Ein Beispiel:

»Meine sehr verehrten Damen und Herren, sehen Sie nun im Abendprogramm von XY die sozialkritische Komödie DER BUNTE HUND. Regisseur Albert Feinstein gelang damit eine faszinierende Milieustudie der amerikanischen Mittelschicht in den ausgehenden 80er Jahren. Mit Humor und großer Detailtreue zeichnet Feinstein das Bild eines jungen Mannes, der, seine Wurzeln verleugnend, sich seinen Weg nach ganz oben erkämpfen möchte. Gute Unterhaltung!«

Zu 2.: Wenn wir den Zuschauer persönlicher ansprechen, fällt es uns natürlich wesentlich leichter, einen Inhalt »zu verkaufen«. Wir begeben uns auf die Sprachebene des Durchschnittszuschauers, eventuell sogar etwas darunter. Der Zuschauer soll animiert werden, den nachfolgenden Film anzuschauen. Die Sprache ist locker, Fremdwörter haben hier nichts zu suchen, Inhalte werden angerissen, die Sätze sind eher kurz und knapp. Wir plaudern mit dem Zuschauer. Ein Beispiel:

»Guten Abend, liebe Zuschauer! Zu später Stunde haben wir jetzt noch mal ein echtes Komödien-Highlight für Sie! Sie kennen sicher das Sprichwort ›Schuster, bleib bei deinen Leisten‹. Das hätte sich Randy vielleicht auch hinter die Ohren schreiben sollen. Doch als BUNTER HUND versucht er nun, ganz groß rauszukommen. Und weil er es dabei irgendwie allen recht machen muß, bleiben aberwitzigste Irrungen und Wirrungen natürlich nicht aus. Viel Spaß!«

Zu 3.: Hier unterschreiten wir jede sprachliche Schmerzgrenze. Macht nichts, schließlich haben wir Hände und Füße, mit denen wir unserer Aussagekraft etwas nachhelfen können (pardon!). Die Sprache wird fragmentiert und ergibt sich dem Umgangston der Kids. Ein Beispiel:

»Hey, Leute, hier bin ich wieder und jetzt gibt's hier noch mal 'ne total abgefahrene Lachnummer. DER BUNTE HUND, Mann, Randy rafft echt gar nix mehr. Total kultig. Will echt den großen Max markieren, kann ja nur schiefgehen. Müßt ihr euch reinziehen, Tschüßos.«

So, unsere Texte haben wir nun. Bevor wir damit ins Studio gehen, unterziehen wir uns einer Prozedur, die seltsamerweise in Büchern kaum Erwähnung findet, obwohl oft der Pullover und die Frisur der Ansagerin die einzigen Dinge sind, an die sich der Zuschauer später erinnern kann. Und da es schließlich nur darum geht, was beim Zuschauer ankommt und hängenbleibt, sollen Styling und Maske hier auf jeden Fall Erwähnung finden. Das Styling ist davon abhängig, wie sehr die Moderatorin selbst in den Vordergrund treten soll.

Die sachliche Ansage verlangt:

Bitte recht dezent! Ein Kostüm bzw. Anzug sind hier angebracht. Make-up und Haare sind tadellos, jedoch niemals innovativ oder experimentell. Lassen Sie vor Ihrem geistigen Auge ein Ehepaar erscheinen, das bei Eltern bzw. Schwiegereltern in einem Kaffeewerbespot sonntags zu Besuch kommt. Das zurückhaltende Styling unterstreicht die Seriosität der Aussage. Auch die »familiären« Ansagen haben ihr eigenes Erscheinungsbild:

Bitte recht reizend! Stellen Sie sich nun junge, dynamische Menschen vor, die Cabrio fahren, Karriere machen, ins Fitneßstudio gehen und sich abends mit zahlreichen Freunden in der Kneipe auf ein alkoholfreies Bier treffen. Wir zeigen Bein oder gar ein wenig Bauch und tragen Designer-Klamotten, die je nach Lust und Laune mal seriöser, mal flippiger sind. Frisur und Make-up sind modern und folgen den Trends. Wir sind up to date, ebenso wie unser jüngeres Publikum; unsere älteren Zuschauer hätten uns ja gerne als Schwiegertöchter.

Die »Hey-du!«-Ansage erfreut uns mit den letzten Modetrends. Ihr Motto ist:

Bitte nicht spießig! Wir zeigen alles, was wir haben, einschließlich Tattoos und Piercings. Schrill, frech, bunt, alles ist erlaubt. Stellen Sie sich das Szenepublikum bei einem 48-Stunden-Rave vor (an alle Leser über 30: ein Rave ist so eine Art Marathon-Techno-Veranstaltung). Bloß nicht angepaßt und glatt. Das Sty-

ling ist hier sogar ausschlaggebend für den Erfolg der Moderatorin, denn die Textinhalte selbst sind austauschbar.
Wir sind angezogen und geschminkt, jetzt ab ins Studio! Und auch hier bietet sich eine Vielzahl von Möglichkeiten. Wir können heutzutage wählen zwischen einer Echt-Deko, der Blue box, das gänzlich blaue Studio, damit man Bilder hineinschalten kann, und einem virtuellen Studio, einer Studiodekoration, die per Computer zugeschaltet wird. Es entbrennen immer wieder heiße Diskussionen über Vor- und Nachteile der einzelnen Studiosituationen. Hier auf alle redaktionellen und technischen Möglichkeiten einzugehen, ist unmöglich. Trotzdem sollen Sie einen kleinen Einblick erhalten.
Die *Echt-Deko:* Das kennen wir alle. Ein Sitzmöbel steht in einer echten Kulisse aus Papp und Kleister. Für mich hat das recht große Authentizität, es vermittelt ein Gefühl von Nähe, wenn es in der Flimmerkiste genauso aussieht wie bei mir zu Hause. Leider wird diese Studiosituation recht schnell langweilig, da nur bestimmte Bildausschnitte und Kamerafahrten möglich sind. Schön ist jedoch, daß durch die Einfachheit des Ganzen Live-Ausstrahlungen problemlos möglich sind.
Häufig wird eine *Blue box* verwendet, wie auch bei den Nachrichten: Die Moderatorin sitzt oder steht vor einer blauen Wand. Der Computer mischt auf diese Fläche alles, was Sie wollen. Bewegt- oder Standbild, grafische Muster, Filmausschnitte, Animationen. Die Blue box wird oft mit einer Echt-Deko kombiniert. Bei Pro7 sitzen wir zum Beispiel auf einem echten Ledersofa, das vor der Blue box steht. So ist alles, was sich da hinter unserem Rücken abspielt, im Moment der Aufzeichnung für uns Moderatoren nicht sichtbar. Es ergeben sich viele Gestaltungsmöglichkeiten, der Hintergrund kann ständig gewechselt werden, so wird es nicht zu eintönig. Der Bildausschnitt ist allerdings statisch. Schade ist, daß es fast schon unmöglich ist, solche Moderatio-nen live zu senden. Der technische Aufwand ist zu groß, das Zusammenspiel aus Technik, Timing und Mensch zu kompliziert, um ein Live-Risiko einzugehen.
Im *virtuellen Studio* steht die Moderatorin in einer riesigen blauen Wanne. Der Rechner erstellt alles, was sonst zu sehen ist.

Jedes Möbel, Figuren, Mitspieler, alles ist virtuell, technisch vom Computer herbeigezaubert. Hier ist alles möglich. Gegenstände fliegen durch die Luft, die Moderatorin durchwandert Welten, Co-Moderatoren werden dreidimensional animiert. Die Moderatorin orientiert sich anhand von Monitoren, die ihr das errechnete Bild zeigen, wohin sie sich in dem strukturlos blauen Studio wenden soll. Der Zuschauer schaut staunend zu, wie sich die Moderatorin völlig frei bewegt und mit Hollywoodstars oder Trickfilmfiguren plaudert. Erste Gehversuche im virtuellen Studio sorgen übrigens immer für einen allgemein heiteren Arbeitstag der gesamten Crew, da man wirklich *immer* in die falsche Richtung läuft. Das Monitorbild ist nämlich nicht spiegelverkehrt.

Bitte fragen Sie mich jetzt nicht, welches Studio sich für die Anmoderation am besten eignet. Das ist eine reine Geschmackssache. In welchem Studio auch immer wir sind, jetzt geht es los. Die Aufzeichnung läuft, nun tragen wir unseren Text vor. Und das können wir auf verschiedene Weise tun:

Auswendiglernen ist möglich. Aber Vorsicht! Klingt meist leider auch auswendiggelernt. Sowieso unmöglich bei längeren Texten. Aussetzer sind fast vorprogrammiert. Da ich mir den Text nur angeeignet und nicht erschlossen habe, kann es sehr schwer werden, bei einem Hänger wieder den roten Faden zu finden! Ich selbst bin Spezialistin in Totalaussetzern.

Die freie Rede wird Gott sei dank immer häufiger. Eine schöne Sache, wenn man sie beherrscht. Zu Trainingszwecken kann man auf einem Kärtchen Stichpunkte zum Inhalt notieren und dann das freie Formulieren üben. Es ist nicht so schwer, wie es sich anhört und gibt jeder Moderation einen sehr natürlichen, nämlich persönlichen Stil. Auch eine tolle Sache für Bühnenmoderationen.

Der Teleprompter ist eine praktische Krücke. Vor das Kameraobjektiv ist ein einseitiger Spiegel montiert. Die Kamera blickt von hinten ungehindert durch, von vorne ist nur der Spiegel sichtbar, auf den von einem Monitor, der im 90-Grad-Winkel unterhalb des Spiegels montiert ist, der Text geworfen wird. In der Regie sitzt jemand am Computer, der den Text gemäß des

Sprechtempos des Moderators durchlaufen läßt. Pro Zeile sind 3 bis 4 Worte sichtbar, etwa 5 bis 6 Zeilen haben Platz. Der Blickwinkel ist also relativ focussiert, so daß die Augen nicht ständig beim Lesen hin und her wandern müssen. Für Nachrichten ist der Prompter sehr praktisch, denn die werden »verlesen«. Bei anderen Moderationen geht man leicht das Risiko ein, daß sich der Text abgelesen anhört. Es bedarf einiger Übung, bis der Text flüssig und natürlich klingt. Moderationen vom Prompter sind deswegen durchaus nicht so einfach, wie man meinen sollte. Falls Sie einmal vor der Wahl stehen, rate ich Ihnen (besonders bei kürzeren Texten) zu dem Mut, es ohne Prompter zu versuchen. Das Ergebnis wird Sie vielleicht überraschen. Ein Ausfall des Prompters bescherte mir zum Beispiel meine erste Moderation, bei deren Betrachtung ich keine Magenkrämpfe bekam.

Ist die Prozedur klar, dann fällt es leichter, nun das zu tun, was für alle Anfänger vor der Kamera oder dem Mikrofon am schwersten ist: zu sprechen wie ein Mensch. Denn leider versetzt das Aufflammen des Rotlichts viele in einen tranceähnlichen Zustand, den berühmten »Kaninchen-vor-der-Schlange-Effekt«. Von einem natürlichen Sprechfluß kann dann keine Rede mehr sein. Der Text wird in einem Singsang heruntergeleiert, es wird zu wenig oder – fast noch schlimmer – überbetont. Ein Patentrezept dagegen gibt es leider nicht. Doch je mehr ich geübt habe und versucht habe, *meinen* Text zu sprechen, d. h. die selbstformulierten Worte so zu intonieren, wie ich es eben bei einem Plausch unter Freunden auch tun würde, desto schneller konnte ich diesen Mühlstein loswerden. Das Sprechtraining bei einer strengen, aber gerechten Lehrerin war dabei sehr hilfreich.

An dieser Stelle möchte ich auch meine eingangs gestellte Frage beantworten: Kann man jemals zu perfekt sprechen? Und ob! Falls man nicht Bühnenschauspieler oder Nachrichtensprecher werden will, sollte man gegenüber Lehrmethoden, die die Sprache »glattbügeln« wollen, eher skeptisch sein. Schließlich will man moderieren, und das besteht aus mehr als Sprechen. Kleine sprecherische Eigenheiten stehen einem dabei ganz gut zu Gesicht (siehe Gerd Ruge); ein Markenzeichen war einer Karriere in der Tat noch nie hinderlich.

Sehr hilfreich für die Ausarbeitung eines eigenen Stils waren für mich die Anregungen eines Moderationstrainers. Er ging auf meine Gesamterscheinung ein. So zum Beispiel auch auf Gestik und Mimik. Auch hier wird das eigentlich Einfachste zur schwersten Übung: sich zu bewegen wie ein Mensch. Wobei hier weniger oft mehr ist. Denn wir sind leider versucht, unseren Aussagen mit allen zur Verfügung stehenden Mitteln Nachdruck verleihen zu wollen. Das Ergebnis sind Überbetonungen, Rumfuchteln mit den Händen sowie die ständige Beanspruchung der gesamten Gesichtsmuskulatur.

Ich bekenne, daß ich oft zu Hause vor dem Spiegel gestanden und mir selbst beim Moderieren zugesehen habe. Später übte ich natürlich vor der Kamera.

Vor jeder Aufzeichnung mache ich Entspannungsübungen (während der einstündigen Schminkprozedur hat man sowieso nichts Besseres zu tun); das hilft mir, bei meinem Job im wahrsten Sinne des Wortes »locker« zu bleiben.

Alles klar soweit? Dann kann's jetzt losgehen: Ich habe einen schönen Text, bin vorbereitet, toll gestylt, im Studio umgeben von allerhand technischem Schnickschnack. Zu Beginn machte ich meinen Mund auf und sagte lächelnd und phonetisch ausgefeilt:»Ich wünsche Ihnen einen schönen Abend, liebe Zuschauer ...« – und kein Mensch glaubte es mir! Ich hatte etwas Entscheidendes vergessen: mich selbst! Wo bleibe ich mit all meinen Empfindungen, Vorlieben, Interessen? Ach, als Profi gibt man seine Persönlichkeit in der Garderobe ab? Im Gegenteil. Ich nehme all dies hinein in meinen Job. Ich zeige Freude und Humor, wenn ich es empfinde, bleibe neutral, wenn mir ein Thema mal nicht so liegt.

Wenn ich einer Floskel wie »Viel Spaß!« nichts abgewinnen kann, lasse ich sie einfach weg. Ich lächle oder lache, wenn mir wirklich danach zumute ist. Schließlich bin ich kein Fotomodell, das ständig Zähne zeigen muß.

Vorbereitung und Ausbildung sind das Fundament. Der persönliche Stil – obwohl oder gerade weil er etwas von der Norm abweicht – das ist die Kirsche auf der Sahne.

Also – man sieht sich!

© T&T/Ingmar Feilbach

Gerd Ruge wurde 1928 in Hamburg
geboren. Seine berufliche Laufbahn
begann er 1946 beim NWDR in Köln.
Von 1956 bis 1959 hielt er sich als
Hörfunkkorrespondent von WDR/ARD
erstmals in Moskau auf. Von 1959 bis
1964 war er politischer Redakteur und
Leiter der Abteilung »Zeitfunk« beim
Westdeutschen Rundfunk. Von 1964 an
arbeitete er für fünf Jahre als Amerika-
und Washingtonkorrespondent für die
ARD. 1970 wurde er Leiter des WDR-
Studios Bonn. 1973 wechselte Gerd
Ruge zur Tageszeitung *Die Welt*, für
die er als Korrespondent nach Peking
ging. 1978 wurde er ARD-Hörfunk-
korrespondent in Moskau. 1981
ernannte man ihn zum WDR-Sonder-
korrespondenten. Noch im selben Jahr
übernahm er die Leitung des WDR-
Fernsehmagazins »Monitor«. Von 1984
bis 1986 war Gerd Ruge Chefredakteur
Fernsehen des WDR, zwei Jahre später
ging er erneut als Korrespondent und
Leiter des ARD-Studios nach Moskau,
wo er bis zu seiner Pensionierung im
August 1993 blieb. Seither berichtet
Gerd Ruge in der Serie »Gerd Ruge –
unterwegs« aus Rußland, Ost-Europa

Gerd Ruge

und den USA. Darüber hinaus hat
er zahlreiche Bücher veröffentlicht,
darunter »Boris Pasternak« (Bildbio-
graphie, 1958), »Deutschland und
die UdSSR. Von der Konfrontation
zur Kooperation« (1972), »Begegnung mit China« (1977), »Michael
Gorbatschow« (Biographie, 1990),
»Weites Land. Russische Erfahrungen
und Perspektiven« (1996).

Gerd Ruge

Verständlich berichten aus einem Land, das eh keiner versteht

Da gibt es kein Geheimnis, aber auch kein Netz und keinen doppelten Boden, Fernsehberichterstattung ist eine sehr öffentliche Sache, und wer sich mit Tricks weiterhilft, wer seine Stücke in erster Linie auf spektakuläre Effekte zuschneidet, kann damit eine Weile Erfolg haben. Aber wenn auch die Zuschauer – und sogar die Kollegen – nicht bei jedem einzelnen Stück bemerken können, ob es solide oder sensationell überspitzt ist, so zeigt sich doch nach einiger Zeit, ob die Ereignisse den Bericht und die Informationen bestätigen und ob der Reporter Glaubwürdigkeit verdient hat. Außerhalb des Raums von Unterhaltung und Infotainment haben die Zuschauer jedenfalls noch immer bemerkt, auf wen sie sich verlassen können.

Nicht zuletzt deshalb hängt das Maß des Vertrauens zu einer Fernsehgesellschaft, das sich in Krisenzeiten ganz deutlich an der Einschaltquote erweist, wesentlich von der Qualität seiner Korrespondenten und Reporter ab – von der Kompetenz und Erfahrung, die ihre Berichte auch dann trägt, wenn es Schnellschüsse im Kampf um die Aktualität sein müssen. Der stete Tropfen der regelmäßigen Berichterstattung ist das, was auf die Dauer das Bild der Zuschauer von der Politik im eigenen Land oder in fremden Ländern prägt. Das ist gerade heute so wichtig, weil manche Redaktionen unter dem Quotendruck geneigt sind, die sensationellen Szenen zu suchen und zu kaufen – oft aus Quellen, die sie gar nicht näher kennen.

Zeitweise schien es, als sei im Fernsehen das Bild Rußlands von der Mafia, von Brutalität und dem Krieg im Kaukasus geprägt.

Aber beim Versuch, die Wahrheit zu berichten – nicht nur die Wahrheit dieses Augenblicks täglicher Nachrichten, sondern auch deren breiteren Bezug zum Leben, zu der Entwicklung Rußlands und den Folgen für unser eigenes Land –, steht der Korrespondent vor der schwierigen Aufgabe, dem Leben nahe zu sein, ohne sich mit einer Richtung zu identifizieren, den Abstand zu halten und doch zu zeigen, daß er das Gefühl für das Land und seine Menschen nicht verloren hat. Das heißt, er muß die offiziellen Agenturmeldungen, die die Heimatredaktion informieren, mit kritischem Blick darauf überprüfen, ob die Dinge darin zu einfach, zu kurzatmig dargestellt wurden. Er muß in der Nähe der Ereignisse und Schauplätze sein, an denen etwas geschieht, weil das, was geschieht, auch in unübersichtlichen Situationen einen Hinweis auf das geben kann, was neu und unerwartet ist. Der Zuschauer will spüren und auch sehen, daß ihm jemand – ein Mensch, eine Person – Bescheid sagt, der in der Nähe gewesen ist und nicht aus dem Archiv berichtet. Da stellt sich dann freilich die Frage nach der Rolle des sichtbaren und unsichtbaren Reporters. Soll er überhaupt eine Rolle spielen? Darf er das? Er ist ja kein Leitartikler, der Meinungen mahnend und belehrend äußert, und kein Schauspieler, der Situationen darstellt. Aber er kann und darf sich nicht heraushalten, wenn seine Arbeit funktionieren soll.

»Beschreibung ist Erklärung genug«, heißt es bei Erich Kästner. Aber wenn das auch für Dichter gelten mag, so würden selbst fundamentalistische Anhänger der knochenharten Reportage das wohl in dieser Einschränkung nicht als Arbeitsprinzip akzeptieren; Beschreibung, so könnte es scheinen, ist im Fernsehen die Aufgabe des Kameramanns oder – noch eingeschränkter – der Kamera selbst. Aber wir wissen, daß das nicht so ist. No comment – Bilder und Töne bringen den Zuschauer nicht näher an die Wirklichkeit, machen ihm Ereignisse nicht transparent. Im Gegenteil, die Bilder werden für den Zuschauer in die Ferne gerückt, laufen am Betrachter vorbei, als spielten sie sich hinter der Glasscheibe des Fernsehgeräts wie in einem Aquarium ab. Richtig ist sicher, daß ein Reporter aus der Nähe zum Ereignis berichten muß, um es dem Zuschauer näherzubringen. Er muß beschreiben, er muß mit wenigen Worten wichtige, manchmal komplizierte Zusammenhänge hinzufügen, also viel besser vorbereitet sein, als sich das in den Worten seines Berichts niederschlägt. Er muß im räumlichen wie im übertragenen Sinne dabeigewesen sein. So ist jede Fernsehreportage, jeder Korrespondentenbericht ganz stark an die Person von Reporter oder Korrespondent gebunden. Er ist die Brücke zum Zuschauer, und die schärfste technische Nahaufnahme kann ihn nicht ersetzen. Seine Person und sein Wort schaffen für die Bilder erst die Brücke zum Bewußtsein des Zuschauers. Er darf sich nicht zu weit von der nüchternen Beschreibung entfernen, aber er muß durch seine Nähe und seine Beziehung zum Ereignis jenen Akzent setzen, ohne den der Zuschauer den Bericht nur als Bilder eines fremden, fernen Vorgangs empfindet.

Dazu gehört Kenntnis, ja wegen des Zeitdrucks auch routiniertes Können, in glücklichen Fällen vielleicht die Kunst des Reporters, das richtige Verhältnis von Distanz und Nähe intuitiv zu finden, die Mischung von persönlichem Engagement oder auch Mitbetroffenheit und andererseits Sachlichkeit. Er muß durch seine Person etwas von der Befindlichkeit der Menschen und von den Zusammenhängen der Entwicklung über den Schirm näher heranbringen; es geht also um mehr oder um anderes als nur Beschreibung, Dokumentation oder Analyse.

Es geht auch nicht um die großen Politikerinterviews, die den Korrespondenten und den Sender schmücken, aber selten Neuigkeiten produzieren und im günstigsten Fall dazu dienen, die Konzeption des Interviewten umfassender dargelegt zu bekommen. Viel wichtiger ist die tägliche Arbeit, Bilder, Formen und Strukturen zu finden, mit denen man bei den Menschen im eigenen Lande Verständnis wecken kann für jenes Geflecht von Kultur, Lebensart, Vorstellungswelt, aus dem im anderen Lande Politik hervorgeht. Er muß das Normale des Lebens zeigen, und er muß diese Normalität interessant und verständlich machen können. Das vielleicht ist die eigentliche Kunst der Korrespondenten, dem Zuschauer zu Hause auch die Normalität des Lebens in einem anderen Lande interessant zu machen, und zwar nicht mit irgendwelchen Knüllern, knalligen Schlagzeilen,

Schreckensmeldungen oder furchtbaren Bildern, die die Zuschauer letztlich nur abschrecken, ihnen zum Schauder, aber nicht zum Verständnis helfen. Er muß schockierende Bilder einsetzen, wenn sie eine wichtige Situation beleuchten, aber er darf sie nicht um ihrer selbst willen oder des kurzfristigen persönlichen Erfolges willen verwenden.

Die gelungene Fernsehreportage ist immer eine ganz persönliche Leistung, eine direkte und menschliche Ansprache an den Partner, den Zuschauer. Das scheint mir besonders wichtig in dieser Zeit, in der immer neue technische Möglichkeiten das Medium Fernsehen in der Ereignisberichterstattung schneller und scheinbar direkter, aber auch kälter und technischer werden lassen und einen Zuschauer schaffen, der zum perfekten Voyeur der unbewältigten Wirklichkeit des Augenblicks wird. Die enormen technischen Möglichkeiten scheinen den Zuschauer in ein laufendes Ereignis hereinzuholen, aber er erlebt wie im Cyberspace nur virtuelle Wirklichkeit. Oder es gibt, am anderen Ende des Spektrums, jene technisch simplen Sendungen, die auf »Human Interest« getrimmt sind, auf dem niedrigsten gemeinsamen Nenner menschlicher Neugier oder Empfindung – die endlosen Talkshows, Kreuzung aus Gerede und Schau, in denen Menschen scheinbar ganz offen und direkt über ihre Probleme erzählen und in Wirklichkeit doch wie im Aquarium vorgeführt werden. Meistenteils ein ganz unmenschliches Gemenschle.

Natürlich gibt es kein Monopol für wirkliche Menschlichkeit, schon gar nicht in der Reportage. Der Reporter kann da keine Rücksicht nehmen. Hehre Aufgaben wie die Verständigung zwischen Völkern oder sozialen Gruppen können nicht zum Kodex für seine Arbeit gemacht werden. Sie sind vielleicht die Folge, die Auswirkung anständiger professioneller Arbeit. Natürlich muß der Reporter sich seiner Verantwortung bewußt sein, aber das heißt: Verständlich machen, zur Verständigung beitragen, und das setzt voraus, daß der Reporter oder Korrespondent die Hintergründe und Zusammenhänge eines Ereignisses in den Blick des Zuschauers bringt – nicht moralische Urteile vorträgt, wie populär und quotenträchtig sie aufgrund anerkannter politischer Korrektheit auch sein mögen. Der kühle journalistische Sachverstand muß alleiniger Maßstab sein.

Daß er eine Überzeugung hat und für sie entschlossen eintritt, wenn seine Meinung gefragt wird, ist selbstverständlich. Aber er wird unter Menschen verschiedenster Herkunft, ja aus unterschiedlichen Zivilisationen begreifen, daß auch sie ihre Überzeugungen und vielleicht eine etwas andere Logik haben, die zu verstehen nötig und nützlich ist. Eine gewisse Bescheidenheit ist da oft am Platz.

Das Wichtigste aber bleibt die gute Vorbereitung, die sich nicht nur auf neueste Agenturberichte oder die Artikel der besseren Zeitungen und Zeitschriften aus letzter Zeit stützt, sondern auch auf Hintergrundanalysen, Bücher zu Kultur und Geschichte. Die Neugier, das beste Handwerkszeug von Reportern und Korrespondenten, darf sich nicht nur auf das Ereignis selbst richten, sondern muß zurückgehen auch zu Quellen, die aktuell scheinbar nicht verwertbar sind und doch notwendig zum Verständnis der Situation. Das erst erlaubt es, jene Bilder zu finden oder auszuwählen, die kurz, fast aphoristisch manchmal mehr herausholen können als lange Leitartikel, weil Umstände oder Körpersprache, vom Bild gesetzte Zeichen durch ein paar Bemerkungen des Reporters eingeordnet den Zuschauer mitnehmen und an die Bedeutung des Ereignisses heranführen.

Das klingt alles sehr abstrakt. Aber es gibt keine Abkürzungswege, keine Tips und Tricks, die sich in ein paar Zeilen weitergeben ließen. Ob in Rußland oder Amerika, in China oder Afrika – der Korrespondent ist in jedem Lande vor andere Probleme gestellt, trifft auf andere Umgangsformen und Denkgewohnheiten, und er muß schließlich aufgrund der Erfahrung entscheiden, die er in der Praxis gesammelt hat.

Wie kommt man an Informationen oder an ein wichtiges Interview – da gelten in jedem Land andere Spielregeln der Kontaktanbahnung. Wie läßt sich in einem Lande ein kritischer Bericht formulieren, ohne daß er nationale Gefühle unnötig verletzt, aber die Information für den Zuschauer in Deutschland verständlich bleibt und die weitere Arbeitsmöglichkeit erhalten? Das ist in jedem Lande anders und manchmal nur die Frage der

Wortwahl, des Vermeidens von Reizworten. Wie weit darf man, muß man in einer Bürgerkriegssituation an den Ort der Kampfhandlung heran? So weit, daß man aus der Situation auch wieder herauskommt, denn sonst sind die besten Aufnahmen verloren und das Team vielleicht auch. Das ist und bleibt Sache der Erfahrung und persönlichen Entscheidung. Und da ein Korrespondent nicht im luftleeren Raum arbeitet, muß er sich in vielen Ländern um Dinge kümmern, ohne die ein Studio nicht funktionieren, ein Dreh nicht vorbereitet werden kann, oft um Aufgaben, die in den Mutterhäusern eine geübte Produktion regeln würde. Auch da gelten vor Ort oft andere, wechselnde Spielregeln, die man lernen und schließlich auch noch den Kollegen der heimatlichen Verwaltung erklären sollte.

Neugier und gesunde Füße führen an die Schauplätze. Selbstgesammelte Erfahrung, die auch eine schnelle Beurteilung erlaubt, bleibt die Voraussetzung dafür, daß Korrespondenten oder Reporter das Bindeglied zwischen dem Zuschauer und dem Ereignis sein können, ohne daß die aufregendsten Bilder am Zuschauer vorbeiflimmern, Unverständnis oder gar Abscheu, vielleicht auch Langeweile produzieren. Wenn alles gutgeht, dann haben Reporter und Korrespondenten schließlich einen Bericht geliefert, der die Bilder der Wirklichkeit den Menschen näherbringen, erfühlbarer und verständlicher macht. Dann wird auch ein Land, das anscheinend keiner versteht, doch noch verständlicher werden. Mehr läßt sich nicht erreichen, aber auch das kann schon viel sein.

234

© Carmen Sauerbrei

Nina Ruge studierte zunächst Deutsch und Biologie für das Lehramt und wurde Studienrätin an einem Gymnasium in Wolfsburg. 1987 hängte sie diesen Beruf an den Nagel, denn sie hatte angefangen, Hörfunkbeiträge für den NDR in Braunschweig zu schreiben und außerdem ihre Leidenschaft für den Spielfilm entdeckt. Also ging sie nach Berlin und arbeitete sich bei etlichen Film- und Fernsehproduktionen von der Garderobiere über das Scriptgirl zur Regieassistentin hoch. 1988 startete RIAS sein TV-Programm in Berlin, und Nina Ruge war von Anfang an dabei, als Redakteurin und Autorin von Filmbeiträgen und als Moderatorin des Nachrichtenmagazins »Abendjournal«, später des »RIAS tv Frühstücksfernsehens«. 1989 wurde sie vom ZDF entdeckt und stieg als Co-Moderatorin im »heute journal« des ZDF ein. Parallel dazu moderierte sie eine Reihe anderer Programme für verschiedene Sender, darunter die 3sat-Talkshow »Sonntagsshow«. Als der RIAS im Zuge der deutschen Einheit »abgewickelt« wurde, übernahm sie Moderationen für den

Nina Ruge

Nachfolgesender Deutsche Welle tv, zuletzt die Hauptnachrichtensendung »Deutsche Welle tv-journal«. Im ZDF kam 1994 noch das Tiermagazin »tele zoo« hinzu, später das werktägliche Nachrichtenmagazin »heute Nacht«. Ihr Engagement bei der Deutschen Welle tv hat Nina Ruge aufgegeben, sie moderiert aber noch bei 3sat die sonntägliche politische Talkshow »neunzehnZehn« – im Wechsel mit Helmut Markwort und Gerd Ruge. Im Februar 1997 startete sie in München das tägliche Unterhaltungsjournal »Leute heute«.

Nina Ruge

Wie wär's mit heute Nacht?

Das Nachrichtenmagazin am
Rande der Nacht

Wenn unsere Sendung läuft, so gegen Mitternacht, die Regie
gerade einen Filmbeitrag gestartet hat und das Kamerarotlicht
aus ist – dann ertappe ich mich immer mal wieder bei dem kin-
dischen Gedanken: Wie gerne würde ich jetzt die Kamera als
Fernrohr benutzen, einfach einen Schalter umlegen, und flupp!
funktionierte sie umgekehrt – dann könnte ich mich heimlich,
still und leise als Bildschirmvoyeur in die Wohnungen halb Europas stehlen und eine der wegweisenden Fragen dieses Jahrhunderts beantworten: Was tun die Leute, wenn unser *heute Nacht*
über die Bildschirme flimmert?

Wahrscheinlich sorgt eine Art Medienschutzengel dafür, daß es
solch einen Kameraschalter niemals geben wird, denn der Frust
wäre gräßlich: Eine ältere Dame im Schwarzwald putzt sich
ungerührt die Zähne, die nächste, jünger und in Berlin, hat die
Nägel frisch lackiert und hält brav still vorm Fernsehschirm; aha,
vor diesem Zuschauer in Quickborn steht eine ganze Batterie
leerer Bierflaschen, der glasige Blick läßt zweifeln, ob er überhaupt noch schnallt, von welchem Programm er sich berieseln
läßt; die beiden da in Castrop-Rauxel haben Ehekrach, die kriegen gar nix mit – oha! diesem älteren Herrn in Neuruppin, dem
hat das Sandmännchen schon längst in andere Gefilde verhol-
fen, und das Pärchen dort, im Ferienappartement auf Gran Cana-
ria, das hat prophylaktisch schon mal den Ton abgedreht, weil
es andere, viel wichtigere Dinge gibt als die Katastrophen dieser Welt ... doch, siehe da! Jawohl: In einem Frankfurter Hotel,
da sitzt tatsächlich einer, sieht aus wie ein Geschäftsmann,

hochkonzentriert verfolgt er unsere Sendung, es entgeht ihm nichts – *das* ist er, unser Idealzuschauer, der will noch mal wissen, was los war heute, kurz und knackig, zu manchen Themen darf's dann auch etwas mehr sein ...

Dieser eine Zuschauer unserer nächtlichen Träume – *dieser* eine kann's natürlich nicht gewesen sein! Nein: Wie kriegen wir's hin, daß die nette Dame ihre Zahnbürste fallen läßt, daß der Blick nicht an den Nägeln, sondern am Bildschirm kleben bleibt – und sollte er glasig sein, daß zumindest die Ohren von »Durchzug« auf »Input« umschalten – wie unterbrechen wir wohlwollend den Ehekrach, wie wecken wir sanft den Greis aus seinen Träumen – das Pärchen reißen wir besser nicht raus aus seinem Glück –, haben wir *das* heute geschafft? Das ist die Meßlatte, die der kleine, versprengte Haufen *heute-Nacht*-Mitarbeiter nach jeder Sendung mit leicht verkniffenem Blick (oder hängen etwa die Lider??) anpeilt – und keiner kann sagen, ob wir sie überwunden oder gerissen haben. Weil's eben diesen verflixten Kameraschalter noch nicht gibt ...

Eine vage Ahnung jedoch, die überfällt uns natürlich nach jeder dieser Arbeitsnächte, wenn wir uns zu fünft oder sechst in unserem Winkel des riesigen, ansonsten schwer verwaisten News Room zusammenfinden: Gut! Die Opening-Bilder zur Einstimmung in die Sendung, die waren neu, die waren aufregend, da ist der Lady schon mal das Zahnputzglas aus der Hand gefallen. Und die Live-Schaltung nach New York, zu unserem unermüdlichen Korrespondenten Udo van Kampen, oijoijoi, die stand ja erst 30 Sekunden vor der Sendung – die war klasse. Wenn die geplatzt wäre, hätten wir den Alten in Neuruppin nicht wachgekriegt. Das Schwerpunktinterview: Na ja, die Bilder im Filmbericht ein bißchen schlapp, da werden weiter die Nägel gefeilt, aber der Studiogast, der war peppig. Der hat was rübergebracht – das lindert schon mal den Ehekrach.

Ein kleines Scharmützel gibt's vielleicht noch – im Halbdunkel des High-Tech-Raums unserer abendlichen Veranstaltung, beim Surren der Drucker und Computer – über die Zehntelsekunde, die dieser eine Film zu früh gestartet worden war (»besser flinker Finger als gar kein Finger« lautet der Kommentar), und dann ist auch über Bildschirmen und Computern Ruh' – der letzte macht das Licht aus, das Häufchen versprengter Gestalten merkt spätestens beim Nachtpförtner, was Sache ist:»Guten Morgen dann auch!« – der Feiermorgen ist da! Na ja, die Kneipen haben jetzt eh Schicht.

Der müde Blick zurück auf der Autobahn: Dabei war's wieder ganz und gar nicht ruhig heute, obwohl der Nachrichtentag eher mau gestartet war. Doch dann, kurz vor der Sendung, überraschend die Pressekonferenz in New York, Udo van Kampen wollte live in die Sendung Bilder überspielen und danach im Kurzinterview die ganze Sache bewerten, doch plötzlich Leitungsprobleme zwei Minuten vor dem Start, also husch, husch! die Alternativbilder für die Einstimmung in die Sendung aktivieren, ich texte schnell noch um und aktualisiere – Regie und Schlußredakteur (der Tageschef der Sendung) quatschen immer schön durcheinander über den Studiolautsprecher auf mich ein, so daß ich gar nix mehr verstehe, aber macht auch nix: Wir sind drauf, der Vorspann läuft, und ich höre klar verständlich:»Die Leitung steht«, knülle folglich meinen Alternativtext wieder zusammen und versuche, mich auf die erste Frage an Udo zu besinnen – die fällt mir dann auch tatsächlich wieder ein ... Wunderbar. Alles, wie es sein sollte. Und kein bißchen Hektik ist rübergekommen, die neuesten Infos hatten wir live.

Die Hospitantin, die heute zum ersten Mal im Studio war, um »Live-Atmosphäre« zu schnuppern, schluckt dann doch:»War ganz schön aufregend!!« – »Ach was«, klingt ziemlich herablassend, stimmt aber:»Das war noch gar nix. Du mußt mal richtig Hektik mitkriegen!«

Zum Beispiel, als der erste der sechs französischen Atombombentests gezündet wurde, mitten in unsere Sendung hinein. Klar hatten wir für den Fall der Fälle Filmberichte vorbereitet – und trotzdem: In solchen Situationen wird schon mal die Stimme des Schlußredakteurs etwas schrill, und der Regisseur klingt dann auch ziemlich anders als sonst ...

Ganz eigenartig: In Streßsituationen bin ich eher ein »Antityp«. Je mehr Streß, desto ruhiger werde ich. Ungelogen: Ich liebe diesen Prickel, wenn's plötzlich durch den Studiolautsprecher schnarrt: »Achtung, die Positionen (das sind Filmberichte oder Moderationstexte) mit den Nummern sieben, acht und neun entfallen, wir haben den Korrespondenten XY in der Leitung, zum Flugzeugabsturz/Bombenanschlag/Einigung im YZ-Streit.« Wenn plötzlich kollektiv der Adrenalinspiegel steigt, wenn vom Aufnahmeleiter bis zum Bildingenieur alle rote Ohren kriegen, und Nachrichtenroutine in professionelle Spontaneität umschlägt. Nur selten habe ich in solchen Situationen Zeit, mir irgendwelche Texte oder auch nur Stichworte zurechtzulegen. Meist drückt mir ein völlig abgehetzter Student eine Agenturmeldung in die Hand, die dann auch in schönsten Agenturdeutsch-Schachtelsätzen formuliert ist und natürlich ad hoc in verständliche Sprache übersetzt, von Überflüssigem befreit und in einen schlüssigen Gedankengang geschnürt werden muß – während Regie, Schlußredakteur, Aufnahmeleiter und Korrespondent verzweifelt versuchen, sich untereinander und mit mir zu verständigen. Wenn wir Glück haben, herrscht dann, wenn das Kamerarotlicht aufleuchtet, plötzlich Ruhe.

Wie gesagt, dagegen war der Tag heute richtig relaxed ...

Es ist wohl kaum zu übersehen: Das allererste »Erfolgsgeheimnis« der Fernsehmoderatorin Nina Ruge ist ihr Team. Das muß ein bißchen wie bei Trapezartisten in der Manege funktionieren: Ich starte in die Sendung, springe mit einem Textsalto in den Nachrichtentag – und siehe da, es packen mich auf die Zehntelsekunde genau die Hände von Technik und Redaktion: Die Schalte zum Kollegen steht – und die Bilder vom Durchbruch in den Verhandlungen XYZ hat der Schlußredakteur auch noch an Land gezogen ...

Natürlich fehlt auch mal eine der Hände. Natürlich klappt's auch mal nicht – was nicht nur die Dame im Schwarzwald meistens viel spannender findet als die Sache, um die es gehen sollte ...

Dann kommt Erfolgsgeheimnis Nummer zwei zum Zug: Ich habe keine Angst vor Pannen, keine Angst vor Unwägbarkeiten. Keine Angst *mehr* – denn Moderieren ist ja erst mal ein Handwerk. Genauso wie's beim Stricken oder beim Autoreparieren früher oder später keine Schweißperlen mehr gibt auf der Stirn – die Erfahrung hat ja gezeigt: Jede verlorene Masche läßt sich einfangen, jede falsche Schraubung läßt sich aufspüren. Genauso ist das nach acht Jahren fast täglich Moderieren: Was kann mir schon passieren? Ein Film kommt nicht, eine Leitung bricht zusammen, ich verspreche mich mal – na und? Da bricht doch die Welt nicht zusammen, und ich schon gar nicht! Mich turnen solche Pannen eher an – dem Zuschauer rüberbringen: Irren ist menschlich, und keine Technik ist perfekt. Keine Sorge: The show goes on – *das* ist eine nette Chance, den Menschen in Quickborn, im Schwarzwald und auf den Kanaren mal ganz spontan durchblitzen zu lassen: Diese Sendung wird von Menschen gemacht – und zwar von ganz normalen!

Das mit dem »Blitzen« war dann in einem sommerlichen *heute journal* durchaus wörtlich gemeint: Mitten in meinem Nachrichtenpart schlug nämlich ein solcher ein, im Sendebetriebsgebäude, wie unser Studiorundbau wildromantisch und liebevoll bezeichnet wird. Diese Idylle wagte also eine gigaelektromagnetische Entladung zu zerreißen – mit durchschlagendem Erfolg: Es gab einen Riesenknall – im nachhinein gestand mir Wolf von Lojewski, daß auch er zunächst an eine Bombe gedacht hatte –, und es ward Dunkelheit. Auf meinem Monitor konnte ich erkennen, daß dort, wo sonst die hübschen Politikerköpfe, Karten oder Symbole zwecks Unterstreichung des Nachrichtengehalts erschienen, nur noch wild-violettes Geflacker zu sehen war – und sonst nichts. Aber vielleicht funktionierte ja noch die Tonübertragung?! Also las ich einfach weiter, als die Notbeleuchtung einsprang – nicht ohne vorher dem Zuschauer »rüberblitzen« zu lassen, daß ich keinen blassen Schimmer hatte, was los war – und daß ich leider auch nicht wußte, ob er oder sie mich überhaupt hören konnte. Und als ich den ganzen Nachrichtenschwall – inklusive Nachrichten-Filmtexten ohne Filmbilder, wie gräßlich! – verlesen hatte, das Notaggregat mühsam die Scheinwerfer ans Glühen und Wolf von Lojewski die Sendung zu einem wunderbar-ironischen Ende gebracht hatte, war klar: Sie *konnten* zuhören, die werten Zuschauer.

Wovor also Angst haben? Abstürzen kann ich nur, wenn der Stuhl unter mir zusammenbricht. Und ich habe keinen Stuhl – ich stehe beim Moderieren.

Also: Ein Profiteam, keine Angst – das ist natürlich in puncto Erfolgsgeheimnis noch ein bißchen dünn, da muß ich dann doch noch was drauflegen. Inhaltliches zum Beispiel: *Was* sind die Themen der Nacht – und vor allem: *Wie* bringe ich sie optimal »rüber«?

Aber vorher vielleicht noch die profanen, klitzekleinen Humuspartikel für den Erfolg: Mein Arbeitstag beginnt natürlich nur offiziell um 16.00 Uhr in der Redaktion – vorher muß die pflichtbewußte Redakteurin und Moderatorin erstens ordentlich ausgeschlafen sein, wegen Falten und Quellblick; zweitens etwas Sport getrieben haben, wegen Ausgeglichenheit und folglich freundlichem Redaktionsklima. Drittens sollte sie alle sonstigen wesentlichen Dinge des Alltags erledigt haben, wie Fernsehblazer aus der Reinigung geholt, Emser Pastillen für die Stimme, Obst für's nächtliche Magengebrüll und Faxpapier für die Kommunikationsfähigkeit besorgt haben. Und viertens muß sie schlicht sämtliche wichtigen Zeitungen gelesen, Radio gehört haben und überhaupt auf dem aktuellen Stand sein.

Üblicherweise ärgere ich mich erst mal heftig, wenn ich in die Redaktion komme, nämlich darüber, daß ich schon wieder den Hammer vergessen habe, mit dem ich bestimmt schon seit sieben Jahren die Fenster einschlagen will – um endlich die Klimaanlage aus- und die Fenster aufmachen zu können ...

Dann freue ich mich ebenso regelmäßig auf die kleine, feine Redaktionsmannschaft: vier Jungs, zwei Frauen, alle vom Typ jung, dynamisch, unkompliziert, die Stimmung mit deutlichem Wohngemeinschaftstouch (hat einer unserer Lieblingskorrespondenten, *Theo Koll*, beim ersten Redaktionsbesuch gesagt). Wobei die Redaktionskonferenz um 16.00 Uhr dann eher weniger mit den üblichen WG-Spülplantreffen gemein hat. Meistens hat die »Frühschicht«, die Tagesredakteure, schon Nägel mit Köpfen gemacht, das heißt: Der Schlußredakteur hat bereits eine ziemlich genaue Vorstellung davon, was nachts über den Äther gehen soll.

Und diese Vorstellung hat wiederum sehr viel mit besagter älterer Dame aus dem Schwarzwald, der Lady aus Berlin oder auch dem Schluckspecht aus Quickborn zu tun: Nehmen wir an, die Damen und Herren haben bereits das *heute journal* um 21.45 Uhr gesehen – und wir erzählen denen in unserem kleinen Appetizer exakt im Anschluß daran, um 22.15 Uhr, daß sie bei uns eineinhalb Stunden später genau dasselbe serviert bekommen ... Wie werden diese heiß umworbenen Zuschauer dann wohl reagieren? Zähneputzen, glasklar. Also muß die »WG«-Redaktion das sein, was dieser hübsche Spitzname nahelegt: nämlich »alternativ«. Die Mädels und Jungs müssen sie jagen und erlegen, Tag für Tag, die eierlegende Wollmilchsau des Nachtnachrichten-Magazins: Die wichtigen Themen des Tages müssen drin sein – aber noch mehr. Nämlich das, was das *heute journal* nicht gebracht hat, das, was trotzdem, wie wir sagen »am Tag« noch wichtig war – und das, was Lady X zu nachtschlafender Zeit vielleicht von ihren Fingernägeln ablenken könnte. Die schlimmen EHEC-Bakterien vielleicht, die in Japan Tausende umhauen, acht Menschen umgebracht haben und bei uns vor allem bayerische Rinderställe verseuchen? Oder die Frage, ob die Gewerkschaften zum ersten Mal in der bundesdeutschen Geschichte tatsächlich den SSV, den Schnäppchen-Schlußverkauf, bestreiken wollen?

Ja, und wenn dann die ganze Redaktions-WG zu dem Schluß gekommen ist: *Das* könnte olle Hermann aus Neuruppin dann doch noch wachrütteln, wenn also unser tägliches Schwerpunktthema geboren ist, dann lege ich los: Material suchen, einlesen (was heißt eigentlich EHEC??), mit dem Autor des Filmberichts reden – was macht er, was frage ich? – Fragenkatalog entwerfen (immer im Hinterkopf: Wecke ich damit Hermann auf?), Vorgespräch mit dem Studiogast führen, wenn's sinnvoll ist.

Bei Politikern ist das manchmal gar nicht sinnvoll. Denen würde ich wertvolle Munition liefern, wenn ich sie vorher meine Fragen wissen ließe. Nein: Schließlich habe ich nur die nüchternen »dreidreißig« für mein Interview, also läppische drei Minuten und dreißig Sekunden. Und in dieser Zeit will ich Hermann aufwecken. Das heißt, ich will was Handfestes aus diesem Politiker rauskitzeln. Da lautet die erste Moderatorenpflicht: Rein in den Redeschwall! Denn die einfachste und damit häufigste Politikertaktik ist so plump wie erfolgreich: Zeit totquatschen. Zwei Antworten, schön ausgelabert, und die Zeit ist rum, die heiklen Punkte bleiben außen vor. Also: rangehen! Und nehmen's mir auch manche Zuschauer als »unhöflich« übel: Die erste Minute geht nicht an den Politiker! Zumindest nicht, wenn er nichts zur Sache sagen will.

Aber wir sind ja noch beim Vorgespräch. In die gleiche Tüte wie die Politiker gehören Verbandschefs. Die sind im Normalfall rhetorisch perfekt geschult, vertreten ihre Klientel, bis daß der Tod sie scheidet, und lassen sich nur durch ihre Schwiegermutter oder massiv wahrnehmbare Interviewleuchtfeuer bremsen (»Hier *muß* ich Sie unterbrechen, Herr Einzelhandel«). Von solchen Gästen brauche ich im Vorfeld nur die grobe Position zu erfahren, der Rest ist netter Grabenkampf, das läuft von selbst. Grabenkampf? Ein bißchen schon. Denn schließlich verstehe ich mich als Vertreterin von Hermann. Und von Lady X aus Berlin. Und der netten älteren Dame aus dem Schwarzwald. Und die wollen Klartext hören. *Den* allerdings wollen die Damen und Herren aus Politik, Wirtschaft und Verbänden oftmals nicht freiwillig herauslassen. Durch interviewtechnischen Druck lassen sich Profis meist ebenfalls nicht dazu verführen. Doch Hermann wird in diesem Falle wenigstens klar: Der will nix sagen, der lenkt ab. Und das ist ja immerhin auch eine Erkenntnis.

Anders verhält es sich mit den Vorgesprächen bei Laien und Halblaien. Da muß ich erst mal erspüren: Wie medienerfahren ist dieser Herr Prof. EHEC? Sollte er's nicht sein, dann zeig' ich ihm ganz nett: Ich will dich nicht fressen, das ZDF will dich nicht fressen, und die Zuschauer erst recht nicht. Wir wollen nur in ziemlich kurzer Zeit ziemlich viel von dir wissen. Mehr nicht – und leider auch nicht weniger. Und sollte dieser Prof. Dr. EHEC wenig medienerfahren sein, dann spreche ich mit ihm die Fragen ganz genau vorher durch. Damit er keinen Schreck kriegt in dieser seltsamen »Schaltsituation« – und sich ein bißchen vorbereiten kann. Sollte er allerdings von irgendwelchen schön ausformulierten Spickzetteln ablesen wollen, gibt's eins auf die Finger: Live ist live, auch wenn das Gespräch aufgezeichnet ist, da beißt die Maus keinen Faden ab, das ist wie früher in der Schule: Spicken gilt nicht!

Da sind wir also beim Schaltgespräch. Das oft vorher aufgezeichnet ist. Und zwar keineswegs, weil wir noch irgendwie an diesen Gesprächen herummanipulieren wollen, wie uns manchmal unterstellt wird, sondern in erster Linie, weil wir dem Gebührenzahler Geld sparen wollen. Würden wir nämlich Nacht für Nacht ein Studio in diesen unseren deutschen Landen bis zur Live-Zeit um Mitternacht »angeheizt« lassen, wie wir so freundlich energiepolitisch formulieren, wäre das sündhaft teuer: Jede Nacht eine komplette Studiomannschaft bis Mitternacht bezahlen? Überstunden, Nachtzuschlag? Na, danke. Liegen aktuelle Kniffelereignisse an, dann ist das natürlich keine Frage, dann ist der Korrespondent vor Ort oder eben im entsprechenden Studio. Der Korrespondent. Aber nicht unbedingt der heiß begehrte Studiogast. Der hat nämlich üblicherweise zu nachtschlafender Zeit etwas Besseres vor, als sich in einem Studio herumzutreiben und dann noch die – vielleicht lange – Heimreise anzutreten mit Zügen, die obendrein gar nicht mehr fahren. Nein, das Aufzeichnen der Schwerpunktgespräche ist ein Muß. Meistens geschieht das zwischen 19.30 und 21.00 Uhr.

Aber vorher muß neben Einlesen, Fragenkatalog und Vorgespräch noch etwas Wichtiges laufen: die Maske. Jawohl. In meinem Fall ist das meist eine »Mehrkanalmaske«. Während sich die diensthabende Künstlerin hingebungsvoll Haaren, Grundierung und Make-up widmet, klingelt mindestens fünfmal das Telefon – der Korrespondent zum Beispiel, der mir sagen will, wie er seinen Filmbericht aufbaut und vor allem beendet, damit ich weiß, wie ich das anschließende Interview beginne. Was vor allem dann ein sehr einseitiges Gespräch ist, wenn die Maskenbildnerin gerade den Lippenstift aufträgt. Und parallel will ich natürlich um 19.00 Uhr die *heute*-Sendung sehen, terrorisiere die anderen Anwesenden, indem ich die »Macht«, d.h. die Fernbedienung, an mich reiße, sie um nichts in der Welt mehr rausrücke und immer dann, wenn die anderen zu laut quatschen, den Ton gnadenlos aufdrehe ...

Gibt's hier in der Maske ein Erfolgsgeheimnis zu lüften? Also, zickig bin ich – glaube ich jedenfalls – nicht. Die Tour »an meine Haut lasse ich nur Maskenfrau Gundel und Dior« ist nicht meine – und wäre auch einigermaßen sinnlos, denn das ZDF ist groß, und die Verwaltung ist mächtig. Rund dreißig Maskenbildnerinnen gibt's und folglich genauso viele Schminkhandschriften. Da krieg' ich durchaus jeden Abend eine andere verpaßt. Unser allabendlicher Kampf, der lautet: Gemeinsam gegen Dallas und Tizianrot! Dallas, das ist die bombenfest toupiert-gesprayte Kugelkopffrisur – verständlich, daß die Profis um 18.30 Uhr mein weiches Seidenhaar (böse Zungen sprechen von Schlaffhaar) so betonieren wollen, daß es um Mitternacht noch steht ... No way!

Und Tizianrot, das ist das bunte Spiel der Technik mit der Maskenkunst – und meiner Lippenoberfläche (die nämlich ziemlich groß ist): Wenn die freundlichen Schreiber von der *Frankfurter Rundschau* zum Beispiel (»Nina Ruges knallrot überschminkter Mund«) *einmal* erleben würden, wie einem heute ein sanftbräunlicher Lippenstift signalrot auf dem Bildschirm entgegenflimmert und morgen derselbe Lippenstift das Erscheinungsbild einer Grippekranken zaubert, der weiß über die tiefe Problematik des Tizianrot Bescheid ...

Und wer einmal miterlebt hat, wie es der Maskenbildnerin kurz vor der Sendung gelingt, trotz Action im Studio das um 18.30 Uhr begonnene Werk kunstvoll zu vollenden (wenn nötig mit Bänkchen, um an die entscheidenden, sich ständig zu irgendwelchen Sprechanlagen wegdrehenden Teile ranzukommen) – der wird seinen Griffel für die »Make-up-Artistinnen« ausschließlich zu Lobeshymnen spitzen!

Da gibt es im übrigen etliche spitze Griffel wegen meiner – um Nuancen! – weiblicheren Optik oder Ausstrahlung als im Nachrichtengeschäft gewohnt. Dazu möchte ich nur eines sagen: *heute Nacht* ist keine der üblichen Nachrichtensendungen, sondern ein Nachrichtenmagazin. Und in einem Magazin darf der Moderator Mensch sein, zumindest ein kleines bißchen. Wolf von Lojewski ist ein ironisch-philosophischer Moderator-Mann, und ich bin eine moderne Moderator-Frau. Wo, bitte, ist der Klassenunterschied? Die unterhalb der Gürtellinie plazierten Angriffe auf meine Person (»ZDF-Blondinenwitz«), die pack' ich in die Abteilung »Keine Experimente«. Wer also meint, die Nachricht an und für sich sei nüchtern. Und nüchtern sei männlich. Und Männer hätten somit die Wahrheit gepachtet – auch wenn sie sie gar nicht männlich verkaufen –, dem rate ich: Wechseln Sie zum Privatfernsehen! Da finden Sie kaum eine Frau im Nachrichtengeschäft. Die Sender sind aus Quotenangst wirklich so drauf: keine Experimente. Da lob ich mir die Öffentlich-Rechtlichen. Die haben (in dieser Hinsicht!) Mut. Und Erfolg.

So weit, so bunt.

Jetzt kommt also das Schaltgespräch. Gibt's da ein Geheimnis, vielleicht sogar eines des Erfolgs? Also, das wäre wohl etwas vermessen, die nüchterne Atmosphäre bei Schaltgesprächen mit Geheimnisvollem umwabern zu wollen. Von erheblichem Wert für das Gelingen eines solchen ist allerdings, dafür zu sorgen, daß der Gast – beispielsweise – im Studio Hamburg nichts von dem Geläster im Studio Mainz über die Farbe seiner Krawatte, Nase oder die abwesende Fülle seiner Haarpracht mitkriegt. Ich versuche auch grundsätzlich, ein bißchen früher als nötig im Studio zu sein, um den Gast noch »warmquatschen« zu können. Stellen Sie sich mal vor, *Sie* säßen in einem Fernsehstudio, vielleicht sogar zum ersten Mal, umgeben von eher mäßig interessierten Technikern, und sollten dann auf Knopfdruck, sprich bei Rotlicht, schlaue und schlagfertige Dinge von sich geben – ohne daß sie die fragende Journalistin sehen, Sie hören sie nur (im schlimmsten Falle aus dem schnarrenden Knopf im Ohr) –, antworten sollen Sie dann mit freundlichem Blick in das schwarze Loch, das Kamera heißt, und das möglichst überzeugend, bitte! Höchste Anforderung für den Laien – und auch Profis lieben sie selten, diese superanonyme Situation. Also versuche ich, *vor* dem Gespräch – so gut es der technische Draht zuläßt – zumindest ein bißchen persönliche Atmosphäre aufzubauen.

Übrigens: Aufgezeichnet werden diese Interviews in einer ganz anderen Ecke des ZDF-Studios als die mitternächtliche Live-Sendung – vor der Blue box. Das heißt, die gesamte nächtliche Lichtstimmung samt Fensterfront wird durch einen elektronischen Trick auf eine blaue Wand hinter mir gebeamt. Was zur Folge hat, daß die Farbe »Blue-box-blau« für mich gestorben ist. Hätte ich die auch nur in einem klitzekleinen Karo auf dem

Blazer, dann fände sich dort auch die hübsche Studiodekoration wieder ...

Wenn es dann eingespielt wird, in der Live-Sendung, das Drei-dreißig-Interview, dann merke ich im übrigen durchaus mal, daß ich um 20.00 Uhr noch einen Hauch frischer war als später, um Mitternacht ...

Übrigens: Wer sich fragt, warum ich nicht frank und frei nach jedem Interview sage: »Dieses Gespräch haben wir am Abend voraufgezeichnet« – den frage ich zurück: Möchten Sie das hören, so gut wie jeden Abend? Oder wären Sie nicht an Wichtigerem interessiert?

So. Jetzt ist das Schreiben des Moderationstexts dran. Überflüssig zu sagen, daß ich in der Sendung kein Wort sage, das ich nicht selbst geschrieben habe. Gibt's da ein Erfolgsgeheimnis? Ich glaube, eine Besonderheit gibt es schon: Ich versuche, »ich« zu bleiben. Keine Rolle zu spielen, schlichtweg Moderatorin zu sein. Und moderieren heißt nunmal »vermitteln«. Nicht ich bin wichtig, sondern die Sache, um die es geht. Da fangen jetzt die ersten an zu fauchen und zu zischen – »die Ruge« ist ja gerade eine von denen, die sich am meisten in den Vordergrund spielen!! Ich sage: Tu ich nicht. Was ich tue ist, meine Aufgabe zu erfüllen. Und die lautet erst mal: Aufmerksamkeit wecken für das, was passiert ist. Und Hilfen zu geben, das zu verstehen. Da ich der Meinung bin, nur ein authentischer Moderator ist ein guter Moderator, tu ich beides – auf meine Art. Und meine Art heißt: Ich hasse Klischees, ich hasse Worthülsen, und ich lebe in den Neunzigern. Noch dazu bin ich von der Überzeugung beseelt, daß es ziemlich viele Menschen gibt, denen es ähnlich geht.

Was ich in meinen Texten versuche, ist also ziemlich naheliegend: Ich spreche die Sprache der Neunziger (trendy Schnickschnack lasse ich raus), und ich versuche, die Aufmerksamkeit der späten Stunde auf uns zu lenken, auf *heute Nacht*. Hermann, Lady X, das Frollein aus Berlin, der Geschäftsmann in Frankfurt: Sie alle sollen Lust haben zuzuhören, den nächsten Film, das Interview zu sehen – und das geht nicht mit vollständigen Hauptsätzen in Nachrichten-Manier (was? wann? wo? wie?). Das geht anders. Für mich zumindest und »unsere« Zuschauer, die Zuschauer von *heute Nacht*: Da scheitert das neue Telekommunikationsgesetz im Bundesrat: »Da war er baff, unser Bundespostminister.« Da darf *Lockheed Martin* den neuen NASA-Shuttle bauen: »Neider würden sagen: Der Teufel macht immer auf den größten Haufen.« Oder die Deutsche Bahn stellt ihr »Projekt Bahn 21« vor: »Deutschland, deine Bahnhöfe – leider meistens kein Grund, schöne, sondern schmutzige Lieder abzusingen.« Sie sehen: Keine großen Würfe, diese – zufällig rausgegriffenen Texte –, aber etwas anders.

Und dieses Etwas reicht aus, ordentlich zu polarisieren. Hätte ich vorher auch nicht gedacht. Doch das Nachrichtengut – vor allem in Deutschland – ist ein heilig Gut. Wer daran rüttelt – oho! Und wenn's dann noch eine Frau ist, die rüttelt, dann erheben sich die Stimmen. Die mahnenden, die vernichtenden – und die richtig positiven. Na ja, über allzu sorgfältige oder vielleicht sogar detaillierte Rückmeldung bezüglich meiner Moderation brauche ich mich trotzdem nicht zu beklagen; die meisten Meckerer entladen sich eh mit Sprüchen über Haarfarbe, Lippenstift, »Stimmodulation« oder »Augenbrauen-Wandern«.

Also wandern wir fort, im Nachrichtentag bei *heute Nacht*. Unterbrochen in meinen Dichtkunst-Versuchen, den modernen Menschen der Neunziger jedweden Alters zu erreichen, werde ich in schöner Regelmäßigkeit so circa um 21.30 Uhr – den *heute-Nacht*-Trailer für den Schluß des *heute journals* sprechen – und eine Stunde vor der Sendung: Ankündigung dessen, was wir im Programm haben, als kleinen Extra-Trailer und Appetizer (in 30 Sekunden alles drin – höchste Anforderungen an die Moderations-Textkunst!).

Dann also die Live-Sendung. Das meiste dazu wissen Sie schon, nur nicht das Allerwichtigste: die Quote! Die zu pushen, das ist das letzte und leider nie zuverlässig gelüftete Erfolgsgeheimnis. Wir von *heute Nacht* ahnen zumindest, was uns Quote beschert und was uns Quote klaut:

Das wichtigste – und leider am wenigsten von uns zu steuernde: die feste Sendezeit. Beglückt uns der Sender – sagen wir mal zwei Wochen lang – mit einigermaßen gleichmäßigen Zeiten, so zwischen Viertel vor zwölf und Mitternacht, dann ist alles gut. 800 000 bis 1,2 Millionen Zuschauer zu dieser nächtlichen Stunde – wunderbar. Noch vor zwei Jahren waren's viel weniger Menschen, die so spät noch Nachrichten fischen gingen. Die Gewohnheiten ändern sich. Angebot schafft Nachfrage. Wer spät nach Hause kommt, wartet nicht bis zum nächsten Morgen, um sich zu informieren – der schaut noch mal bei uns rein (oder – fairerweise – beim RTL-Nachtjournal). Doch wenn's beim ZDF mal wieder heißt: Sondersendung um Viertel nach zehn, im Programm nicht ausgedruckt, dann rutscht *heute Nacht* gnadenlos nach hinten – ohne Hinweis, einfach so, auf halb eins. Dann kann uns niemand helfen. Dann stürzt die Quote gnadenlos.

So. Das sind also die Erfolgsgeheimnisse der Nachrichtensendung am Rande der Nacht. Das wichtigste kennen Sie jetzt: die Quote. Schalten Sie ein!

Und später dann: ... träumen Sie gut!

Max Schautzer wurde 1940 in Klagenfurt geboren. Nach Abitur und Grundwehrdienst (Max Schautzer ist Reserveoffizier des österreichischen Bundesheeres) studierte er zunächst Wirtschaftswissenschaften und besuchte anschließend die Schauspielschule in Wien. Seit 1965 ist er Moderator, Sprecher und Autor für Hörfunk und Fernsehen in Deutschland, Österreich, der Schweiz und Luxemburg. Von 1971 bis 1975 war er Mitarbeiter der ARD-Sportschau und berichtete u. a. von den Olympischen Spielen 1972 in München. Von 1980 bis 1983 leitete Max Schautzer das RTL-Studio Düsseldorf (Hörfunk) und hatte die Position des Geschäftsführers von BTS/RTL inne. Seit 1989 ist er Geschäftsführer der »M. S. Showtime« TV-Produktionsgesellschaft in Köln. Während seiner Fernsehlaufbahn hat er unzählige Shows und Galas moderiert, darunter den »Grand Prix Eurovision«, »Ein Platz an der Sonne«, »Allein gegen alle«, »Die Goldene Eins« »Pleiten, Pech & Pannen« (Idee und Konzeption), »Alles oder nichts« u. v. a. Max Schautzer ist verheiratet und lebt in Köln.

Max Schautzer

Max Schautzer

Moderieren vor großem Publikum

Schlüsselerlebnis

Dortmunder Westfalenhalle, 30. Oktober 1976. Etwa 8000 wütende Besucher protestieren und toben. Sie pfeifen und schreien. Auf der Bühne ein Moderator, der sie zu beruhigen sucht. Was war passiert? Drei Tage fand in Dortmund das Internationale Jazzfestival »Jazz live« statt. Ein Jazzereignis, das seinen hochgesteckten Zielen mit einem erstklassigen Programm voll gerecht wurde. Man wollte in Live-Acts »das Jazzleben in seiner ganzen Vielfalt widerspiegeln«. Von den Großen des Blues – allen voran Muddy Waters – über die modernen Klangzauberer wie Gil Evans oder Anthony Braxton bis zur populären Musik George Gershwins. Das stets kritische, aber begeisterungsfähige Publikum nahm das Angebot dankbar an. Bis auf den für mich denkwürdigen Augenblick. Es war ein Stahlbad und die größte Bewährungsprobe, der ich mich als Live-Moderator stellen mußte.
Ich war damals nicht nur Moderator sämtlicher Konzerte dieses Jazzfestivals. Das ZDF verpflichtete mich zusätzlich für die Moderation einer Gershwin-Gala im Rahmen der Sendereihe »Jazz live«. Am Samstagabend waren zwei Konzerte im Programm. Um 19.00 Uhr spielten Gil Evans mit seinem Orchester, Roland Kirk, das Elvin Jones Quartett, Albert Mangelsdorff und die Alphonse Mouzon Group. Im 23.05 Uhr mußte pünktlich die Fernsehübertragung »George Gershwin in Concert« beginnen. Um den nötigen Umbau durchzuführen, durfte das erste Konzert höchstens bis 22.00 Uhr dauern.

Es kam, wie es kommen mußte. Die Jazzer der ersten Abteilung waren super drauf, hatten das spezielle Feeling an diesem Abend. Das Publikum ging begeistert mit. War wagt es da, Musiker zu disziplinieren und an die vorgegebene Zeit zu erinnern? Als Albert Mangelsdorff auf die Bühne kam, war es schon kurz vor 22.00 Uhr. Er hatte kaum gespielt, da wurde ich auf die Bühne geschickt, um das Konzert abzubrechen. Die Eurovisionsübertragung sollte ja pünktlich beginnen. Ich wollte gerade Luft holen, um in einigen Sätzen um Verständnis für diese Maßnahme zu werben, da begann ein Pfeifkonzert, das heute noch in meinen Ohren klingt. Der Eklat war da. Und er war vermeidbar. Wie kann man an einem Abend zwei so unterschiedliche Konzerte ansetzen?

Die Kollegen vom ZDF gingen davon aus, daß sich die Situation bis zur Übertragung schon wieder beruhigen würde. Außerdem käme auch ein ganz anderes Publikum zum Fernsehkonzert, hieß es. Das stimmt. Aber die enttäuschten Anhänger des modernen Jazz und vor allem die geprellten Fans von Mangelsdorff blieben eisern sitzen, um zu protestieren.

Um 23.05 Uhr begann pünktlich die Sendung mit der Ouvertüre zu Gershwins »Porgy and Bess«, gespielt vom Philharmonic Orchestra unter der Leitung von Cedric Dumont. In der Halle wurde wieder gepfiffen. Die Publikumsmikrophone waren aber abgeschaltet. In der Übertragung waren diese Störgeräusche kaum vernehmbar.

Nun aber mein Auftritt zur Begrüßung der Fernsehzuschauer, des Publikums in der Halle und zur Einleitung des Programms. Ich wollte eigentlich nur noch auf die Bühne gehen, um das Konzert abzubrechen. Die Verantwortlichen bat ich, ein Ersatzprogramm in der Sendezentrale bereitzulegen. Man kann doch sensiblen Jazzkünstlern wie Illinois Jacquet, Milt Buckner, Sonny Payne und Odetta eine derartige Atmosphäre nicht zumuten.

Als ich die Bühne betrat, ging das Toben und Pfeifen wieder los. Die ersten Sätze gingen im Brüllen unter. Nun wollte ich es aber wissen. Gelingt es mir, dieses Publikum, diese Mißstimmung umzubiegen? Es gelang. Ich redete um mein Leben, sprach von Dissonanzen, ohne die es in der Musik keine Harmonien gäbe, zeigte Verständnis für den Protest und versprach allen enttäuschten Mangelsdorff-Fans einen anschließenden Auftritt des Musikers in der sogenannten »Schwemme« der Westfalenhalle. Plötzlich war die Stimmung gekippt. Die letzten Protestierer wurden von anderen Besuchern »stillgelegt«. Ich hatte es geschafft. Der Abend war gerettet. Natürlich konnte die Veranstaltung nicht mehr so ablaufen wie geplant. Mit Cedric Dumont wollte ich über Gershwin, sein Leben und seine Musik plaudern. Das war nicht mehr möglich. Ich straffte meine Moderation. Die irritierten Musiker liefen dann doch noch zu Hochform auf, allen voran die Königin des Blues, Odetta.

Wie lange ich auf das Publikum einredete, weiß ich heute nicht mehr. Auf jeden Fall sprach und kämpfte da einer gegen alle. Peter Gerlach erzählte mir später, er habe die Übertragung verfolgt. Für diese Leistung hätte er mir die Goldene Kamera verliehen.

Moderieren vor großem Publikum.

Das war mein Schlüsselerlebnis zu diesem Thema.

Wer eine solche Situation »überlebt« und gemeistert hat, sagt sich: Schlimmer kann es nie mehr kommen.

Mir ist dabei klargeworden, wer mit dem Publikum ehrlich umgeht, hat gewonnen, egal in welcher Situation. Verstecke dich nie hinter Floskeln oder Umschreibungen wie »technische Panne« oder »organisatorische Fehler«! Erkläre ganz ehrlich, was zu dieser oder jener Panne geführt hat, gestehe Fehler ein, sage, wie du dich selbst in diesem Augenblick fühlst.

Als Dienstleister müssen wir lernen – wie jeder Kellner auch –, mit Reklamationen unserer Kundschaft, unseres Publikums umzugehen. Wer nur bereit ist, Applaus und Zustimmung anzunehmen, wird bei der ersten Bewährungsprobe mit negativen Begleitumständen versagen. Das »große Publikum« ist keine anonyme Masse. Es setzt sich aus einzelnen Besuchern zusammen, die sich nicht gerne manipulieren lassen. Sie registrieren sehr wohl selbstgefälliges Auftreten, Arroganz oder ungenügende Vorbereitung von Moderatoren.

Ein anderes Beispiel.

254

Festveranstaltung »100 Jahre Tonträger« ein Jahr später in der Bonner Beethovenhalle, live übertragen von allen Rundfunkanstalten Deutschlands. Auch das Fernsehen war dabei. Im Publikum nur geladene Gäste, die Crème de la Crème der Branche, Plattenbosse, Intendanten, Showleute, Gremienmitglieder und als besonderer Ehrengast der Bundespräsident. Ein Medium wurde 100 Jahre alt und feierte sich gebührend. Mit einem Programm wie es heterogener nicht sein kann. Von Klassikpreisträgern über Caterina Valente, Udo Lindenberg bis Oscar Peterson, also quer durch den bunten Garten der U- und E-Musik. Ich hatte die Ehre, durch diesen Abend zu führen.

Alles war gut überstanden, die Festrede von Klaus Schütz, dem damaligen Regierenden Bürgermeister von Berlin in seiner Eigenschaft als Präsident des Kuratoriums der Deutschen Phono-Akademie, die Verleihung des Großen Deutschen Schallplatten-Preises und die Bekanntgabe der »Künstler des Jahres«. Ich war gut vorbereitet und hatte in meiner Moderation die Entwicklung der Phonographie und interessante Informationen zur Musik und den Interpreten verarbeitet.

Und dann jener Augenblick, den ich auch nie vergessen werde. Kurz bevor ich auf die Bühne ging, um den Altmeister des modernen Jazz, Oscar Peterson anzusagen, zischte mir jemand zu: »Geh raus und erzähl den Leuten irgend etwas. Oscar Peterson weigert sich, auf diesem Flügel zu spielen. Wir müssen einen anderen besorgen!«

»Wie lange dauert das?« fragte ich.

»Keine Ahnung. Überbrück die Situation. Dir wird schon etwas einfallen!«

Ein kleiner Schubs von hinten, und ich armes Schwein stand auf der Bühne. Was tun? Witze erzählen? Unmöglich! In die Schubladen meines bewährten Conférencier-Repertoires greifen? Geht auch nicht. Bei diesen hochkarätigen Festgästen! Gott sei Dank war mir von meinen Recherchen noch einiges im Gedächtnis geblieben, das ich in der Moderation nicht mehr unterbringen konnte. Also rief ich alles ab, was mir zum Thema Schallplatte in diesem Moment einfiel. Ich kalauerte auch ein bißchen über die Geschichte der Schallplatte (»Bereits die alten Griechen und

Römer erfanden die erste Scheibe, den Diskus. Daher die englische Bezeichnung *disk*!«)

Den Gästen, Radiohörern und Fernsehzuschauern hatte ich natürlich unser Problem kurz geschildert. Getreu meinem Motto: Versuche immer ehrlich zu sein, um beim Publikum nicht an Glaubwürdigkeit zu verlieren. Während der Übertragung fand übrigens ein Fußball-Länderspiel statt. Wenn ich mich recht erinnere, spielte die Mannschaft der Bundesrepublik gegen Schottland, während meiner Überbrückungsaktion fielen sogar einige Tore. Daraus können Sie ersehen, wie lange es gedauert hat, bis der Flügel für Oscar Peterson endlich ausgetauscht war. Das Fußballspiel habe ich natürlich auch einbezogen, mit Spielstand und Torschützen. Entsprechende Informationen ließ ich mir reichen.

Das Publikum war phantastisch und spendete mir mehrfach Szenenapplaus. Die Panne wurde für mich zu einer unvorhergesehenen Glanznummer. Frank Elstner, damals Programmdirektor von Radio Luxemburg, beschloß, wie er mir später einmal gestand, an diesem Abend, mich zu RTL zu holen. 1980 war es dann soweit, da war sein Angebot so interessant, daß ich nicht widerstehen konnte.

Moderieren vor großem Publikum.

Nach der Devise: Keine Angst vor großen Tieren!

Geladene Gäste sind zwar nicht immer das dankbarste Publikum. Und Branchenleute unserer Sorte schon gar nicht. Sie honorieren aber genauso wie der normale Zuschauer jede spontane, improvisierte Leistung, die nicht vorhersehbar war. Auch hier gilt: Mache den Zuschauer oder Zuhörer zum Komplizen. Dann fühlt er mit, auch bei Pannen, Pech und Pleiten auf der Bühne.

Es hat aber auch schon Situationen gegeben, wo ich Dinge überspielen und ignorieren mußte, die sich im Umfeld ereigneten. Zum Beispiel während der Begrüßungsmoderation der RIAS-PARADE 84 in der Berliner Deutschlandhalle. Während ich mit meiner Kollegin Petra Schürmann auf der Bühne stand, wurde von Sanitätern eine Tragbahre mit einem Mann in unmittelbarer Nähe abgestellt. Wir konnten genau beobachten, wie er massiert und mit Sauerstoff versorgt wurde. Er hat nicht überlebt. Auf der Bühne ging die Show weiter. Wir waren geschockt, durften uns aber nichts anmerken lassen. Ähnliche Situationen mit Herzattacken oder Schwächeanfällen erlebte ich bei einer Hörfunksendung, die ich mit Hans Rosenthal moderierte, beim ARD-Wunschkonzert und einigen anderen Veranstaltungen.

Moderieren vor großem Publikum.

Das bedeutet: Jeder Situation gewachsen sein.

Wer nur gewohnt ist, auswendig gelernte Texte aufzusagen, kommt bei unvorhersehbaren Bewährungsproben ganz schön in Schwierigkeiten.

Warum großes Publikum?

Diese Frage stellt sich generell: Warum moderieren wir überhaupt vor großem Publikum? Der Rezipient empfängt das, was wir für ihn in großer Halle oder großem Studio inszenieren, in der Regel allein oder höchstens in kleiner Gruppe. Und zwar in seiner häuslichen Umgebung!

Besteht nicht oft der Ereignischarakter einer sogenannten großen Show nur in der Tatsache, daß sie in großer Halle und vor großem Publikum stattfindet? Wir schaffen oder übertragen oft Ereignisse vor großem Publikum, ohne zunächst an der Idee und den Inhalten der Sendung zu prüfen, ob das Ganze überhaupt den Aufwand der Übertragung rechtfertigt.

Ist die große Show tot?

Sie lebt! Allerdings nur, wenn wir den großen Rahmen richtig ausfüllen. Eine klassische Musikshow mit Ballett und Orchester wird im virtuellen Studio nicht funktionieren. Um die Stimmung, die wir dem Zuschauer vermitteln wollen, zu erzeugen, brauchen wir Publikum.

Es ist ein Unterschied, ob das Fernsehen eine Veranstaltung vor großem Publikum nur überträgt oder selbst inszeniert. Wollen wir den Fernsehzuschauer zu Hause lediglich als Zaungast, als Beobachter oder als Ansprechpartner? Diese Frage muß sich auch der Moderator einer großen Show stellen. Moderiert er für das Publikum vor Ort oder für den Zuschauer am Fernsehapparat? Als langjähriger »Paarläufer« bei diversen Shows weiß ich, wie schwierig es zum Beispiel ist, im Doppel aufzutreten und dabei die Partnerin, die Gäste in der Halle und die Fernsehzuschauer gleichermaßen anzusprechen und »im Auge zu behalten«. Unterhalten wir uns unter uns, mit den Zuschauern oder mit dem Publikum auf der Tribüne? Irgend jemand fühlt sich immer unbeteiligt.

Also zunächst sich fragen: Für wen machen wir die große Show? Für wen moderiere ich eigentlich? Es haben schon Hallen getobt. Nur zum Konsumenten, unserem Zuschauer, ist der Funke nicht übergesprungen.

Noch etwas.

Warum unterscheiden wir überhaupt zwischen großer und kleiner Unterhaltung? Dem Zuschauer dürfte es doch gleichgültig sein. Für ihn ist wichtig, daß sich seine Erwartungen erfüllen. Ob bei »Pleiten, Pech & Pannen« oder bei »Verstehen Sie Spaß?«. Hauptsache, er kriegt was geboten, worüber er lachen kann.

Und so sollte auch jeder seinen Zuschauer gleichermaßen ernstnehmen, ob bei großer oder bei kleiner Unterhaltung. Nur der Zuschauer zu Hause entscheidet über Erfolg oder Mißerfolg einer Sendung. Mit seiner Fernbedienung. Und er gehört einer Mehrheit an. Von zweitausend Menschen in der Halle gefeiert zu werden, ist ein unbeschreibliches Gefühl, sollte aber nicht darüber hinwegtäuschen, daß es eine geheime Abstimmung von Millionen gibt. Und die entscheidet auch über Wohl und Wehe von Moderatoren!

Worauf kommt es an?

Beim Moderieren vor großem Publikum ist es eminent wichtig, ganz schnell mit seinem Publikum warm zu werden. Deshalb übernehme ich bei meinen Sendungen auch zusätzlich die Aufgabe des sogenannten Warming-up des Publikums. Es ist sehr anstrengend, kurz vor Beginn der Sendung mit den Leuten »zu arbeiten«, aber sehr nützlich.

Ich kann mich auf die besonderen Verhältnisse der Halle oder (bei Open-air) des Übertragungsortes einstellen. Wie ist die Akustik? Gibt es Ton- oder Beschallungsprobleme? Können die Gäste überall gut sehen und uns auch verstehen? Die Kollegen vom Ton haben dabei Gelegenheit, sich auf meine Sprechlautstärke einzupegeln.

In erster Linie dient dieses Aufwärmen dazu, das Publikum richtig aufzulockern, zu entkrampfen, Nähe statt Distanz herzustellen. Dabei hilft ein witziger Einstieg mit örtlichem Bezug oder die Einbeziehung von Ehrengästen. Dieser spontane, natürliche und ungekünstelte Dialog ist oft der schönste Teil einer Sendung. Schade, daß er nicht gesendet wird.

Natürlich und frei zu sprechen, sich nahe ans Publikum zu bewegen, es anzusprechen und mit einzubeziehen empfiehlt sich auch bei der eigentlichen Moderation der Show. Leider engen uns dann technische Zwänge wesentlich ein. Die Bewegungsfreiheit ist dahin, wenn die Show begonnen hat. Licht, Ton, Kameraführung, Regieeinfälle und dergleichen bestimmen den Spielraum des Moderators. In unserem Drang nach Perfektion bleibt dabei leider oft das Menschliche auf der Strecke.

Was ist das Geheimnis?

Moderieren vor großem Publikum.

Das kann doch gar nicht so schwer sein! Ist es auch nicht. Wem es gelingt, einen kleinen Kreis von Zuschauern oder Zuhörern zu fesseln und zu beeindrucken, der wird auch vor einem zahlreichen Publikum bestehen. Vorausgesetzt, er bleibt natürlich, setzt seine Persönlichkeit ein, hat eine gewisse Ausstrahlung und ist in der Lage, in jeder unvorhergesehenen Situation spontan und angemessen zu reagieren.

Patentrezepte gibt es nicht, auch keine Wegbeschreibung.

Welchen Weg man beschreiten muß, um beim Fernsehen ans gewünschte Ziel zu kommen, wird man auch in diesem Buch nicht erfahren. Eines ist auf jeden Fall zu empfehlen: Erfahrungen zu sammeln beim Umgang mit dem Publikum, im großen wie im kleinen Rahmen.

© Franz J. Kuck

Birgit Schrowange wurde 1958 in Brilon im Sauerland geboren. Nach der mittleren Reife erlernte sie den Beruf der Rechtsanwalts- und Notargehilfin. 1974 wurde sie beim WDR als Redaktionsassistentin angestellt. Sie arbeitete in verschiedenen Redaktionen und nahm Sprechunterricht. Am Anfang ihrer Laufbahn als Moderatorin stand das WDR-Schulfernsehen, 1983 ging sie als Programmoderatorin zum ZDF, 1984 übernahm sie zusätzlich die »Aktuelle Stunde« beim WDR und 1985/86 die Moderation und redaktionelle Mitarbeit für 35 Folgen der Produktion »Wiedersehen macht Freude«. Seither hat sie eine Vielzahl von Galas, Podiumsdiskussionen und Talkshows diverser Veranstalter moderiert und Nebenrollen in Fernsehkrimis wie »Ein Fall für Zwei« übernommen. 1994 wechselte Birgit Schrowange zu RTL. Zunächst moderierte sie das Infomagazin »Extra«, seit 1995 das Lifestyle-Magazin »LIFE – Die Lust zu leben«.

Birgit Schrowange

Birgit Schrowange
Boulevard-Magazin

Ich dachte, ich sterbe.

Ein Blick nach unten. Fünf Kilometer in die Tiefe. Ich sah gigantisch groß Mutter Erde. Fein säuberlich eingeteilt in grüne, braune und beigefarbene Quadrate. Und irgendwo da unten würde ich in wenigen Minuten landen. Tot oder lebendig.

Lebendig war mir lieber.

Ich hatte den ersten Fallschirmsprung meines Lebens vor mir. Ein Traum. Ich hatte mir oft gewünscht zu springen. Und die Sendung, für die ich nicht nur als Moderatorin, sondern auch als Reporterin arbeiten durfte, »LIFE – Die Lust zu leben«, machte plötzlich meine Träume wahr.

Aber so ein Traum sieht anders aus, wenn seine Erfüllung unmittelbar bevorsteht.

Ich, Birgit Schrowange, geboren im Sauerland, ausgebildet zur Rechtsanwalts- und Notargehilfin, ausgestattet mit genügend Eitelkeit, um vor die Kamera zu wollen, gesegnet mit reichlich Ehrgeiz, um mich mit dem Erreichten nicht zufriedenzugeben, ich, Birgit Schrowange, saß in einem winzigen Flugzeug, ließ die Beine baumeln, fror wie ein Marokkaner in Spitzbergen und fragte mich: Muß das alles sein?

Es muß sein.

Weil ich es so will.

Niemand hat mich gezwungen, in dieses Flugzeug zu steigen. Niemand wird mich später zwingen, wenn ich für »LIFE« an einer Steilwand herumkraxel, bis mir die Fingernägel abbrechen. Niemand hat mich lange überreden müssen, in eine Raumkapsel zu steigen und Kosmonautin zu spielen, auch wenn mein Magen Fahrstuhl spielte.

Ich mag Abenteuer, ohne eine Lebenskünstlerin sein zu wollen. Abenteuer würzen das Leben. Und eine Prise Salz hat noch keiner Suppe geschadet.

Die eiskalte Luft schnitt mir den Atem ab. Ich konnte kaum Luft holen, so unfaßbar kalt war es dort oben.

Mir kam die Situation nicht ganz real vor. Saß ich wirklich in diesem Flugzeug? Würde ich gleich wirklich, meinem Tandemmaster vorgeschnallt, in die Tiefe springen? Und würde ich dort unten, auf der Erde, wirklich heil ankommen, wie mir alle seit Tagen versicherten?

Hinter mir robbte sich gerade der Kameramann in Positur, der vor mir springen sollte, um dann zu dokumentieren, wie sich mein Gesicht verzerren, wie ich kreischen und brüllen würde.

Je näher der Kameramann rückte, desto näher rückte auch der Zeitpunkt des Absprungs. Aus dieser Nummer, soviel war sicher, kam ich nicht mehr raus.

Immer und immer wieder habe ich solche Situationen erlebt. Ein neuer Job, eine neue Herausforderung, ein neues Risiko. Manchmal habe ich mich gefragt, ob das Schicksal mir in schöner Regelmäßigkeit neue Angebote beschert, nach denen ich nur zu greifen brauche. Aber ganz so einfach wird's nicht sein. Letztlich war ich immer an der richtigen Stelle und habe immer laut genug »Hier« geschrien. Ich habe immer hübsch selbst dafür gesorgt, daß ich mich nicht langweilen mußte.

Ich könnte noch heute bei einem Rechtsanwalt in Brilon arbeiten. Ich würde seine Akten entstauben, Tausende von Kopien anfertigen, würde abends meinen Mann, den ich sicher hätte, bekochen und meinen Kindern, die ich ebenso sicher hätte, morgens die Schulbrote schmieren.

Meine Familie lebt so. Meine Eltern, meine Schwester, mein Bruder. Nette, liebe, bodenständige Menschen.

Ich war immer anders. Nervöser, unruhiger, auch unbequemer. Strenger mit mir selbst.

Als ich es beherrschte, Akten von rechts nach links zu tragen, mußte ich einfach ausbrechen. Ich zog nach Köln, besorgte mir einen Job als Sekretärin beim WDR und quengelte so lange herum, bis man mir auch hier neue Perspektiven bot. In der Moderation, dort, wo ich schon immer hatte arbeiten wollen. Je älter ich werde, desto öfter frage ich mich: Birgit, wann wirst du ruhiger? Und dann muß ich mir selber antworten: Keine Ahnung. Nach dem Blick fünf Kilometer in die Tiefe, möchte ich sagen: Sofort. Ich werde in dieser selben Sekunde ruhiger. Ziehe mich in mein wunderschönes kleines Appartement am Rhein zurück, habe meinen Frieden und beneide alle diese Fernsehmacherinnen und -macher nicht eine Sekunde mehr um ihr pralles Leben. Tatsächlich: Zweifel habe ich immer nur dann, wenn ich wieder einen Schritt gehen muß, den ich bislang noch nie gegangen bin. Die Sekunden unmittelbar davor sind die härtesten. Dann, wenn es am leichtesten ist zurückzuzucken, zu sagen: Lieber doch nicht!

Das Flugzeug legt sich wieder in eine Kurve. Der Pilot sucht seine Position, damit ich nicht in einem Schornstein lande, sondern dort, wo mich Kameraleute, Fotografen und eine dicke Decke erwarten.

Um eines klarzustellen: Ich bin ein bequemer Mensch. Zuweilen möchte ich mich sogar als faul bezeichnen. Ich liebe nichts mehr, als mich abends mit einem Glas Wein und einem guten Buch auf meine Couch zu lümmeln und nicht mehr angesprochen zu werden.

Ab und zu greife ich mir die Fernbedienung, zappe mich quer durch die Kanäle, bleibe hier hängen und dort und tauche wieder ab in mein Buch, falls es mir besser gefällt als alle Programme.

Wenn es nur diese Seite meines Charakters gäbe, hätte ich hier nichts zu schreiben. Ich könnte nichts erzählen von Michael Douglas, den ich bei einer Party in New York kennengelernt habe und den ich ganz entsetzlich arrogant fand. Ich könnte auch nichts berichten von Thomas Gottschalk, der irgendwann bei einer Veranstaltung neben mir saß und mir charmant ins Ohr säuselte:»Sie sehen noch besser aus als auf dem Schirm.« Irgendwann mußte ich begreifen, daß ich komplizierter konzi-

264

piert bin als mir lieb ist. Zuviel Langeweile ist furchtbar. Zuviel Unruhe auch. Das Mittelmaß zu finden ist schwierig. Ich arbeite dran.

Ich arbeite auch daran, mir nicht in die Hose zu machen, während ich auf meinen Absprung warte. Tatsächlich. Ich bin so angespannt, daß ich fast die Kontrolle über meine Schließmuskulatur verliere.

Ich kauere vor meinem Tandemmaster, dem Menschen, dem ich mein Leben anvertraue und an den ich durch ein ausgefeiltes Seil- und Gurtsystem gekettet bin und bete mir vor: Dir kann gar nichts passieren. Du bist sicherer als daheim im Bett.

Der Kameramann hat mich inzwischen erreicht und steigt über mich hinweg. Ich glaube, ein beruhigendes Lächeln in seinen Augenwinkeln zu sehen. Es könnte aber auch der eisige Flugwind sein.

Ein paar Sekunden später werden wir uns wiedersehen. Im freien Fall, losgelöst von allen Sicherheiten. Sein Job: dokumentieren, wie ich mich in dieser neuen Rolle mache. Mein Job: eine gute Figur machen.

Ja, ich gebe es zu. Ich bin eitel. Ich mag es, eine gute Figur zu machen. Ich mag es, von Journalisten zur erotischsten Frau gewählt zu werden.

Wer vor der Kamera steht, ist eitel. Man muß es sein. Was sonst würde mich und all die anderen Frauen und Männer dazu treiben, sich dem Druck der Öffentlichkeit auszusetzen, von Blättern mal hochgelobt, mal niedergeschmettert zu werden, sich stundenlang schminken und nach einer harten Sendung für eine schlechte Quote auch noch anraunzen zu lassen.

Eitelkeit ist der Motor. Ich stehe dazu. Weil Eitelkeit sehr positiv ist.

Eitelkeit hat meinem Selbstbewußtsein sehr gutgetan. Ich wußte, wie ich wirke und was ich kann. Ich war stets frech genug zu behaupten: Laßt mich vor eine Kamera, und ich werde auch dort meinen Job gut machen.

Mein damaliger Chef schaute mich, seine Sekretärin, an, seufzte und bekannte sich zu seiner Schwäche für mich:»Nun gut, wenn Sie es unbedingt wollen.«

Ich durfte moderieren. Erst Schulfernsehen, dann Radio, dann die »Aktuelle Stunde«. Jede dieser Phasen dauerte seine Zeit. Aber es ging stetig vorwärts. Weil ich unruhig war. Aber auch ehrlich genug, dann aufzuhören, wenn ich merkte: Ich stoße an meine Grenzen.

Ich erinnere mich an mein kleines Intermezzo als Serienschauspielerin. Ich durfte in der Kriminalreihe »Ein Fall für Zwei« auftreten. Mehrfach sogar. Nach dem dritten Mal merkte ich, daß ich nicht glücklich werde in dieser Branche. Ich liebte es, mit Stars wie Günter Strack oder Volker Lechtenbrink oder Heidi Brühl zusammenarbeiten zu können. Ich lernte ungemein viel. Aber vor allem lernte ich, daß ich in der Schauspielerei nichts verloren hatte.

Ob ich allerdings eine gute Fallschirmspringerin bin, ist mir auch noch nicht klar.

Ich schaue hinunter. Mir wird nicht gerade schlecht. Aber ein Lustgewinn ist dieser Anblick auch nicht. Mein Tandemmaster signalisiert mir, daß ich nur noch ein paar Sekunden habe. Gleich wird er mich mitreißen, mir eine neue Erfahrung bescheren, die mich reicher machen wird. Nicht materiell. Aber ein erweiterter Horizont ist allemal unbezahlbar.

Geld war mir eigentlich nie wirklich wichtig, wenn ich ehrlich bin. Auch nicht, als ich mich damals beim ZDF bewarb. Gesucht war eine Programmoderatorin. Ein Luxus, den sich das öffentlich-rechtliche Fernsehen in Mainz bis heute gestattet. Charmante, vorzeigbare Damen und Herren, die zu einem gemütlichen oder anregenden Fernsehabend einladen. Ich mag diese Sitte, auch wenn manche Privatsender diese Position wegrationalisiert haben.

Ich wurde, was mich mit Stolz erfüllte, ausgewählt. Aus Tausenden von Bewerbungen.

Mein Casting auf dem Mainzer Lerchenberg bescherte mir damals recht ähnliche Gefühle wie die Sekunden vor meinem Absprung in die Tiefe. Auch damals war ich nervös, hatte einen Schritt vor mir, der mein Leben verändern konnte und es letztlich auch tat. Ich gefiel und bekam den Job.

Ich wurde Programmoderatorin beim ZDF, blieb es zehn Jahre

lang und verdiente gerade so viel, daß ich mir einmal im Jahr einen Urlaub leisten konnte.

Tätigkeiten dieser Art sind nicht überbezahlt. Ich habe das nie beklagt, sondern mich bemüht, meine Arbeit als Werbung in eigener Sache zu verstehen.

Ich war diejenige, die bis zu 20 Millionen Menschen dazu einlud, legendäre Sendungen wie »Wetten daß ...?« oder »Der große Preis« zu sehen. Ich sagte den Freitagabendkrimi an und das Kinderprogramm. Ich war morgens im Sender und spät nachts. Ich lernte, wie dieser gigantische Betrieb funktionierte und manchmal auch stockte.

Die Zeit auf dem Lerchenberg machte mich erwachsen und reif für die frische, neue Fernsehwelt.

Die bisweilen sehr frisch sein kann.

So frisch, daß es mir schon mal den Atem raubt.

Die Schonfrist ist verstrichen. Mein Tandemmaster gibt uns einen Ruck. Wir sind im Sturzflug. Ich schreie. Ich schließe die Augen und reiße sie wieder auf. Ich versuche zu atmen, doch der Luftstrom, den die Geschwindigkeit des Sturzes in mein Gesicht preßt, raubt mir den Atem. Wie kleine Nadeln foltert mich die eisige Luft.

Im nachhinein weiß ich nicht, ob ich an das gedacht habe, was mir mein Lehrer während der Trockenübung eingeimpft hatte. Den Kopf nicht nach hinten reißen lassen, das Atmen nicht vergessen. Ich weiß nur, daß ich geschrien habe, die Welt auf mich zurasen sah und Meter für Meter einem Glücksgefühl entgegenschleuderte, das ich so noch nie erlebt hatte.

Immer wieder neue Glücksgefühle. Möglicherweise bin ich süchtig danach. Denn es gibt nichts Schöneres, als sich selber sagen zu können: Du bist erfolgreich. Du machst etwas aus deinem Leben, das dir gefällt. So wie damals, als ich den Vertrag bei RTL Television unterschrieb. Auf meine Bitten nach neuen Herausforderungen war man beim ZDF wenig eingegangen. Hans Mahr, Chefredakteur von RTL, hatte mir diese Chance gegeben. Und ich hatte nach einigen schlaflosen Nächten ja gesagt. Es war ein überzeugtes Ja, vermischt mit vielen Zweifeln.

Soviel war klar: RTL gab mir die Chance, auf die ich wartete.

Nicht nur ansagen, sondern mitsprechen. Ein neues Magazin war in der Schmiede. EXTRA würde es heißen, ein buntes, pralles, anregendes und aufregendes Magazin sollte es werden. Und ich war das Gesicht.

Wie viele Menschen haben mir gesagt:»Tu's nicht. Du wirst verheizt. Wenn der Erfolg ausbleibt, bist du für immer weg vom Fenster.«

Meine Eltern, sauerländisch-vorsichtig, beknieten mich, die krisensichere Programmoderation nicht aufzugeben. Doch es kitzelte so sehr. Das Neue, die Spannung, die Herausforderung, natürlich auch das Risiko. Und es schmeichelte so sehr: Ich bekam die Chance zu beweisen, daß mehr in mir steckte, als nur brav den Montagsspielfilm anzukündigen und die Zahlen des Mittwochslottos herunterzubeten.

Ich wußte, daß ich mehr konnte und wollte. Ich wußte, daß ich nicht kneifen würde, wenn man mich fragt:»Springst du vor einer Kamera aus einem Flugzeug?«

Ich springe, und ich fliege. Immer der Erde entgegen. Und aus der Panik der ersten Sekunden wird Freude pur. Ich segele durch die Luft. Mein Tandemmaster hat den Fallschirm gezogen, kurz bevor ich anfange zu grübeln, ob er ihn ziehen wird.

Um uns herum herrscht plötzlich Ruhe.

Der Kameramann segelt in unsere Nähe, um mich ins rechte Licht zu rücken. Er winkt fröhlich und lächelt mich an. Auch ich grinse. Breit und befreit.

Ich fühle mich immer wieder groß und stark und mutig, wenn ich ein neues Abenteuer hinter mich gebracht habe. Die Reise ins Sternenstädtchen von Moskau zum Beispiel. Früher eine Tabuzone für alle, die westlich des Kremls lebten. Heute immerhin ein Abenteuer für einige wenige Auserwählte. Ich gehörte dazu. Ich durfte in einer Raumkapsel erleben, wie leicht die Schwerelosigkeit macht. Das Parabelflugzeug, nur eines von vier Flugzeugen dieser Art, die es auf der Welt gibt, saust auf und ab und sorgt für jeweils zwanzig Sekunden dafür, daß ich mich fühle wie ein Astronaut im Weltraum. Belastend für den Körper, aber eine Erfahrung, die ich nicht missen möchte.

Genausowenig wie die Begegnung mit Delphinen in Israel. Liebe, lächelnde Wesen, die zutraulich auf mich zuschwammen und es genossen, von mir gestreichelt und gekrault zu werden. Gemeinsam mit einer Tauchlehrerin saß ich auf dem Boden des Meeres und verliebte mich in diese freundlichen Tiere. Hier, in Israel, leben sie genauso wie in ihrer natürlichen Umwelt. Mit der einzigen Ausnahme, daß sie Streicheleinheiten bekommen.

Und noch ein Abenteuer: Jenes, bei dem ich in einem reißenden Fluß, geschützt nur von einem schmalen Rafting-Boot, überlebte, sogar als dieses Boot kippte und ich auf einmal mitten in dem Strom schwamm.

Wir wollten – irgendwo in Österreich – raften. Rafting ist Extrembootfahren in einem reißenden Fluß. Ich saß vorne und paddelte – natürlich nicht so kräftig, wie die geübte und trainierte Rafting-Crew neben mir – eifrig mit. Plötzlich ruckte und rüttelte das Boot. Wir saßen fest, aufgelaufen auf einen ungemütlich spitzen Felsen. Das Wasser zerrte an dem Boot, das sehr bald Schlagseite bekam. Ich konnte mich nicht mehr halten und fiel ins Wasser. Ich brüllte und schrie und hatte tatsächlich Todesangst. Der Fluß drohte mich mitzureißen und auf einen dieser schrecklichen Felsen zu werfen.

Plötzlich spürte ich kräftige Arme um mich herum. Der Producer unseres Teams, der Mann, der für den reibungslosen Ablauf der Dreharbeiten zuständig war, fühlte sich auch verantwortlich dafür, mir das Leben zu retten. Ich möchte nicht zu sehr dramatisieren. Aber so ganz ohne Risiko war dieses Abenteuer nicht.

Ich gab kurz nach dem Vorfall ein Interview:»Das muß ich nicht haben«, brüllte ich in die Kamera.»Nie wieder steige ich in so ein Boot!«

Es dauerte keine anderthalb Stunden, und schon paddelte ich wieder eifrig mit.

Die Sendung »LIFE – Die Lust zu leben« hat bei mir genau das erreicht, was es beim Zuschauer auslösen soll: aktiver, fröhlicher, frischer, sportlicher, interessierter zu werden. Seit »LIFE« weiß ich erst, welch spannende Abenteuer man erleben kann, auch ohne Millionär zu sein.

Allerdings: Von Beruf Abenteurerin zu sein, macht manchmal

269

müde. Öfter als früher sage ich Verabredungen ab. Und so oft es geht, verschanze ich mich in meiner Wohnung und freue mich wie ein kleines Kind darauf, abends im eigenen Bett schlafen zu können. Die meisten Hotels, in denen ich nächtige, sind sehr komfortabel. Sie haben nur einen Nachteil – sie sind mir fremd. Die letzten Meter bis zur Erde. Ich genieße die Sekunden, bin fast traurig, wieder landen zu müssen. Der Rausch verfliegt. Wieder unten zu sein, heißt, wieder Boden unter den Füßen zu haben. Es ist wie ein Sieg gegen mich selbst. Natürlich sagt ein jeder: Warum soll ich mich quälen, wenn es bequemer geht? Warum soll ich mich in die Tiefe stürzen, wenn es mir reicht zuzuschauen?

Manchmal erinnere ich mich daran, daß ich als kleines Mädchen immer ein bißchen mutiger und vorwitziger war, als die Jungs bei mir aus dem Dorf. Ich habe nie gekniffen und konnte mir deshalb immer den Luxus gestatten, selbstbewußt zu sein. Keine Angst zu haben, macht Spaß, weil es unabhängig macht. Vielleicht ist das der Grund, weshalb mir das unwägbare, launische, schillernde Medium Fernsehen soviel Freude bereitet.

Mein Tandemmaster sagt:»Adieu.« Und:»Bis bald.«

Ich frage ihn:»Können wir nicht noch einmal springen?« Ich bin total aufgekratzt. Ich will nicht warten, bis ich wieder eine Einladung bekomme. Ich will gleich noch einmal hoch. Obwohl ich vor ein paar Minuten noch steif war vor Angst und Kälte, obwohl ich mich so gerne in die Ecke des Flugzeugs gekauert und gesagt hätte: Springt ihr nur. Ich schaue euch gerne zu.

Mein Tandemmaster lacht und schüttelt den Kopf.»Heute geht's nicht mehr«, sagt er.

Schade, denke ich, aber ich muß mal in meinen Terminkalender schauen, welches Abenteuer morgen eingeplant ist.

© Lucien Heinz

Petra Schürmann wurde in Mönchen-
gladbach geboren. Ihr Studium der
Philologie in Bonn, Köln und schließlich
München finanzierte sie als Werkstudentin. Später errang sie beim Miß-
World-Wettbewerb in London den
ersten Platz. Durch ein Porträt in der
Sendereihe »Prominente von gestern«
(da war sie Anfang Zwanzig) auf sie
aufmerksam geworden, bot der Bayerische Rundfunk ihr einen Job an.
Zunächst waren es kleine Ansagen,
später zunehmend Moderationen. Dazwischen lag ein Volontariat beim
Münchner Merkur, für den Petra
Schürmann auch als Kolumnistin tätig
wurde. Wegen ihres starken Fernseh-
engagements verzichtete sie auf die
Vollendung der bereits begonnenen
Doktorarbeit über Nietzsche. Auch
als Buchautorin ist sie hervorgetreten
»Das Abenteuer erwachsen zu werden«,
1971; »Das große Buch der Kosmetik
und Körperpflege«, 1993. Petra Schürmann ist verheiratet und hat ein Kind.

Petra Schürmann

Petra Schürmann

Moderatorin – eine leicht verderbliche Ware?

Mein Weg zur Moderation war moderat – von mehr oder weniger glücklichen Umständen begleitet. Er begann mit einem Vertrauensbruch meinen Eltern gegenüber, vielleicht war es auch eher ein Ausbruchsversuch.

Unsere Familie war eine verschworene Gemeinschaft, streng katholisch und wie es in heilen Welten üblich ist, wollten die Eltern nur immer mein vielzitiertes Bestes: Für sie hieß das Gymnasium, Abitur und Studium. Endziel: Studienrätin mit seligmachender Pension. Noch wichtiger: völlige Unabhängigkeit von irgendeinem »blöden Kerl«, der gnädigst ein Taschengeld als Gnadenbrot gewährt und sowieso fremdgeht.

Im nachhinein weiß ich, daß gelernte Lehrer durchaus Karriere machen können – siehe Thomas Gottschalk. Und bestimmt hat es ihm nicht geschadet, daß er was im Kopf hat, das er jederzeit abrufen kann, wenn es drauf ankommt. Ich erinnere mich noch an den köstlichen Dialog mit Reich-Ranicki in »Wetten daß?«.

Zurück zu mir. Nach dem Abitur ging ich in Bonn mein Studium der Philologie an, mit den Fächern Philosophie, Germanistik und – Theologie als Hauptfach. Ganz recht, Theologie. Am liebsten erinnere ich mich an meinen Professor der Moraltheologie, denn er war moderner als die Polizei erlaubt. Als Priester hatte er auch Prostituierte betreut und vermittelte uns armseligen Spießern ein ganz neues Bild, nicht vom ältesten Gewerbe der Welt – das bleibt sich immer ziemlich gleich –, aber von den Menschen, die dahinterstehen.

Manches nötigte mir großen Respekt ab. Dennoch habe ich die

Theologie aufgegeben. Ich mußte überhaupt schmerzlich erkennen, daß ich viele kleine Talente geerbt hatte, von denen nicht eines zum großen Durchbruch reichte. Stimme hatte ich, sehr hübsch; an jedem großen Feiertag durfte ich die Soli in der Kirche singen. Tanzen konnte ich, aber Solotänzerin mit 175 cm Größe? Malen – vielversprechend. Oskar Kokoschka wollte mich Jahre später einmal in seine Sommerklasse in Salzburg nehmen. Am besten wäre vielleicht ein Musicalstar aus mir geworden, der sich seine Kulissen selber malt. Meine Eltern hatten einen Horror vor solchen »Katastrophenkarrieren«. Genau die aber habe ich ihnen zugemutet.

Freunde meinten eines Tages in den Semesterferien, ich solle doch nach London fahren. Dort werde eine Miß World gesucht, und Reise und Hotel seien in jedem Fall gratis. London war damals weiter weg als heute, und den Buckingham Palace und die National Gallery wollte ich sowieso einmal sehen.

Plötzlich und unerwartet fand ich mich an erster Stelle wieder. Lohn der Anstrengung: ein flotter Flitzer, 100 Paar Nylons und ein halbes Jahr Leben wie Gott in Frankreich in einem der schönsten Hotels von Paris. Wer hätte dazu nein sagen können? Meine Eltern zum Beispiel, sie waren überhaupt nicht *amused:* Ihre Tochter im Badeanzug auf dem Laufsteg, shocking!

Und als beim nächsten Sonntagsgottesdienst Hochwürden von der Kanzel herab mit ekelverzerrtem Gesicht mitten in mein Gesicht verkündete:»Nur Maria war schön!«, da wußte ich, was die Stunde geschlagen hatte. War ja auch ein schwer zu verkraftendes Kontrastprogramm, die Theologiestudentin als Miß World. Immerhin hatte ich nicht meinen Busen gezeigt, während Maria ihn auf hinreißenden mittelalterlichen Bildern ihrem göttlichen Sohn darbietet. Meine schockierten Eltern rieten mir nur noch im Vorgriff auf Jürgen Fliege:»Paß gut auf dich auf.«

Das tat ich dann auch. Zunächst verkaufte ich meinen Sportwagen, was mich finanziell von zu Hause unabhängig machte, fürs erste jedenfalls. Dann wechselte ich zur Uni München und nahm Kunstgeschichte mit ins Programm. Die vielen mehr oder weniger reizvollen Einladungen von Paris bis Hollywood und die zum Teil seltsamen Filmangebote spare ich mir hier einmal aus!

Nach einer kleinen Zwischenstation bei meinem Zahnarztonkel, der mir großzügig Nachtquartier in seinem Röntgenstuhl gewährte und mich wirklich monatelang durchfütterte, bekam ich endlich ein kleines Appartement hinter der Münchner Uni in der Adalbertstraße. Das war äußerst bequem, weil ich nur ein paar Schritte bis in den Hörsaal hatte.

Und hier begann auch der ganz normale Wahnsinn meiner Fernsehkarriere. »Prominente von gestern« hieß eine Sendereihe des Bayerischen Rundfunks, und ich fehlte noch, meinte man. »Das kommt gar nicht in Frage, daß ich euch da die Gestrige mache«, sagte ich zum Redakteur. Ich war im zarten Alter von 22 und wurde sonst überall mit Komplimenten überschüttet.

Aber da rückte mir schon der äußerst attraktive Chefredakteur auf den Leib, nein, auf die Bude. Ein bißchen Hans-Albers-Typ, riesengroß, braungebrannt und wirklich gentlemanlike. Nach dem vielen männlichen Schrott, den man als Miß anzieht wie die Motten das Licht, gefiel er mir. Es kam ein hübsches Portrait zustande.

Keine zwei Wochen später hatte ich mein erstes TV-Angebot auf dem Tisch: Nachmittagsansage, fünf Stunden Schicht zu 75 Mark. Nicht schlecht für eine Werkstudentin, die einen Monat lang für 350 Mark in einer Glühlampenfabrik Birnen verspiegeln durfte. Dagegen dieser Luxus. Und vielleicht war ich bald auch ein Star wie meine großen Kolleginnen, die vergöttert wurden. Sie waren, wie unser Boß nicht müde wurde zu betonen, die »Visitenkarten des Senders«. Die Texte schrieb die Redaktion, wir durften vortragen.

Wieso fand sich denn niemand an dieser verdammten Uni, der mir die Texte schrieb? Scheine, Referate, alles mußte man nachweisbar selber fabriziert haben. Wobei es den Professoren völlig wurscht war, ob sie Männlein oder Weiblein vor sich hatten. Einen gewaltigen Unterschied aber gab's im Fernsehen. Jungredakteure und Moderatoren wuchsen an mir vorbei, immer höher hinaus – viele ohne die angeblichen Ausbildungsvoraussetzungen. Als Frau muß man eben doppelt so gut sein, meinte ein wohlwollender Redakteur.

Also nahm ich Sprach- und Schauspielunterricht und volontierte beim *Münchner Merkur*, vom Lokalen übers Feuilleton bis hin zur Politik. Die Uni durfte ich darüber nicht vergessen, Fichte, Nietzsche, Hegel. Die Scheine fürs Hauptseminar standen an, Referate und Colloquien. Der Weg war gut, aber das Ziel? Wer beschreibt mein Erstaunen, als eines schönen Tages im Fernsehen Kompetenz nicht mehr so gefragt war wie ein freches Mundwerk? Nie werde ich den Moment vergessen, als man uns eine Kollegin von einem anderen Sender servierte, die sich »so erfrischend zu versprechen wisse«. Das tat sie dann auch, und nicht zu knapp. Eine Eintagsfliege – die Zuschauer waren entsetzt.

Mir ging's zu dieser Zeit gerade besonders gut. Der Bayerische Rundfunk hatte eine der ersten Talkshows etabliert. Alles, was an Showprominenz nach München kam, bei uns im Samstags-Club mußte man Gast gewesen sein. Mit Silvester Stallone hatte ich ein wunderbares Gespräch im Studio, danach ging's zum Filmball. Wir waren das Traumpaar. Arnold Schwarzenegger war die große Überraschung, weil wir ihn uns so intelligent und eloquent nicht vorgestellt hatten. Ingrid Bergmann, Roger Moore, und und ...

Heinz Rühmann – zum ersten Mal in einer Talkshow – las bei uns im Samstags-Club des BR aus der Feuerzangenbowle, ohne Brille – einfach so. Da war er gerade 90 Jahre alt geworden. Apropos Alter: Ich halte es für ausgeschlossen, daß sich große Persönlichkeiten gerne auf ein Gespräch mit einem Greenhorn einlassen, wogegen sie einem Alfred Biolek mit seiner behutsamen Neugier vieles anvertrauen, was sie sonst niemals coram publico preisgeben würden. Und auch für Bio war es ein längerer Weg, bis er diese Perfektion des Fragens erreicht hatte. Ohne seine fundierte Bildung und die Erfahrung wäre er schwerlich so weit gekommen. Aber er ist ein gutes Beispiel für eine männliche Moderatorenkarriere. Alfred Biolek ist zwar kein Teenager mehr, aber er ist ein Mann. Er war zwar nie eine Schönheit, aber er ist ein Mann.

Für Frauen gelten andere Kriterien. Manchmal bin ich fast sprachlos – was doch eher selten vorkommt –, wenn ich nach einer gelungenen Sendung nach der zauberhaften Bluse gefragt werde, die sofort aufgefallen sei. Und inhaltlich, wie war das? Man hat nicht recht hingehört. Feedback von Frauen! Das von Männern muß nicht unbedingt geistreicher sein. Sie preisen die aufregenden Augen oder was weiß ich. Der springende Punkt: Eine Frau wird von allen nach dem Äußeren beurteilt. Und allzu oft auch nach dem Baujahr. Joan Collins, das ehemalige Denver-Biest, hat auf diesbezügliche Bemerkungen einmal gesagt: »Solange gerade die jungen Männer noch hinter mir herpfeifen, fühle ich mich jung.« Aber warum müssen Frauen sich überhaupt »verteidigen« für die Jahre, die sie schon hinter sich haben? Männer haben es da einfacher. Sie umgeben sich mit Geschöpfen, deren Mutter ihre Tochter sein könnte. Was Frauen aber auch weit zurückwirft – glaube ich – ist der Neid untereinander. Männerfreundschaft ist etwas grundlegend anderes. Und mit der Emanzipation wären wir wahrscheinlich ein ganzes Stück weiter, wenn dauerhafte Solidarität von Frau zu Frau möglich wäre.

So aber stellen wir uns immer wieder allzu gerne selbst ein Bein. Apropos: Bein zeigen, auch wenn's hübsch ist, am besten nicht auf dem Bildschirm. Unsere Zuschauer sind zum überwiegenden Teil weiblich, und es macht sie unruhig, wenn die da auf dem Bildschirm ihre Reize offen zeigt. Nach einer glaubwürdigen Untersuchung sind männliche Moderatoren und Entertainer schon allein deshalb so gefragt, weil sie außer Kopf und Händen ja eigentlich nichts Wesentliches von sich preisgeben, rein äußerlich gesehen. Andererseits, versetzen wir uns einmal in unsere Zuschauerinnen. Ihr Tag war hart, Beruf, Kinder, Haushalt. Der ihres Angetrauten vielleicht auch. Dafür liegt er jetzt auf der Couch, sein Bierchen vor sich und wartet ungeduldig aufs Abendbrot. Sie hetzt herum, er hat die Kiste eingeschaltet und darf die Beine der Moderatorin genießen. Da muß die arme Frau doch eine Sauwut packen.

Mir ist es passiert. Unter meiner Post ein Brief, in dem ein Mann so ungefähr alles an mir niedermachte, was nicht niederzumachen ist. »Und vor allem Ihre Kackstelzen, das ist ja wohl das Häßlichste, was das Deutsche Fernsehen je auf den Schirm gebracht hat.« So ähnlich tobte er drei Seiten lang, und das in diesem Ton und mit dieser Wortwahl. Sauber! Was sollte ich dazu sagen, der Brief war anonym, Poststempel aus einer romantischen bayerischen Stadt. Eine Woche später aus der gleichen Quelle wieder ein Schreiben: Ihm tue das alles so schrecklich leid, und ich müsse ihm verzeihen. Er habe ganz harmlos ins Fernsehen geschaut, zufällig sei ich auf dem Bildschirm gewesen. Und urplötzlich habe seine Frau auf ihn eingeschimpft und ihm den schrecklichen Brief diktiert. Diesen hier schreibe er heimlich, und ich solle ihm postlagernd versichern, daß ich nicht böse auf ihn sei. Dann hat er mich noch mit der ganzen Familie zum Essen in seinen Gasthof gebeten.

Ein Schlüsselerlebnis für mich.

Nun bin ich ja gerne bereit, Kompromisse zu machen. Die nette Frau von nebenan aber könnte ich nur unter völliger Selbstverleugnung darstellen. Und wollte ich es denn allen Ernstes? Nicht einmal bei einer garantierten Einschaltquote von 90 Prozent, und das bis ans Ende meiner Tage. Denn der Zuschauer ist kritisch, er merkt, daß etwas nicht stimmt, wenn auch nicht unbedingt, was es ist. To be your sweet ownself – ganz man selber sein. Niemand hat das so gut drauf wie Thomas Gottschalk. Privat ist er keinen Deut anders als auf dem Schirm. Ich selbst habe dafür lange Jahre gebraucht. Inzwischen weiß ich, wie der Dialog mit dem Zuschauer sein muß, auch wenn man nur in ein schwarzes Loch hineinredet.

Wenn ich etwas hasse, dann ist es die immer wieder gern gestellte Frage: Wie machen Sie es, daß Sie noch so gut aussehen? Dieses »noch«! Als ob man die Verpflichtung hätte, sich nach seinem Alter zu richten und entsprechend welk, faltig, ja alt auszusehen.

Selbst die Amerikaner mit ihrem Jugendfimmel müssen kapiert haben, daß Moderatoren, Kommentatoren und Talkmaster um so besser sind, je mehr Erfahrung sie haben. Während man hierzulande einer oft noch substanzlosen Jugend hinterherhetzt, sind in den USA auffallend viele ältere Moderatoren und Moderatorinnen die Megastars. Sie sind kompetent und glaubwürdig, die Zuschauer honorieren das.

277

Und dann möchte ich doch mal ganz schlicht anmerken: Die Alterspyramide steht hierzulande immer mehr auf dem Kopf. In den nächsten Jahren werden wir mehr alte als junge Menschen haben. Das mag bedauerlich sein und viel sozialen Konfliktstoff mit sich bringen, läßt sich aber nicht ändern. Die Werbung kann an dieser wachsenden Bevölkerungsgruppe nicht vorbeigehen. Denn der Götze Einschaltquote wird dann zunehmend auch von älteren Menschen bestimmt werden. Und auch die Präsentatoren, denen sie vertrauen. Ein Esel, wer argwöhnt, daß die Fernsehlandschaft damit verspießert und verödet. Der Witz ist nur, daß man sich rechtzeitig auf diese Veränderungen einstellt.

Ein Astrologe – und ich halte gar nichts von der Astrologie – hat mir einmal gesagt: So richtig große Karriere machen werden Sie erst im Jahr 2000. Das kann ich abwarten. Denn ich fühle mich im Kreis meiner in Ehren ergrauten und verdienten Kollegen wie ein Teenager, was ich zu respektieren bitte.

© RTL/Stephen Power

Werner Schulze-Erdel

Werner Schulze-Erdel wurde 1952 in Münster geboren. Nach der Schule zog es ihn auf die »Bretter, die die Welt bedeuten«. Er besuchte die Bochumer Schauspielschule und hatte sein erstes Engagement am Schauspielhaus Bochum unter der Regie von Peter Zadek. 1980 ging er zum Fernsehen: als Tom Gimmick in der Comedyserie »Gimmicks« von Michael Pfleghar. Zu RTL kam Werner Schulze-Erdel 1987 mit dem Reisequiz »Ein Tag wie kein anderer«. Von 1988 bis 1991 präsentierte er die Gameshow »Ruck Zuck« bei Tele 5 mit über 1000 Sendungen. 1992 stand er zum ersten Mal als Moderator der Show »Familien Duell« vor der Kamera – mittlerweile gibt es auch von dieser Sendung über 1000 Folgen. Zurück zu seinen schauspielerischen Wurzeln kehrte er mit der RTL-Serie »Guten Morgen, Mallorca«, in der er die Hauptrolle spielt. Werner Schulze-Erdel lebt mit seiner Frau in München. Sein liebstes Hobby ist der Fußball.

Werner Schulze-Erdel

Die hohe Kunst des Einfachen

Gameshows – nicht ohne Tücken

Es heißt, man würde einen Menschen in einem kurzen Spiel viel besser kennenlernen als in einem langen Gespräch. Was so ähnlich bereits ein griechischer Philosoph vor über 2000 Jahren sagte, hat auch heute noch Gültigkeit. Während meiner langjährigen Tätigkeit als Gameshow-Moderator (über 1000 Sendungen »Ruck Zuck«, 1000 Sendungen »Familien Duell«) habe ich bestimmt schon rund 10 000 Kandidaten im Spiel kennengelernt. Eigentlich sollte man annehmen, daß bei soviel Showroutine nichts Neues mehr passieren kann. Oft genug werde ich gefragt: »Familien Duell ist doch immer das gleiche. Stellt das tägliche Moderieren für Sie überhaupt noch eine Herausforderung dar?« Da kann ich mit einem klaren »Ja« antworten. Sicher, wenn man täglich fünf Sendungen aufzeichnet, entsteht eine gewisse Routine, sonst würden wir das Pensum auch gar nicht schaffen. Hinzu kommt, daß sowohl »Ruck Zuck« als auch jetzt das »Familien Duell« nach festen Regeln funktionieren, eben Formate sind, wie wir »Fernsehfuzzis« sagen. Aber innerhalb dieser festgelegten Elemente und klar geregelten Abläufe gibt es etwas ganz Wichtiges: den Faktor Mensch! An jedem neuen Produktionstag bin ich von neuem neugierig auf die Menschen, die im Laufe des Tages an den Ratepulten stehen werden. Wie sie mit der ungewohnten Situation, dem Lampenfieber und der Angst zu versagen, umgehen.

Vor jeder Sendung erhalte ich von meinem Team, das die Mitspieler auswählt, Kurzinformationen über meine Kandidaten.

Innerlich versuche ich mich auf die dort in Stichworten beschriebenen Menschen einzustellen. Wenn es dann zur Aufzeichnung geht, lege ich die Karten bewußt beiseite, um mich ganz auf die Kandidaten konzentrieren zu können und sie nicht im Stakkato per Stichwort abzuhaken. Ich versuche, bei meiner Arbeit alle Sinne einzusetzen und genau zu beobachten. Oft fallen mir dann Kleinigkeiten auf wie der noch nicht ganz abgewaschene Disco-Stempel auf der Hand, und ich gehe im Gespräch spontan darauf ein. Da kann es durchaus vorkommen, daß die Tochter rot anläuft, weil die Mutter von diesem Disco-Besuch nichts wußte. Aber genau diese Spontaneität, das Unvorhergesehene, macht für mich den Reiz des Moderierens aus. Mir bleibt nicht viel Zeit für große Ansprachen und wohlformulierte Sätze, meine Stärke liegt im Improvisieren. Erst wenn die Kameras laufen, werde ich richtig warm, und mir kommen spontan die besten Ideen.

Wenn meine Kandidaten sehr aufgeregt sind, versuche ich, sie zu beruhigen, indem ich kurz meine Hand auf ihren Arm lege. Böse Zungen behaupten, der Werner tatscht die Leute an. Alles Quatsch, denn durch diese Geste signalisiere ich:»Du brauchst keine Angst zu haben, es ist alles in Ordnung, ich bin bei dir.« Alle Kandidaten haben mir bisher bestätigt, daß ihnen diese Geste eine große Hilfe war.

Trotzdem führt Nervosität oft zu überraschenden Ergebnissen, gerade wenn es wie beim»Familien Duell«darum geht, die häufigsten Antworten zu Umfrageergebnissen zu erraten. Mein Favorit unter der Rubrik Lustiges und Skurriles ist, als ein Kandidat auf die Frage:»Nennen Sie eine gemeinnützige Institution, die von Spendengeldern lebt«, spontan antwortete:»ZDF«. Da hat es selbst die Kameraleute umgehauen. Oder:»Ein Land an der Donau«–»Köln«,»Was saugen Sie mit dem Staubsauger«–»Kanarienvögel«,»Ein deutsches Grundnahrungsmittel«–»Bananen«. Bei uns wird Fidel Castro zum französischen Stehgeiger und New York zur europäischen Hauptstadt ernannt. Übrigens, dieser Ansicht waren auch acht Personen in der Umfrage.

Die *Süddeutsche Zeitung* hat das in einem Artikel mal sehr gut beschrieben:»In solchen Momenten schleicht sich der Surrealismus in die perfekt geplante Gameshow und man lacht sich schief über den armen Teilnehmer.« Dem zum Beispiel einfach nicht einfallen will, wer denn in einem Iglu lebt. »Fischstäbchen«, stößt er verzweifelt hervor. Manch einer wird sich jetzt an den Kopf fassen und denken, so blöd kann doch keiner sein. Doch kann man, das habe ich selbst erlebt, als ich als Kandidat bei meinem Kollegen Frank Elstner am »Jeopardy!«-Ratepult stand. Von Fernsehroutine habe ich bei mir nichts gespürt; vor Aufregung schlug mir das Herz bis zum Hals.

Auch bin ich froh, daß das Geruchsfernsehen noch nicht erfunden ist, denn schon manch einem wurden am Kandidatenpult »alle Nerven zu kurz«, und es entfleuchte etwas, was mit Veilchenduft nur wenig zu tun hat. Alles Menschliche habe ich schon erlebt, angefangen von dem verlobten Pärchen, das sich nach dem Spiel die Ringe vor die Füße warf, bis zu dem Kandidaten, der sich durch Joggen zu beruhigen versuchte und dabei fast seinen Auftritt »verlaufen« hätte.

Im Finale, wenn es um 10 000 oder gar 100 000 Mark geht, fiebere ich richtig mit meinen Kandidaten mit – und ehrlich, ich gönne ihnen das Geld. Manchen vielleicht ein wenig mehr, den anderen, die eh schon genug haben, weniger. Aber letztlich ist allein die Situation so spannend, daß auch ich das Endergebnis kaum abwarten kann. Wenn es also um alles oder nichts – bzw. wenig – geht, nehme ich meine Finalisten, die in dem Moment alleine auf der Bühne stehen, ganz fest an den Arm. Einerseits, weil es die Kameraeinstellung so erfordert, und andererseits, um ihnen Halt zu geben, wenn sie hibbelig und mit weichen Knien innerhalb von Sekunden ihre Antworten geben müssen und wie gebannt auf die Punktergebnisse starren. Erlösend ist dann der Moment, wenn der Jubelschrei ertönt. Mitunter habe ich bei diesem Ausbruch der Freude schon richtig Angst bekommen, zum Beispiel als das Gewinnerteam, fünf schwergewichtige Brüder im Schwarzenegger-Format, auf das Kandidatenpult sprang und dann ungebremst auf mich zurannte und mich zu Boden warf. Ich kam mir vor wie ein Footballspieler nach dem Bodycheck. Oder die italienische Familie, die sich so unbändig über den Gewinn von 10 000 Mark freute, daß der Familiensprecher sei-

282

nem Cousin mit der Hand so unglücklich unter das Kinn prallte, daß er sich einen doppelten Mittelhandbruch zuzog. Gott sei Dank blieb wenigstens das Kinn heil.

Natürlich gehört zur Freude auch die Enttäuschung. Denn nicht immer klappt es mit dem ersehnten Gewinn – manchmal fehlt nur noch ein einziger Punkt –, aber so ist das Spiel. Dann tröste ich meine Verlierer und bekomme meistens zu hören: »Ist nicht so schlimm, es hat uns trotzdem viel Spaß gemacht.« Am besten gelungen scheint mir eine Sendung, wenn sie herrlich beknackt ist, eben wenn auf die Frage nach einem »dunklen Ort« spontan »Gehirn« genannt wird, auch wenn damit die Gewinnchance des Teams versiebt ist.

Oft wird geschrieben, Kandidaten in Gameshows seien Marionetten, bloßes Fernsehfutter, nach dem Motto: aufgezeichnet und abgefrühstückt. In meinem »Familien Duell« gibt es das nicht, eigentlich sollte es das nirgendwo geben, denn ohne Kandidaten gäbe es keine Spielshows.

Die Zuschauer zu unterhalten, ist mein Auftrag, das kann man als »ferngelenkte Unterhose« machen, als Roboter, der Dinge abliest und hölzern herumhampelt, wie in vielen dieser Plastiksendungen, in denen der Beruf des Moderators zum Mutanten verkommt, oder eben auf meine Art. In Deutschland gilt oft die Formel: U = Unterhose, und wer Unterhaltung macht, kommt automatisch in ein bestimmtes Kästchen. Dabei lasse ich nur Professionalität als Kriterium gelten. Diese Professionalität wird jedem meiner Kandidaten entgegengebracht. Auch wenn wir nur begrenzte Zeit miteinander haben, so erfahren sie vor, während und nach der Show eine Rundumbetreuung durch das Team.

Die meisten Kandidaten lernen sich schon am Abend vor der Aufzeichnung im Hotel kennen. Nach einem gemeinsamen Frühstück schnuppern sie bei den Proben das erste Mal Studioluft, aber ohne Publikum, Moderator und das ganze Drumherum. Anschließend wird die mitgebrachte Garderobe gecheckt und dann geht es in die Maske. Alle Kandidatenfamilien haben ihren eigenen Betreuer, der die ganze Zeit über für sie da ist. Selbst im kleinsten Break stehen sie sofort bei den Familien, erklären, muntern auf und beruhigen. Ich finde es ungeheuer wichtig, daß die Kandidaten von Anfang an spüren, daß sie ernstgenommen werden und trotz des Zeitdrucks nicht nur eine Nummer für uns sind. Dieses Gefühl möchte ich ihnen auch mit der Art meiner Moderation vermitteln. Sicherlich wird über manche Antworten viel gelacht, dennoch wird bei mir niemand bloßgestellt. Ich mag keine Shows, die Kandidaten vorführen, nach dem Prinzip »höher, schneller, weiter«. Jeder Spaß hat seine Grenzen, die man respektieren sollte. Ich verstehe mich als Gastgeber, und wer beleidigt schon seine Gäste?

Außerdem denke ich, daß ich als Moderator auch bestimmte Erwartungen erfüllen muß, schließlich bin ich für viele Menschen eine Art Wohnzimmertapete, die man jeden Tag ansieht; ich bin einer von ihnen. Genau diesen Eindruck möchte ich auch im Studio vermitteln, die Menschen sollen nach Hause gehen und denken: »Der ist ja wirklich so wie im Fernsehen.« Gott sei Dank habe ich nie den Fehler gemacht, mich zu verstellen, eine Rolle zu spielen. Auch hier möchte ich wieder die *Süddeutsche Zeitung* anführen, in der ich bereits 1991 gesagt habe: »Werner ist ein Teil von mir, ein guter Freund.« – Das ist er auch heute, fünf Jahre später, noch. Kaum jemand kommt als »Promi« auf die Welt, auch ich stamme aus einfachen, bodenständigen Verhältnissen. Da ich das nicht vergessen habe, verstehe ich die Arbeiterfamilie mit ihren Freuden, Nöten und Sorgen genausogut wie die Akademikerfamilie. Und ich sehe überhaupt keinen Grund, die beiden unterschiedlich zu behandeln.

Fernsehen ist nicht unpolitisch. Wir Moderatoren sollten uns nicht zu wichtig nehmen, aber auch unserer Vorbildrolle bewußt sein. Ich kämpfe gegen Intoleranz in jeder Form. Vielen paßt das nicht (von Rechtsradikalen habe ich schon Schmähbriefe und Morddrohungen erhalten), aber ich lasse es mir nicht nehmen, meine Überzeugung auch in meiner Sendung zu vertreten. Ich bin mir bewußt, daß das, was ich sage, von den Zuschauern ernstgenommen wird. Daher kann ich gerade im Unterhaltungsbereich positiv vorleben, was anderswo zum Thema negativer Schlagzeilen wird.

Im Klartext: Ich begrüße im »Familien Duell« Familien aus dem Iran, dem Libanon, der Türkei, Italien, Schwarzafrika, die in

284

Deutschland seit vielen Jahren wohnen, und spiele mit ihnen und deutschen Familien gemeinsam. Dabei verfahren wir nicht nach dem Motto:»Guckt mal, unsere Vorzeigeausländer!« Die ausländischen Familien werden im»Familien Duell« so behandelt, wie es sein sollte: als selbstverständlicher Teil unseres (Zusammen-)Lebens. Eine Gameshow wie das»Familien Duell«, die vor 20 Jahren in den USA aus der Taufe gehoben wurde und bisher in 18 verschiedenen Ländern der Erde erfolgreich gelaufen ist und nach wie vor läuft, sollte ein Spiegel unserer multikulturellen Gesellschaft sein. Deshalb veranstalten wir einmal im Jahr ein»Familien Duell International«, eine kleine Weltmeisterschaft mit 16 Familien aus 16 Nationen. Ich persönlich und auch das gesamte Produktionsteam lieben diesen internationalen Wettkampf, der schon Tradition hat. Die Atmosphäre ist eine ganz besondere, denn über mehrere Drehtage hinweg sind alle achtzig Kandidaten mit uns zusammen. Alle haben Gelegenheit, sich gegenseitig kennenzulernen, was nicht selten zu richtigen Freundschaften geführt hat. Bei der philippinischen Familie aus unserem ersten Special bin ich sogar Patenonkel geworden. Irgendwie ist das»International« ein Stück heile Welt, das wir nicht mehr missen möchten. Wenn dann auf der Abschlußparty alle miteinander tanzen und fröhlich sind, ungeachtet ihrer unterschiedlichen Religion, Sprache und Herkunft, dann lehne ich mich mit dem guten Gefühl zurück, etwas richtig gemacht, vielleicht sogar etwas bewegt zu haben. Und wodurch? Durch ein einfaches, aber liebenswertes Spiel und den natürlichen Umgang mit Menschen (Kandidaten).

Unterhaltung ist für mich, frei nach Oscar Wilde, die hohe Kunst des Einfachen und damit die schwerste Posse. Daß es uns immer wieder gelingt, die Zuschauer mitzureißen, liegt sicherlich am ausgefeilten Konzept, meinem guten Produktionsteam von Fremantle, der MMC, der Castingfirma Mediabolo und natürlich RTL.

Und, was man nicht vergessen sollte, einen großen Teil des Erfolges verdanken wir den Kandidaten.

© ZDF Mainz

Claus Seibel wurde 1936 in Gießen geboren. Er studierte Germanistik und Geschichte in Marburg, dazu Publizistik und Theaterwissenschaft an der Freien Universität Berlin. Seine publizistische Laufbahn begann er 1960 beim Hessischen Rundfunk, wo er nach einem Volontariat als Redakteur, später als Chef vom Dienst in der Nachrichtenredaktion des Hörfunks arbeitete. Zuletzt war er dort Sendeleiter Hörfunk. Seit 1971 moderiert Claus Seibel als Studioredakteur die »heute«-Sendung des ZDF.

Claus Seibel

Claus Seibel

25 Jahre Redakteur im Studio

Wie kommt es eigentlich, daß täglich gerade soviel passiert, wie man in zwanzig Minuten berichten kann? Diese nie gestellte Frage beantworte ich immer so: Das kommt, weil es den Redakteur im Studio gibt. Sein Job ist eng mit diesen Begriffen verbunden: sichten, gewichten, verdichten und das Ganze dann auch noch – verkaufen.

Aber der Reihe nach.

Als ich im Fasching 1970 mal wieder zur Kellerparty Frankfurter Freunde ging – eine traditionelle Veranstaltung mit den schönsten Mädchen der Stadt –, ahnte ich noch nicht, daß an diesem Abend Weichen gestellt werden sollten.

Ich hatte das Nachrichtenhandwerk beim Hörfunk des Hessischen Rundfunks von der Pike auf gelernt und mich vom Volontär über den Redakteur und Chef vom Dienst zum Sendeleiter hochgehangelt. Letzteres brachte mir zwar öffentlich-rechtliche Hierarchieduftmarken ein – wie ein Dienstzimmer mit drei Achsen (Fenstern) inkl. Vorzimmer mit Sekretärin –, machte mich aber nicht sonderlich glücklich. Administration hieß die Devise, journalistische Arbeit kam praktisch nicht mehr vor.

Da fügte es sich, daß die lieben Freunde vom Partykeller eine Anzeige in der FAZ gelesen hatten, in der der damalige Chefsprecher Behrendt einen zusätzlichen Kollegen für die *heute*-Sendung suchte. »Du im Fernsehen, das wäre doch eigentlich gar nicht so schlecht«, meinten die Freunde. Im Prinzip ja, dachte ich mir, aber als Sprecher?

Schnell wuchs die Überzeugung, daß es wohl reizvoller wäre,

von Flensburg bis Garmisch bemerkt zu werden (in Ost-West-Richtung dachte man damals noch nicht), als von Kassel bis Heidelberg.

Ich meldete mich, wurde zum Vorsprechen eingeladen – heute nennt man das »Casting« – und gewann den Wettbewerb unter 170 wohltönenden Menschen (zusammen mit Werner Schmitt, heute WDR).

Damit war ich wohl der richtige Mann zur richtigen Zeit, denn beim ZDF dachte man schon damals daran, die Hauptausgabe der *heute*-Sendung von Redakteuren moderieren zu lassen und nicht mehr von Sprechern. Wahrscheinlich wollte man ein Gehalt einsparen.

So kam ich zum ZDF und das ZDF zum ersten »Redakteur im Studio«. In der Tat ist dieses Prinzip im Nachrichtengewerbe von Vorteil: Der Redakteur steckt voll in der Thematik, verkörpert größere Kompetenz und ist eher in der Lage, technische oder redaktionelle Pannen aufzufangen.

Bei der ARD mit ihren Sprechern in der *Tagesschau* gibt es noch das berühmte Dia »Wir bitten um etwas Geduld«.

Wenn der Nachrichtenzug mal verunglückt, wird er hinter den Kulissen schnell wieder aufs Gleis gestellt – bei uns schaltet die Regie gnadenlos ins Studio, damit der Redakteur was Nettes sagt.

In der ersten Zeit – ich gebe das heute unumwunden zu – habe ich mich auf der Straße immer umgedreht, ob die Leute mich wohl erkannt haben. Dann kam die Phase, in der die wachsende Bekanntheit ins Privatleben übersprang und man selbst im Urlaub vor Kumpeltypen keine Ruhe hatte. In der folgenden Phase – sie dauert bis heute an – sieht man sich in einem Beruf wie fast jedem anderen und behält so die absolut unerläßliche »Bodenhaftung«.

Nehmen wir einen beliebigen Tag, an dem ich um 19.00 Uhr präsent bin: Der Arbeitstag beginnt um 7.30 Uhr zu Hause mit dem aktuellen Magazin des Deutschlandfunks. Frühstücksfernsehen ist nicht mein Ding – es nimmt mir die gerade in den Frühstunden notwendige Bewegungsfreiheit. Außerdem bin ich dem Radio immer noch verbunden.

Um 10.00 Uhr beziehe ich mein Büro und überfliege die überregionale Presse – vor allem, um die Aufmachung mit unserer vom Vortag zu vergleichen. Meist liegen wir im Mainstream.

Dann die erste Konferenz mit den Kollegen vom *journal* und freimütige Manöverkritik an den Sendungen des Vorabends. Jetzt geht es los mit dem Sichten – was spucken die Quellen für den heutigen Tag aus? Quellen sind die großen Agenturen, die Inlandsstudios und unsere Korrespondenten – Plätze rund um den Erdball. Aufträge für Berichte werden vergeben und immer wieder zeigt sich:»Nichts ist so planbar wie Aktualität.« Höchstens 20 Prozent der 19.00-Uhr-Inhalte ergeben sich erst im Laufe des Tages.

Schon früh entscheide ich mich für die Themen, die ich selbst beackern will – meist den Aufmacher und die folgenden Themen, auch für feuilletonistische Schmankerln, die wir gegen Ende der Sendung bringen. Sichten, sichten, sichten, mit Korrespondenten Inhalte abgleichen für die Worteinleitungen.

Die wichtigste Konferenz des Nachmittags beginnt um 15.00 Uhr mit einer kleinen Crew, die der Sendung das Gesicht gibt. Gewichten ist jetzt angesagt, auswählen, was in die Sendung kommt. In Streitfällen ist der Schlußredakteur der »primus inter pares«. Was betrifft die Zuschauer, was macht sie betroffen – nach diesem Parameter gehen wir zu Werke. Wer sich dabei nicht vom ständigen Bemühen um Objektivität leiten läßt, hat in einer Nachrichtenredaktion nichts verloren.

Ein erster Programmentwurf wird erstellt, die Flut gebändigt, die Dramaturgie der Sendung nimmt Gestalt an. Die folgenden Stunden dienen der redaktionellen Bearbeitung, die Stoffe werden verdichtet, in eine konsumierbare Form gebracht.

Die Stunde der Wahrheit schlägt um 17.00 Uhr: Können wir das Programm wie geplant durchziehen, müssen wir es ändern, weil es neue Entwicklungen gibt? Alles steht in Frage, alles wird neu eingeschätzt.

Danach schreibe ich meine Texte, das heißt, ich diktiere sie meiner Sekretärin. Immer wieder unterbrochen von Telefonaten mit Korrespondenten zum Gegenchecken der Agenturmeldungen.

Oft müssen bereits fertige Antexte zu Berichten eingestampft und neu verfaßt werden, weil ein Korrespondent sich nicht an die Absprache gehalten und im Bericht Fakten erwähnt hat, die für die Anmoderation gedacht waren. Ganz schön stressig, die restliche Zeit bis 19.00 Uhr. Auch die anderen Wortmeldungen müssen gegengelesen und gegebenenfalls geändert werden.

Es macht sich immer gut, wenn der Redakteur im Studio die aus aller Welt einlaufenden Beiträge gesehen hat – kann er doch im Falle einer Panne dem staunenden Zuschauer erklären, was dieser gesehen hätte, wenn der Bericht gekommen wäre ...

Gegen 18.40 Uhr erscheint die freundliche Dame aus der »Maske«, um zu verhindern, daß man eine glänzende Erscheinung bleibt: weg mit den Falten, her mit dem Puder. Die Kamera nimmt sonst rasch übel. Das tut sie auch bei falscher Kleidung: Karos läßt sie tanzen, blaue Hemden liebt sie nicht, wegen der Blue box. Deren Informationen würden nämlich dann auf dem Hemd erscheinen, und die Sache ginge in die Hose.

Alle Texte, vom Redakteur im Studio gegengelesen und vom Schlußredakteur abgenommen, müssen dann noch auf die Diskette fürs Autocue – den Apparat, der die Zuschauer glauben macht, der Redakteur habe alles auswendig gelernt. Mit diesem vertrackten Ding habe ich meine liebe Not: Hält die Sekretärin, die den Text vor dem Kameraauge »steuert«, die Sprechgeschwindigkeit nicht akribisch ein, gerät man ganz schön ins Schwitzen, sieht man doch eh nur Teile der Sätze.

Neulich passierte mir, was Stoff für Alpträume ist: Mitten in der Sendung, mitten im Text läuft das Ding rückwärts, die Sekretärin hatte schlicht den falschen Knopf gedrückt. In diesen Sekunden wird man um Jahre älter. Man fühlt sich als Sklave der Technik, das Hirn ist leer und man hat Mühe, den angefangenen Satz einigermaßen sinnvoll zu Ende zu bringen. Bis man die Textstelle im Manuskript wiedergefunden hat, dauert es im günstigsten Fall endlose Sekunden.

Redaktionsschluß kennen wir nicht – solange die Sendung läuft, sind wir offen für Änderungen und Zusatzinformationen.

Mit Hajo Friedrichs hatte ich mal einen lebhaften Disput über die Frage, wieviel Betroffenheit ein Nachrichtenmensch im Fernsehen zeigen darf. Er war für die absolute Nullösung und strikte Neutralität. Ich sehe das ein bißchen anders: Auch jede persönliche Mitteilung im Privatleben wird physiognomisch begleitet, je nach ihrem Inhalt: Bei einem freudigen Ereignis macht der mitteilende Mensch ein anderes Gesicht, als wenn er eine Katastrophe verkündet. Dieses Maß an Natürlichkeit versuche ich mir zu bewahren, ohne ins Bauerntheater abzugleiten.

Ach ja, und dann noch die Versprecher: Ich weiß aus vielen Publikumsbegegnungen, daß man uns die so lange nicht übelnimmt, als sie nicht gehäuft auftreten. Für uns heißt das ganz klar: Wenn's mal passiert – wer ist schon immer hochkonzentriert –, bloß nicht über den Fehler nachdenken, sondern weitermachen, als wäre nichts geschehen. Vielleicht denkt der Zuschauer ja, er habe sich verhört.

Da wir gerade beim Nähkästchen sind: Auch nach 25 Jahren gehe ich jeden Abend mit kalten Pfoten ins Studio. Das Lampenfieber will mich nicht loslassen. Jeder Tag ist eben anders, jeder Tag ist neu.

292

© Elke Acimovic

Dénes Törzs wurde 1934 geboren und ist ungarisch/slovakischer Abstammung. Er studierte zunächst Theaterwissenschaft und Germanistik (ohne Abschluß) und absolvierte anschließend eine Schauspielausbildung (mit Abschluß). Nach Engagements an verschiedenen Theatern in Deutschland, zuletzt am Ernst-Deutsch-Theater in Hamburg, wechselte er 1966 zum Norddeutschen Rundfunk. Zunächst war Dénes Törzs als Moderator und Sprecher beim Hörfunk beschäftigt, seit 1977 ist er beim Fernsehen. Seine Aufgabengebiete umfassen die Programmoderation auf N3 und das Off-Sprechen in Magazinen, außerdem ist er Gastgeber bei den Unterhaltungssendungen »Lieder, so schön wie der Norden« und »Wünsch dir was«. Dénes Törzs betätigt sich als Amateurfotograf und fährt Rad (Langstrecke). Seine Interessenschwerpunkte sind Politik, Film und Theater. Er ist verheiratet und hat zwei Söhne.

Dénes Törzs

Dénes Törzs

Mit offenen Karten spielen

Um die Erfolgsgeheimnisse prominenter Fernsehmoderatoren geht es in diesem Buch. Doch eines muß klar sein: Erfolg ist in unserem Beruf nicht machbar, Erfolg stellt sich ein, oder er stellt sich nicht ein.

Natürlich kann und muß man alles lernen wie ein Handwerk, das Sprechen, das Schreiben (Einstieg – Ausstieg, Schwerpunkt, Pointe setzen), auch Körperpräsenz ist zu lernen, aber garantiert das den Erfolg? Wohl kaum! Da ist etwas, das offenbar nicht erlernbar ist, das im Menschen selbst steckt, und das ist das Geheimnis.

Der erste Schritt, diesem Geheimnis auf die Spur zu kommen, ist, sich ein paar Fragen zu stellen: Warum will ich eigentlich vor die Kamera? Will ich wirklich Tausende von Menschen informieren, unterhalten und vielleicht auch ein bißchen zum Nachdenken anregen? Und weiter: Fernsehen ist ein Massenmedium; wie ist mein Verhältnis zu den Massen? Bin ich ein Menschenfreund?

Der Journalist Axel Eggebrecht sagte einmal: »Wenn ein Mensch mit Menschen für andere Menschen wirklich etwas tun will, muß er die Menschen lieben, sonst wird das nichts!« Axel Eggebrecht, der Mitbegründer des Norddeutschen Rundfunks in Hamburg.

Es ist also Humanismus plus Handwerk. Überzeugt das? Nicht ganz. Denn wie war das mit Werner Höfer oder Alexander von Cube, die den Zuschauern immer signalisierten: »Wir sind schön, stark und gebildet. Wir machen Fernsehen, und du hast gefälligst zuzugucken.« Waren das Humanisten? Ich habe meine Zweifel. Dennoch waren sie erfolgreich.

Nach jahrelanger Tätigkeit beim Radio fing ich 1977 beim Fernsehen an. Meine Aufgabe war es, das Sonnabend-Nachmittags-Programm im III., wie es damals hieß, in ein Bildungs- und Unterhaltungsmagazin zu verwandeln. Länge: 4 Stunden; durchschnittliche Moderationszeit: 28 Minuten. Eine Zeit, die mir allein gehörte, eine Riesenchance. Aber auch Lampenfieber und Selbstzweifel.

Ein Anruf bei Axel Eggebrecht stellte die Weiche: »Du mußt immer *mit offenen Karten spielen*, was auch passiert.« Daran habe ich mich gehalten, bis heute, und es passierte einiges.

Mein erster Studiogast war Fiete Göttert, ein in Hamburg bekannter Segelmacher, Seemann und Sammler von Shantys aus der ganzen Welt. Er spielt wunderbar Ukulele und Mundharmonika und singt wie ein Reibeisen. Elf Minuten live waren für ihn vorgesehen.

In der Nacht vor der Sendung war an Schlafen nicht zu denken, ich hatte ein mulmiges Gefühl. Denn Fiete war nicht nur ein begnadeter Sänger, er trank auch gerne den einen oder anderen Schluck. Was, wenn er den Termin vergessen hatte? Also rein ins Auto und die Kneipen abgeklappert. In der vierten fand ich ihn. Er sang von den Nordseewellen und hatte ziemlich getankt.

»Fiete, du bist morgen um elf Uhr bei mir im Studio, live!«

»Na und«, sagte Fiete, »ich komme schon.«

Und so war es auch. Fiete sang, Fiete erzählte, Fiete war amüsant. Der einzige, der wirklich schlecht war, war der Moderator. Ich war einfach zu aufgeregt. Nachher habe ich ihn gefragt, wo er die Ruhe hernahm, die Souveränität.

Seine Antwort: »Mein Junge, wenn du mal 24 Jahre zur See gefahren bist und soviel erlebt hast wie ich, dann macht dir so'n bißchen Fernsehen auch nichts mehr aus.«

So'n bißchen Fernsehen! Fiete hatte unseren Beruf unter den Scheffel gestellt, unter den er, seiner Meinung nach, gehörte.

Ein anderer Studiogast war der Autor Wolfgang Menge. Ein Mann, der für seine Arbeiten alle begehrten Fernsehpreise bekommen hat und der ein gefürchteter Talkmaster in der Bremer Talkshow »III nach 9« war. Nur wenige wissen, daß er für die Krimiserie »Stahlnetz« fast alle Drehbücher geschrieben hat. Wir

hatten »Stahlnetz« im Programm, ein Grund, den Autor einzuladen und zu fragen, wie er an die Fälle gekommen ist, wie er recherchiert hat, wie damals die Arbeit war.
Nach telefonischer Absprache flog Menge ein, saß im Studio, 15 Minuten live hatten wir Zeit, die rote Lampe ging an:

T.: Herr Menge, Sie sitzen hier im Fernsehmuseum, wie finden Sie das?
M.: Na ja, wenn ich hier nicht bleiben muß!
T.: Aha. Herr Menge, Sie haben fast alle Drehbücher zu »Stahlnetz« geschrieben. Wie sind Sie vorgegangen?
M.: Ach, wissen Sie, Herr Kollege, das liegt so lange zurück, das hab' ich alles vergessen.
(Ende. Noch 14 Minuten vor uns und kein Ersatzprogramm vorbereitet.)
T.: Aber Herr Menge, wir hatten doch am Telefon ...
M.: So? Kann ich mich gar nicht erinnern.
T.: Ich hatte mir hier ein paar Fragen vorbereitet ...
M.: Ja, die schmeißen Sie mal weg.
T.: Gut, wir können ja auch über was anderes reden.
M.: Ja?
T.: Sie scheinen eine Vorliebe für Satire zu haben. Sehen Sie sich als satirischen Autor?
M.: Eine gute Frage, wenn ich wüßte, was Satire ist. Was ist denn Satire?
Ein Glücksumstand wollte es, daß ich vor Jahren eine Arbeit über die Aufgabe der Satire geschrieben hatte, von Karl Krauss bis Dieter Hildebrandt, und über Gesellschaftskritik, das Überspitzen und Karikieren zwei Sätze zusammenbrachte. Darauf:
M.: Ja, wenn Sie das für Satire halten,
T.: (stumm) O Gott, was kommt jetzt?!
M.: Dann bin ich ein satirischer Autor.

Wir sprachen über deutschen Humor, über »Ein Herz und eine Seele«, über »Das Millionenspiel« und »Smog«, und es wurde eines meiner besten Interviews.
Eine Extremsituation, sicher, aber etwas, das sich täglich wieder-

holen kann. Um das zu meistern, braucht man Nerven, doch Nerven kann man nicht lernen.

Nerven wie Drahtseile waren am 31.12.1986 nötig, einem der Höhepunkte meiner Karriere. Das dritte Fernsehprogramm des Norddeutschen Rundfunks verstand sich an diesem Silvesterabend als Alternative zum ersten und zweiten Programm. Kein Humtata, sondern gute Musik und Comedy von hoher Qualität. Das es aber so alternativ werden würde, hatte von uns niemand geahnt. Ich hatte die Ehre, das Programm zu präsentieren.

Es begann um 19.40 Uhr mit »Dinner for one«. Wir freuten uns über James und sein: »Same procedure as every year?« Dann kam die Tagesschau und anschließend die Neujahrsansprache des Bundeskanzlers. Ich war unmittelbar nach dem Kanzler dran und konzentrierte mich auf meine Eröffnungsmoderation.

Komisch, im ZDF hatte er 'ne andere Krawatte an, na ja, seine Sache. Kommando aus der Regie: »Achtung, der kommt zum Ende.«

Originalton Bundeskanzler Helmut Kohl: »Ich wünsche Ihnen ein gutes 1986, Gott schütze unser deutsches Vaterland.«

Rotlicht – ich war auf Sendung. »Guten Abend, meine Damen und Herren, ich begrüße Sie ...« Und die ganze Zeit ging mir durch den Kopf, wieso denn 1986, es wird doch '87; wieso sagt der 1986?

Als der erste Film anlief, war es klar. Wir hatten die falsche Neujahrsansprache gesendet. Ein Drama, eine Katastrophe! Alle Telefone klingelten, 40 Leitungen waren blockiert. Presse, wütende Zuschauer, Bundeskanzleramt.

Der damalige Chef der Tagesschau, Edmund Gruber, kam im Laufschritt und witterte Böses. Ulrike Wolf von den Tagesthemen rauschte herein und verwandelte sich in Miss Marple. Rolf Seelmann-Eggebert, unser Programmdirektor, war schneeweiß.

Nach zwanzig Minuten sprang die Türe auf, und der Intendant Friedrich Wilhelm Räuker stürzte herein und schrie: »Sabotage – Bubenstreich!« Friedrich-Willem war ein alter Radio- und Fernsehmann, lange dabei und auch mal jung gewesen.

Er wußte natürlich genau, daß so was durchaus passieren kann, nur diesmal glaubte er nicht an ein Versehen.

Hannie van Hayden, die im ersten Programm als Ansagerin tätig war, ging auf ihn zu und sagte in ihrer bescheidenen Art: »Finden Sie nicht auch, Herr Intendant, daß das ungeheuer komisch ist?«

Sie hatte recht, die ganze Welt lachte über uns, nur wir selber nicht! Wir telefonierten. Jeder von uns war zum Telefondienst abgestellt. Zuschauer beruhigen, an die Pressestelle verweisen. Plötzlich hatte ich Friedhelm Ost am Telefon, damals Sprecher der Bundesregierung. Er sagte: »Ich verlange von Ihnen die Ermittlung des Täters und eine entsprechende Bestrafung!« Meine Antwort: »Entschuldigen Sie bitte, aber die Todesstrafe ist seit 1948 bei uns abgeschafft.« Aufgelegt.

Die See ging hoch, und der Wind wehte!

Wie konnte das überhaupt passieren? Die Neujahrsansprachen sind alle aufgezeichnet und liegen bei uns in Hamburg im Archiv. Der WDR machte in diesem Jahr den Jahresrückblick und bestellte bei uns die 86er Neujahrsansprache, um Teile herauszunehmen: Was hat der Kanzler versprochen? Was ist eingetroffen?

Die neue Ansprache für 1987 wurde beim WDR aufgezeichnet und zur Sendung nach Hamburg geschickt. Und weil es ein Aufwasch war, schickten sie die alte von '86 gleich mit zurück. Und so standen sie beide nebeneinander im Regal, der gleiche Koffer, die gleiche Aufschrift, nur die Jahreszahlen waren verschieden.

Bei der Technikerin, die die Bänder für den Silvesterabend zusammenstellen mußte, schlug das Schicksal zu. Sie griff sich das falsche Band. Ein Mißgeschick – keine Sabotage, kein Bubenstreich und auch kein Alkohol. Ein Mißgeschick, allerdings mit großen Auswirkungen. Und ich kann sagen: »Ich bin dabei gewesen.«

Und dann war da noch die Sache mit den Pullovern! In den siebziger Jahren war das Fernsehen ein kühles, distanziertes Medium. Diese Kühle und Distanz wollte ich abbauen. Aber wie sollte ich das anstellen? Zunächst mit der äußeren Form. Es kamen die Pullover zu Ehren. Ich wollte so vor der Kamera angezogen sein, wie ich glaubte, daß unsere Zuschauer vor dem

Fernseher saßen. Ein etwas simpler Gedanke, aber er funktionierte.

Es war der auch beim Norddeutschen Rundfunk nicht unumstrittene Anfang, die Kleiderordnung zu durchbrechen und auf diese Weise Nähe herzustellen und Glaubwürdigkeit zu vermitteln. Und noch heute, obwohl ich seit Jahren keine Pullover mehr vor der Kamera anziehe, sprechen mich Leute auf der Straße an: »Sie mit Ihren schönen Pullovern!«

Und weil Fernsehen nicht nur ein optisches, sondern auch ein akustisches Medium ist, noch ein paar Worte über die Texte. Kann man zu Tausenden von Menschen gleichzeitig sprechen? Dazu noch einmal Axel Eggebrecht: »Zu Tausenden, gar zu Millionen Menschen sprechen, das kann niemand! Stell dir einen einzigen vor und sag ihm, was du ihm sagen willst. Und wenn *er* dich versteht, dann verstehen dich auch Millionen.«

Es ist eigentlich ganz einfach, sagen Sie vielleicht. Genau! Man muß nur »mit offenen Karten spielen«.

Noch zwei Fragen an D. T.

Haben Fernsehansagen noch eine Zukunft?

Fernsehansagen im althergebrachten Sinn haben keine Zukunft. Es genügt nicht mehr, zum Beispiel bei einem Spielfilm, nur die Darsteller zu nennen und den Inhalt zu verraten. Programm-Moderatorinnen oder -Moderatoren haben sehr wohl eine Zukunft. Wenn sie die Zuschauer freundlich begrüßen und zu den zu präsentierenden Produkten Hintergrundinformationen geben. Wenn sie eine kompetente Programmwerbung machen und den Zuschauern das Gefühl vermitteln können, daß sie ernst genommen und von ihrem Sender betreut werden. Wobei eine Programmoderation durchaus auch Unterhaltungswert haben darf. Denn: Nichts interessiert den Menschen mehr als der Mensch!

Haben Sie über das wunderbare Leitmotiv »Mit offenen Karten spielen« hinaus noch Ratschläge?

Nein.

© Hans-Martin Asch

Stefan Wachtel wurde 1960 in Worbis/
Thüringen geboren. Er studierte an der
Universität Halle-Wittenberg; nach dem
Abschluß als Diplom-Sprechwissen-
schaftler war er zunächst Stimm- und
Sprechtherapeut, später Rezitator,
danach Sprecherzieher am Meininger
Theater. Nach der Flucht aus der DDR
war Stefan Wachtel TV-Sprecher bei
Südwestfunk und ZDF. Seit 1990 ist er
freier Trainer für journalistisches
Moderieren, Texten und Sprechen bei
Hörfunk- und Fernsehanstalten. Stefan
Wachtel lehrt an Ausbildungsinstituten
in Deutschland, Österreich und der
Schweiz, u. a. an der Universität Mainz
und an der Europäischen Journalismus-
Akademie. Stefan Wachtel hat folgende
Bücher publiziert: »Delikt 220«, 1991;
»Sprechen und moderieren in Hörfunk
und Fernsehen«, 1994 und 1995;
»Schreiben fürs Hören«, 1997; »Texten
für TV« (mit M. Ordolff), 1997.
Stefan Wachtel lebt in Wiesbaden.

Stefan Wachtel

Stefan Wachtel

War ich gut?

Wie Moderatoren trainiert werden

Haben Sie schon jemals von einer Schule für Moderatoren gehört? So etwas gibt es auch wirklich nicht, aber es gibt eine Art Moderatorenlehrer wie ich es bin. Meist engagieren mich Sender, in anderen Fällen ist es der Moderator selbst, der trainiert werden will. Mein Job ist sicher nicht so, wie man ihn sich vorstellen könnte: Bitte so oder so stehen oder sitzen oder sich geben, lächeln oder fernsehmäßig dreinschauen! Dennoch, als »Coach« muß ich führen, Richtungen zeigen und manchmal bestätigen. Namen könnte ich nennen, aber das verbietet sich (bis auf zwei oder drei, die kommen später). Ich will einfach darüber sprechen, was für Sie als Zuschauer interessant sein könnte: warum Moderatoren z.B. manchmal so merkwürdig reden und natürlich auch, wie Moderatoren trainiert werden, denn viele, die angeblich alles »aus dem Bauch« machen, haben ein Training absolviert. Professionalität hat immer Methode.

Es gibt Menschen, die beschließen, Moderatorin oder Moderator zu werden. Kommt jemand mit dem Wunsch auf mich zu, Handwerkszeug für das Moderieren zu erlernen, heißt es zuweilen: »Ich rede gern und viel.« Gern reden ist eine gute Voraussetzung, viel reden geht aber in moderner Magazinmoderation gar nicht gut, in Unterhaltungsmoderationen nur selten. Natürlich darf auch Eitelkeit am Werk sein, denn die kann produktiv machen. Nur, manchmal überdeckt leider die Eitelkeit die Substanz. Motive also sind so verschieden wie die Charaktere: »Ich spreche gern mit Menschen«, »Der Chef hat gesagt, ich soll jetzt die Sendung moderieren«, »Ich habe früher

302

Theater gespielt« oder: »Ich habe doch eine ganz passable Stimme.«

Zum Trainer führt unter anderem die Angst, sich zu versprechen oder davor, daß vor der Kamera die Stimme versagt. Meist liegen, wie im richtigen Leben, die Probleme tiefer, beim Thema oder in der Seele des Betreffenden. Die Stimme ist manchmal nur deshalb dünn, weil die Sicherheit oder weil die Überzeugung fehlt. Wenn einer nicht durchdenkt, wovon er spricht, dann ist alle Fehlerlosigkeit sinnlos. Deshalb ist mein erstes Trainingsprinzip: Selbst verstehen!

Ein Teil meiner Arbeit besteht im Vorbereiten auf sogenannte Castings, Vorsprechtermine. Bei einer solchen Veranstaltung wurde einmal eine neue Moderatorin für eine Kultursendung des deutschen Fernsehens gesucht. Eine der Bewerberinnen sagte ungefähr: »Besser, man weiß nicht soviel über Kultur. Kennt man sich in den Themen nicht gut aus, dann moderiert es sich leichter, unbefangener; man ist dann irgendwie lockerer.« Überliefert ist nur betretenes Schweigen, wo eigentlich ein Aufschrei am Platz gewesen wäre. Die Betreffende moderiert die Sendung heute gottlob nicht, solches Denken ist aber nicht selten. Moderieren steht in dem Ruf, vor allem von äußerlichen Elementen abhängig zu sein. Weithin herrscht das Klischee, der Moderator müsse nur gut aussehen, sich freundlich geben, und die Kleidung müsse gefallen, kurz: die Form sei wichtiger als der Inhalt. Dabei liegt es auf der Hand, daß nicht einmal die »unterhaltsamste« Unterhaltungsmoderation Chancen hat, gut zu sein, wenn die Inhalte nicht durchdacht sind. Trotzdem treffe ich immer wieder auf die Erwartung, die bloße Form zu trainieren, eine klangvolle Stimme oder die Lautreinheit der Aussprache.

Vor allem angehende Unterhaltungsmoderatoren wünschen immer wieder leidenschaftlich das Einüben von »Schlagfertigkeit«. Das ist nicht möglich. Konzentration aber kann gerade noch trainiert werden. Manchmal, selten, wird sogar nach Originalität verlangt – aber da muß ich passen; auch »Witz« muß schon in der Anlage vorhanden sein, wo er trainiert werden soll. Unterhaltung läßt sich eben nicht lehren. Ich habe zwar einige

Talente entwickelt, aber hervorbringen kann ein Trainer so etwas nicht.

Es gibt also, wie gesagt, keine wirklichen Moderatorenschulen, doch ist aber das, was wir als Zuschauer immer wieder hören und sehen können, für jüngere Moderatoren eine Schule, dadurch daß andere Moderatoren als Vorbild genommen werden. Diese Tatsache erschwert das Ziel meiner Arbeit, den natürlichen individuellen Ausdruck. Zu viele versuchen, das zu kopieren, von dem es im Kaufhaus heißt:»Wird immer wieder gern genommen.« Manche der großen Vorbilder brachten zu ihrer Zeit Formulierkünste aus der Zeitung mit, die sich mittlerweile durchgesetzt haben, wodurch jetzt auch die Fernsehsprache so unlebendig klingt. Dazu gehören so schöne Versatzstücke wie»so der Minister«, die bedenkenlos eingesetzten Superlative, all die»ultimativen Events« und die fest am Substantiv klebenden Attribute wie die»folgenschweren« Unfälle,»entspannten« Atmosphären, die immer»verheerenden« Katastrophen. Am Sprachmuster erkennen wir die Fernsehleute, sonst meinten wir am Ende noch, ein richtiger Mensch spräche zu uns. Es treten auf: der Investigative, der bös dreinblickt; die mit dem immerwährenden Lächeln, der Unbeteiligte, der Sprechakrobat und viele andere. Die Originale kennen wir alle, sie gingen noch durch, die Kopien sind immer platt. Namhafte Leute des Geschäfts haben also das Fernsehen sprechen gelehrt, und noch ihre verrücktesten Sprechweisen haben»Schule gemacht«, z. B. das Sprechen mit vielen Pausen mitten im Satz, die sonst kein Mensch machen würde. Aber da sind wir schon bei den Reporter-Moderatoren.

Stellen Sie sich einen vor, der»vor Ort« steht, meist an der frischen Luft (Sie wissen schon, im Kriegsgeschehen inmitten von Ruinen, oder mit hochgeschlagenem Kragen vor dem Weißen Haus). Das klingt dann manchmal so, als wäre der Reporter furchtbar wichtig, als flögen ihm Kugeln um den Kopf, als wäre er außer Atem, irgendwie gehetzt. Selten ist das wirklich so; manche liefern es unbewußt mit, als gehörte es zur Rolle. Anderen aber treibt es wirklich die Stimme hoch, obwohl es keine Kugeln hagelt. Dann reicht der Atem nicht, und es braucht Atem- und Entspannungstraining – vor allem braucht es ein gutes Konzept.

»Moderatoren« nennt man seit einiger Zeit auch die Nachrichtensprecher. Natürlich gibt es einige wenige, denen es in die Wiege gelegt ist, verständlich Nachrichten zu verlesen. Viele andere gucken erst mal bei den Altgedienten den Ton ab. Wer so oder so ähnlich sprechen kann, der gilt als professionell. Man meint, dies sei die »richtige« Art Nachrichten zu sprechen, und ein angehender Nachrichtenmoderator, der sie kopiert, und noch auf die erbärmlichste Weise, gilt als vielversprechend. Und das, obwohl kein Mensch freiwillig so reden würde. Immer wieder kommt es vor, daß ich in einem Gruppentraining, nach dem artigen Vortrag etwa einer Nachrichtenmeldung, die Zuhörer fragen muß, was sie verstanden haben. Nachdem fast alle gesagt hatten: Schön, richtig wie in der Tagesschau, wollte ich einmal aber wissen, worum es gegangen war. Die Antwort: »Irgendwas mit Türkei, ja, Türkei.« Da hilft nichts, da muß man natürlich den Sprecher selbst fragen, und der weiß schon mehr: »Nordtürkei, ich glaube, was mit Nordtürkei.«

Vielleicht wird da abgeschrieben und gesprochen, ohne verstanden zu haben – durch Nachrichtenmoderatorendarsteller. Vielleicht hat sich da eine Sprache verselbständigt, die nirgendwo sonst gesprochen wird, nur eben im Fernsehen, und die am Ende verhindert, daß wir verstehen, was gesprochen wird. Vielleicht führt das bei Ihnen, liebe Zuschauer, immerhin dazu, daß Sie sich informiert fühlen – nicht aber informiert sind. Und das kann gefährlich sein. Während nicht informiert zu sein sicher schlimm genug ist, kann der Zustand des Sich-informiert-Fühlens verdummen. Ganz gefährlich wird es, wenn wir mit dieser zelebrierenden Sprechweise mitgeliefert bekommen: Dies ist die einzig richtige Art, die Welt darzustellen. Manche anscheinend »objektive« Nachrichten zeigen Ihnen nicht, daß Menschen entscheiden, auswählen, manchmal nach Parteibuch, manchmal nach persönlichem Interesse, was Nachricht ist und was nicht. Das ist nur dort sichtbar, wo Nachrichten auch verständlich moderiert werden.

Die Moderatoren von Magazinen haben es leichter, denn sie kennen das Geschehen genauer. Auch die Sender haben das erkannt, und sie lassen lieber die Redakteure moderieren als

305

Sprecher hinzuzuziehen. Aber auch in Magazinen verstehen wir manchmal »Bahnhof«, obwohl hier die Texte bis auf wenige Ausnahmen von den Moderatoren selbst geschrieben werden. Leider gibt es »Informations«-Magazine, deren Macher es wenig kümmert, ob der Moderator verstanden wird, ob es interessiert, was er da spricht, und ob die manchmal eine Woche lang gedrechselten Texte leicht ins Ohr oder eher ins Auge gehen. Was ist nun das Schwere am Moderieren? Stellen Sie sich vor, Sie sprechen zu Menschen, die Sie nicht sehen können, in ein buchstäblich schwarzes Loch hinein! Fernsehmoderationen sind solche Monologe; es fehlt die Rückmeldung, wie sie im Gespräch gegeben ist. Dieses Feedback läßt sich vor der Kamera nicht »erheischen«, nicht durch einen Augenaufschlag, nicht durch ein Anheben der Stimme, nicht durch »einladende« Gestik, leider. Daher muß ich dem Moderator seine Wirkung vor Augen führen und ihm helfen, sich in die Zuschauer hineinzuversetzen. Damit beginnt auch mein Moderationstraining, mit dem Reden über die Moderation. Ich kann nicht verbindlich sagen, ob das Moderierte so »richtig« war, es gibt ja nicht richtig und falsch, sondern nur, ob es »angekommen« ist oder nicht. Bevor ich als Trainer sage, was mich beim Zusehen/Zuhören stört, muß der Moderator seine eigenen Eindrücke äußern. Beliebt sind auch hier statt eines ehrlichen Feedbacks schablonenhafte Urteile. Am häufigsten ist zu hören: »Für den Anfang doch gar nicht so schlecht«, »Ausbaufähig«, »Guter Standard« etc. Solche Urteile motivieren nicht zum Training. Kein Wunder, denn die Gesprächskultur auch in den Sendern und »Anstalten« ist selten so, daß sie junge Moderatoren und Moderatorinnen ins Gespräch bringt. Vielfach wird nur aus zweiter Hand geurteilt, ohne eine Begründung mitzuliefern, nicht selten wird abgeurteilt. Die Medienanalyse könnte mit den Zuschauerzahlen und Einschaltquoten Hinweise geben, aber ihre Ergebnisse werden manchmal auf abenteuerliche Weise umgedeutet. Als Feedback käme auch die Presse in Frage, aber deren Äußerungen werden kaum akzeptiert, denn große Teile der Presse haben sich durch ihren hämischen Ton selbst disqualifiziert.

Das heißt Feedback lernen. Feedback ist immer »persönlich« und muß trotzdem auf die jeweilige Moderation begrenzt bleiben. Entscheidend ist es, die tatsächlichen Eindrücke und Wirkungen zu formulieren: alles oder nichts verstanden, angesprochen oder nicht angesprochen, mitgekommen oder genervt oder gelangweilt. Das Schöne an diesen Eindrücken ist: Sie sind nicht bestreitbar. Deshalb versuche ich, mehrere Moderatoren zusammen zu trainieren, weil das lehrt, Kritik auszuhalten.»Wenn ich bedenke, daß ich das schon längere Zeit mache«,»Ich stehe doch erst am Anfang«, vor allem solche Entschuldigungen und Rechtfertigungen bringen beim Feedback wenig, denn es zählen bei den Zuschauern nicht die Gründe, sondern nur der eine Eindruck. Sie sagen ja nicht:»Der hatte schon so einen langen Tag.« Ganz Clevere geben lange Erklärungen, warum es nun gerade zu dieser oder jener Formulierung gekommen ist, warum die Moderation also eigentlich doch nicht schlecht war.

Auch der Moderator muß den Coach kritisieren können (obwohl es leider immer mal wieder unter den Trainerkollegen heißt: Wie kann der»Schüler« den»Lehrer« beurteilen?). Der Trainierte muß den Trainer sogar ablehnen können, weil ohne gegenseitiges Verstehen kein Trainingserfolg zu haben ist. Leider geschieht das nicht immer offen. Manche fühlen sich zunächst angegriffen und versuchen auszuweichen. Aber Training ist nicht zur Erbauung gedacht, hier geht es immer ans Eingemachte.

Das Handwerk des Moderierens besteht aus dem Vorbereiten/ Schreiben einerseits und dem Sprechen andererseits. Das Schreiben beginnt beim Inhalt, denn wenn es am Inhalt hapert, hilft das beste Atemtraining nichts. Der Atem fließt, wenn Sprechen und Denken zusammenpassen. Auch die volle Stimme reicht natürlich nicht aus. Moderieren heißt nämlich verkaufen: die eigene Person, die Beiträge, die Gäste, den Sender. Und dafür sind Zuschauerbindung, gute Argumente und gute Pointen nötig; deshalb lernen Magazin-Moderatoren z.B. ihre Texte vom Ende her zu planen: Ernst Huberty, mit mehr als 4000 Sendungen überaus erfahren und einer der beeindruckendsten Trainer dazu, nannte das die»Landung« auf dem Beginn des Beitrages oder der folgenden Darbietung. Dabei muß der letzte Satz zum Eingangsbild oder zur ersten Frage an den Gast passen. Es geht nicht, daß die

Moderation endet mit:»Mein Kollege XY hat herausgefunden, daß es Perspektiven gibt«, und der folgende Filmbericht beginnt mit:»Es ist schier hoffnungslos …« Auch nicht so:»Es interessiert unsere Zuschauer sicherlich, wie er so viele Dinge erreicht hat« – sagt es, und die erste Frage an den Gast:»Wann haben Sie Ihre Frau kennengelernt?« Moderieren heißt verbindlich sein: die Zuschauer mit dem Moderator verbinden, die Beiträge mit den Gästen und die Teile der Sendung untereinander, damit die Zuschauer nicht aussteigen.

Zuletzt diskutieren wir den Textanfang, den Punkt, an dem Sie, liebe Zuschauer,»abgeholt« werden. Ich setze mich gern in die Nesseln und rate zu den vielgescholtenen Gemeinplätzen (gemein = vielen bekannt), Aussagen, die uns vertraut sind – oder auch zu Originellem, das aufhorchen läßt. Am sichersten ist es, dem Zuschauer Bekanntes in einem neuen Licht anzubieten. Wenn der Anfang der Moderation nichts mit uns zu tun hat oder nicht neugierig macht, bleiben wir auch nicht dran. Wichtig ist der eigene Stil, ohne den der Moderator hoffnungslos in der Fernsehsprache versinken würde. Eigener Stil entwickelt sich mündlich; selten gelingt er»ansprechend« bei vorherigem Aufschreiben. Deshalb wird in meinem Training frei moderiert, die Sätze entstehen erst vor der Kamera. Dazu vermittle ich den Moderatoren, mit Stichwortkonzepten umzugehen.

Nun sind wir beim Sprechen, wo es die meisten unsinnigen Tips und Tricks gibt. Für das Führen der Stimme z. B. kann es aber nur individuelle Vorschläge geben. Tips wie»Beim Komma die Stimme hoch!« wären nichts als Klischees, und Sie können hören, welcher Moderator dergleichen Unsinn befolgt. Sprechen bedeutet im Fernsehen leider nicht immer freies Sprechen, auch wenn Ihnen so manches Gesicht mit starrem Blick das vorzumachen versucht. Oft wird schlicht vorgelesen, und das ist für viele das Ende der Natürlichkeit: Weil die Worte schon da sind, hat der Moderator beim Vorlesen zu sehr den Kopf frei für die Form, so kommt es zu den merkwürdigsten Bewegungen oder Sprechmelodien. Eine segensreiche Einrichtung soll das Ablesen vertuschen: der Teleprompter oder Autocue, ein Gerät, das unter der Kameralinse hängt und den Text ausspuckt.

Leider tut die Maschine das nicht in überschaubaren Sätzen. Die Buchstaben müssen sehr groß sein, drei bis fünf Wörter passen höchstens in eine Zeile; mehrere Zeilen werden von unten kommend auf die Kamera gespiegelt. Wer einmal versucht hat, mit dem Teleprompter zu arbeiten, wird verstehen, daß damit nur wenige natürlich reden können. Wir üben dann, diese schon fertigen Sätze beim Sprechen neu zu denken.

Zum Schluß will ich von den Mißerfolgen reden, denn nicht jedes Training bringt das Ergebnis, das man sich wünscht. Bitter ist für mich nicht die Erfahrung, daß manche dieses oder jenes trotz großen Bemühens einfach nicht umsetzen konnten. Bitter stimmen mich die wenigen, die meine Hinweise als Nonplusultra verstanden haben, die sie starr und schulmäßig umgesetzt haben, ohne selbst überzeugt zu sein; die ein Verhalten angenommen haben in der Hoffnung, so allein sei es für alle Zeiten richtig. Nicht ganz wohl ist mir bei denen, die gar zu »professionell« geworden sind. Ich erinnere mich an eine Moderatorin, die zwar völlig fehlerfrei sprach, deren kalte Perfektion viele Zuschauer aber unerträglich fanden. Großes sprecherisches Können ließ sie nach dem Coaching genau das tun, was ich ihr vorgeschlagen hatte – es war aber nicht echt und hielt auch nur wenige Wochen. Dann nahm die »Reportersprache« wieder den Platz ein, der eigentlich dem natürlichen Ausdruck gehört.

Nur wenige wollen nicht eigentlich lernen, tun nur als ob, warten auf Tricks und Belehrungen (wer am eifrigsten nickt, ist am wenigsten überzeugt). In solchen Fällen meine ich immer, ich soll jetzt sagen, er oder sie sei das Beste, was ich auf dem Bildschirm gesehen oder im Training erlebt habe. Diese Erwartung kann ich nicht erfüllen, und manchmal hat dann das Training ein rasches Ende. Auch Absolutionen, die gern gewünscht sind, kann ich nicht erteilen. Ich darf nicht sagen:»Sie schaffen das schon«, wenn ich nicht davon überzeugt bin. Manchem mußte ich raten, doch besser etwas anderes zu beginnen. Ein Training kann ohnehin nur bei denen fruchten, die sich sicher sind, daß sie das Moderieren zum Beruf machen wollen.

Schließlich, manchmal trainiere ich auch Leute für die Arbeit vor der Kamera, deren Beruf das sonst nicht ist. Einige Zeit habe ich z. B. mit Hansi Müller gearbeitet, der vom italienischen Fußball berichtete; ein ausgesprochen umgänglicher Mensch, der ganz natürlich sprach und die Fernsehsprache gar nicht erst aufkommen ließ. Und einmal hatte ich Pilar Brehme, die Frau eines anderen Fußballstars, für ein tägliches Sportmagazin zu coachen. Pilar Brehme, gebürtige Spanierin, sprach in einem beängstigenden Tempo. In wenigen Tagen konnte sie den südlichen Rededrang in frische Moderationen umsetzen und vor der Kamera frei sprechen. Die Sendung moderierte sie nie; sie ging später doch lieber nach Mailand, mit einer Talkshow.

Die Arbeit vor der Kamera ist trotz allen Trubels die einsamste, die man sich vorstellen kann. Sehr einsam ist der Mensch dann, wenn das alles entscheidende »Achtung, Aufnahme!« erscheint – dann ist er nackt. Nichts hilft, keine Entschuldigung verfängt, wenn er nicht rüberkommt. Auf den Schleudersitzen der Moderation werden Menschen nach einem Daumensenken ausgetauscht wie Ersatzteile. Das Training muß dahin führen, die Kraft in diesen Moment hineinbündeln zu können.

Was ist nun das Geheimnis, das ich mitgeben kann? Methode haben und trotzdem locker sein. Locker vielleicht wie die Figuren in Kleists Abhandlung »Über das Marionettentheater«: der Bär, der besser ficht als der Mensch, die Gliederpuppe, die »lockerer« ist als es ein lebendiger Mensch je sein kann. Nur, zurück zum Zustand ohne Bewußtsein (vielleicht wie die Bewerberin aus der Casting-Geschichte), das geht mit Professionalität nicht zusammen. Man muß beide scheinbaren Extreme im Auge haben: nur ungekünstelte, wirkliche Lockerheit und bewußte Methode zusammen machen den Moderator überzeugend.

Und Sie, liebe Zuschauer, was können Sie tun? Sicher stehen Sie nicht allein da mit Ihrem Unbehagen an manchen austauschbar scheinenden Fernsehgesichtern. Sehen Sie doch einfach nicht mehr die Moderatoren an, die Sie nicht verstehen, und bleiben Sie bei denen, die Sie wirklich überzeugen. Sie werden ganz bestimmt nach einiger Zeit mehr echte und verständliche Moderationen erleben. Ein paar Moderatorentrainer werden das Ihre dazu tun.

Ulrich Wickert wurde 1942 in Tokio geboren. Er besuchte Schulen in Heidelberg und Paris und legte das Abitur in Schelklingen ab. Das Studium der Politischen Wissenschaften und Jura in Bonn und den USA (1963/64 mit einem Fulbright-Stipendium) schloß er 1968 mit dem juristischen Staatsexamen ab. Anschließend arbeitete er als freier Hörfunkautor. Von 1969 bis 1977 war er Mitarbeiter und Redakteur des politischen Fernsehmagazins »Monitor«. 1977 ging er als ARD-Korrespondent nach Washington, 1978 in derselben Funktion nach Paris. Zum ARD-Studioleiter in New York wurde er 1981 ernannt, 1984 übernahm er das ARD-Studio in Paris. Seit Juli 1991 ist Ulrich Wickert Erster Moderator bei den »Tagesthemen«. Neben zahlreichen Hörfunk- und Fernsehdokumentationen hat er viele Aufsätze in Zeitschriften und Sammelbänden veröffentlicht. Er ist ebenfalls als Autor von Büchern hervorgetreten, darunter: »Frankreich, die wunderbare Illusion«, 1989; »Der Ehrliche ist der Dumme – Über den Verlust der Werte«, 1994; und als Herausgeber: »Das Buch der Tugenden«, 1995.

Ulrich Wickert

Ulrich Wickert

Die Kunst der Pointe

Die »Schmankerl«-Meldung ...
und dann »Das Wetter«

Am Anfang der täglichen Schreibarbeit schleicht sich meist ein
Seufzen aus meiner Kehle. Das Wetter! Das ist das Schwerste.
Die Moderation für einen aktuellen Bericht zu schreiben, ist das
einfachste im Geschäft. Denn da muß, da darf man sich nur an
die letzten Tatsachen halten. Das kann man – ja, das muß man
manchmal – in wenigen Minuten vor der Sendung noch erledi-
gen. Àber die letzte Moderation, die vor dem Wetter, die muß ja
passen – nicht zum Wetter, sondern zur Erwartung des Zuschauers und zum vorherigen Bericht. Denn nicht jeder erlaubt eine
Schmonzette. Stellen Sie sich vor, da wird ein Nachruf gesendet – und dann lachen? Ja ja, ich weiß. Nachrichtenmenschen
sind Zyniker. Aber soweit geht es dann doch nicht. Und deshalb
dauert die Arbeit an der Wetterschnurre meist am längsten.
Erstens muß der Rohstoff gefunden werden, dann gilt es, ihn zu
schleifen und in die Fassung zu drehen.
Aber heute nachmittag sieht es wieder trostlos aus: keine Geschichte zum Wetter. Eine Agenturmeldung allerdings:»Regen
im Norden und Staus im Süden.« Seit wann gehören Staus zum
Wetter? Also keine Geschichte. Zumindest keine passende. Die
Redaktion hat einige Meldungen gesammelt, Zuschriften sind
gekommen, aber nichts paßt für diesen Tag. Vorausgesetzt wird,
daß die Geschichte am Tag der Sendung selbst noch nicht bundesweit bekannt ist.
Die Nachrichtenagentur AP meldet, die Zentrale der philippinischen Sozialversicherung rate ihren ins Ausland versetzten
Angestellten, täglich eine Papaya zu verzehren. Dadurch werde

das sexuelle Verlangen verringert. Zu eindeutig. Dann die üblichen Geschichten, von denen man immer meint, jemand habe sie erfunden. Etwa eine Agenturmeldung, die von einer merkwürdigen Entführung in Essen spricht. Die Recherche bei der Polizei in Essen ergibt: Die Geschichte stimmt – und findet Gnade: Eine Frau rief völlig aufgelöst über Notruf 110 auf der Einsatzleitstelle an. »Ich bin so beunruhigt, ein Unbekannter rief mich an und forderte 30 000 DM, wenn ich meine Tochter lebend wiedersehen möchte.« Der Polizeibeamte: »Wie alt ist Ihre Tochter?« Die Frau: »Ich habe gar keine Tochter.« Polizeibeamter: »Warum sind Sie dann so beunruhigt?« Die Frau: »Da haben Sie auch wieder recht.« Die wahre Geschichte zeigt, wie absurd unsere Welt geworden ist. Man lacht vielleicht kurz über die Frau. Wer aber bereit ist, ein wenig darüber nachzugrübeln, weshalb die Frau bei der Polizei anrief, der muß sich auch Gedanken über unsere Gesellschaft machen. Etwa über die Einsamkeit dieser Frau, die vielleicht nur in einer Welt von Medien lebt, in denen Entführungen und andere Verbrechen eine Rolle spielen (und Prinzessinnen und Scheidungen etc.).

Das kurze Auflachen bei den Worten »Das Wetter« ist erwünscht, aber es soll nicht nur fröhlich klingen, sondern auch einen Unterton enthalten – verzweifelt, kritisch, aufgeklärt. Und deshalb entwickeln sich die Wettergeschichten manchmal nur aus einem Wort, das Anlaß zum Nachdenken gibt. In der Formelsprache (im »Jargon der Eigentlichkeit« – für Spezialisten) gibt es so mannigfaltige Begriffe, die verschleiern sollen oder einfach »doof« klingen. Handlungsbedarf! Ein feiger Mord! Gibt es mutige Morde? Da fiel mir das Wörtchen »mindergiftig« in einer Presseerklärung von Hoechst auf. Was heißt »mindergiftig«? Ist das nicht wieder eine Verschönerung? Natürlich, also eine »aufklärerische« Schnurre.

Doch kann man »nur« lachen, wenn man folgendes hört?: »Im Umgang mit Worten sind manche Leute genauso ungenau wie im Umgang mit Giften. Doch bei den Worten sind sie besonders dann ungenau, wenn sie mit den Giften nicht sorgsam genug umgegangen sind. Nach einem Chemieunfall bei Hoechst hieß es, die ausgetretenen Schadstoffe seien mindergiftig. Wie das schon klingt. Mindergiftig ist beamtendeutsch und heißt wahrscheinlich weniger giftig. Aber heute stellt sich heraus, daß die Firma Hoechst sich auch in der Wahl des Wortes getäuscht hat.

Mindergiftig ist nämlich auch giftig, und wie sich nun plötzlich ergibt, sind die ausgetretenen Chemikalien so giftig, daß sie als krebserregend gelten, aber vielleicht nur minderkrebserregend?«

Da mit den Worten in vielen Bereichen – beginnend in der Politik – soviel Humbug getrieben wird, ist es wichtig, den Zuschauer darauf aufmerksam zu machen, wie genau er hinhören sollte. Das kann aufklärend wirken, falls die Person vor dem Fernseher nicht schon zu müde ist, um den »deuxième dégré« zu verstehen, die versteckte Zweideutigkeit.

Aber mit Worten kann man auch anders spielen. Da kommt die Agenturmeldung, ein Beamter im bayerischen Wirtschaftsministerium erlaubt einem Kamelreitverein in Nürnberg nicht, ein Kamel aus Ägypten einzuführen, denn das widerspreche der europäischen Binnenmarkt-Tierseuchenschutzverordnung. Na schön. Das ist absurd, wie so vieles, was uns die Bürokratie bereitet – und die zu kritisieren bereitet immer wieder Freude. Nun schimpft man ja dumme Menschen häufig ein Kamel. Damit kann man spielen. Aber wie vergleicht man Mensch und Kamel? Was ist eigentlich ein Kamel? Da rolle ich mit dem Bürostuhl zur Seite, wo all die dicken Wälzer stehen, die Wörterbücher. Was ist ein Kamel? Es ist – wie sich im Lexikon herausstellt – ein Schwielensohler. Wer hätte das gedacht. Dagegen – und auch das erklärt das Lexikon, unter einem anderen Stichwort – ist der Mensch ein Sohlengänger. Nicht der Kopf, nicht der Geist, nicht die Vernunft unterscheidet Mensch und Kamel, sondern es sind die Füße. Schwielensohler – Sohlengänger. Daraus müßte sich doch etwas machen lassen.

Dann kommt dabei heraus: »Der Mensch unterscheidet sich vom Kamel durch die Füße. Das Buckeltier ist ein Schwielensohler, der Homo ludens ein Sohlengänger. Nun haben in Lauf bei Nürnberg einige Sohlengänger einen Reitverein mit Schwielensohlern gegründet und wollen aus Ägypten ein eingerittenes Höckertier einführen. Das verbietet aber der im bayerischen

Wirtschaftsministerium sitzende Sohlengänger, der sich auf die europäische Binnenmarkt-Tierseuchenschutzverordnung über die Einfuhr von Schwielensohlern beruft. Danach kann ein Kamel aus Ungarn, aber nicht aus Ägypten eingeführt werden. Von dort soll das Tier aber kommen, weil es besonders gut eingeritten ist. Und außerdem: in Ungarn gibt es keine Schwielensohler.« Und dann – wie gesagt:»Das Wetter!«

© Detlef Schneider

Roger Willemsen

Roger Willemsen wurde 1955 in Bonn geboren. Er studierte Germanistik, Philosophie und Kunstgeschichte in Bonn, Florenz, München und Wien. Seine Doktorarbeit schrieb er über die Dichtungstheorie Robert Musils. Neben dem Studium betätigte er sich mehrere Jahre als Nachtwächter, Reiseleiter und Museumswärter. Roger Willemsen arbeitete als Assistent für Literaturwissenschaften an der Universität München, als Übersetzer, Herausgeber und freier Autor, ehe er 1988 für drei Jahre nach London ging. Dort war er als Korrespondent für Zeitungen und Rundfunkstationen tätig. 1991 engagierte der Pay-TV-Sender Premiere ihn als Moderator für das Interviewmagazin »0137« und ab Juni 1993 für die Sendung »Willemsen – das Fernsehgespräch«, die er mit seiner Firma NOA NOA auch selbst produzierte. 1994 wechselte er zum ZDF. Seither moderiert er die wöchentliche Talksendung »Willemsens Woche«. Im Wintersemester 1995/96 war er Gastprofessor am Germanistischen Institut der Universität Bochum. Zu seinen Buchveröffentlichungen zählen: »Das

Existenzrecht der Dichtung«, 1984;
»Robert Musil – vom intellektuellen
Eros«. 1985; »Kopf oder Adler – Er-
mittlungen gegen Deutschland«, 1990;
»Menschen aus Willemsens Woche«,
1996. Außerdem schreibt Roger
Willemsen eine regelmäßige Kolumne
in der Zeitung *Die Woche.*

Roger Willemsen

Am Ende aller Fragen

Vor kurzem hatte ich Glück. *Die Woche* lud mich ein, eine gute alte Feindin in London zu interviewen. »Wieviel Zeit gibt sie mir?« »Eine Dreiviertelstunde Gespräch, plus eine Viertelstunde Fototermin.« Nicht schlecht, und nicht untypisch: das Analytische und das Kosmetische im Verhältnis von 3 zu 1. Ich erhielt ein paar hundert Seiten Archivmaterial, gut zweitausend Seiten Autobiographie und die Videokassette mit einem jüngeren BBC-Interview.

Ich habe Sting mal gefragt: »Ihr Vater war doch Bergarbeiter in Newcastle, die Zechen wurden dort allen Streiks und allen Scargills zum Trotz geschlossen. Sind Sie ein Thatcher-Opfer?« »Jeder in England ist ein Thatcher-Opfer!« lautete seine Antwort.

Genau! Das war die Stimmung der Leute im Eastend Londons, wo ich früher lebte. Das war der Sermon von Joe, dem Newsagent, von Pete, dem Milchmann, und Chester, dem Postboten. Das war unsere Meinung, nachdem Thatcher Reagan die Militärbasen zur Bombardierung von Tripolis und Bengasi zur Verfügung gestellt hatte. Das dachten wir im Falklandkrieg, als Neneh Cherry dankenswerterweise sang »Give Sheep a Chance«. Das sagten die Leute, die unter dem Niedergang des englischen Sozialstaates und seinem Untergang als Industrienation stöhnten und Thatcher täglich leibhaftig erlitten.

Aber eines Tages, so malten sich die märchenhaft zum Fernsehen oder Zeitunglesen Verurteilten aus, eines Tages würde ein Interviewer kommen und sie alle rächen, indem er mit den richtigen Fragen anreiste und nicht locker ließe, bis etwas entblößt und entlarvt wäre und das Eastend und Stings Vater und Scargill und Joe, der Newsagent, Pete, der Milchmann, Chester, der Postbote, und all die zivilen und nichtzivilen Opfer, bis sie alle ihre Genugtuung hätten. Deutsche wollen immer entlarven, selbst da, wo es nicht einmal Larven gibt. Das ist ein spezifisch journalistischer Fetisch. Sie wollen dem Popmusiker nachweisen, daß er schlechte Musik macht, und dem schüchternen Schriftsteller, daß er sich nur geschickt vermarktet. Tatsächlich aber gibt es nur eine begrenzte Zahl von Leuten, die sachlich satisfaktionsfähig sind, also Politiker, die den Lebensraum wirklich gestalten, Wirtschaftsvertreter, die die Arbeit und das Geld verteilen, Juristen, die das Recht beugen, Meinungsmacher, die für die Vereitelung oder Fehlleitung des Bewußtseins verantwortlich sind. Alles in allem kompensieren Journalisten wohl das Mißtrauen, das sie selbst verdienen, indem sie es anderen gegenüber wachhalten. Aber Lady Margaret Thatcher, diese geadelte »Eiserne«, die war nun wirklich der Inbegriff eines kritikwürdigen Gegenübers.

Drei Viertel Fragen, ein Viertel Fotos. Mein Beruf besteht wider anderes Meinen nicht daraus, telegen zu sein und zu amüsieren, er besteht daraus, Fragen auszudenken. Fragen sind eine Art Grundnahrungsmittel, wie man schon daran erkennt, daß die Kommunikation stirbt, wo die Frage stirbt. Die einen leiden darunter, daß sich niemand für sie interessiert, die anderen wollen gerne mal präzise und mit langem Atem befragt werden. Sie wollen, daß man sich einfühlt oder daß man sie mittels der richtigen Fragen aus ihrer Klischeehaft befreit.

Auch wenn manche die Allüre pflegen, von all dem Interesse gelangweilt, überfordert oder zu sehr bedrängt zu werden, in Wirklichkeit hungern alle nach Fragen oder nach den richtigen Fragen, denen sie sich auch im Privaten gerne öffnen würden. Entsprechend lieben es die meisten, Antworten zu formulieren und sich selbst dabei Gestalt zu geben. Nur die für sich selbst ganz Prominenten, die von öffentlichem Interesse Übersättigten, die keinen Sinn mehr für das Privileg des öffentlichen Redens haben, sie antworten pappsatt und mit einer Herablassung, als müsse ihre feuchte Aussprache allein reichen, den Durst des Volkes zu löschen. Es bleibt also nichts anderes übrig, als den Anspruch des allgemeinen Interesses irgendwie mit der Hoheit der überlebensgroßen Persönlichkeit zu vereinbaren. Zwei rechts, zwei links, zwei fürs Volk, zwei fürs Ego des Interviewten, dazwischen auch etwas, um der Eitelkeit des Interviewers zu genügen, etwas Kühnes, gut Recherchiertes, Überraschendes. Dann muß man sehen, wo die Person endet und das Phänomen beginnt, wo der Zugang zum Gedanken interessanter ist oder wo der zur konkreten Erfahrung am weitesten trägt. Man muß sich entscheiden, wo Kritik vernichtender sein kann, wo Ironie. Man muß die Situation des Interviews durch die des Verhörs, der Konversation, der Erzählung, sogar des Flirts brechen, muß die Berührung der neuralgischen Punkte gut einbetten, die Winkelzüge vorwegnehmen und den Geschichten selber möglichst Wucht und Drama verleihen.

Vor allem aber muß man lange genug, konzentriert und ohne alles Material, an der Stelle des Interviewten gestanden und herausgefunden haben, wie sich sein Leben in einer bestimmten Situation angefühlt haben könnte. Es hilft nicht, den HIV-Infizierten zu fragen: »Wie hat denn Ihre Familie reagiert?« Es hilft nicht, und zwar nicht nur, weil man diese Frage gleichermaßen Verkehrsopfern, zurückgetretenen Ministern und Lottogewinnern stellen kann, sondern vor allem, weil diese Frage die Geschichte des einen Opfers in der Geschichte aller Opfer auflöst. Aufgabe des Fragers ist es aber, sich so lange und so spezifisch mit der Geschichte dieses einen Opfers auseinanderzusetzen, bis seine Geschichte unverwechselbar zu seiner wird. Darin besteht das Minimum an Teilnahme, auf die der Befragte Anspruch hat. Ebendiese Teilnahme aber kann keinen wahreren Beweis ihrer Aufrichtigkeit geben als dadurch, daß sie den Fall des Opfers in der eigenen Intuition nachbildet.

Schließlich entspringen gute Fragen nicht einfach einem Zustand der neugierigen Ignoranz. Nicht selten haben sie ihren Ursprung in eigenen Theorien, Einfällen oder gedanklichen Ansätzen. Nicht selten werden Gespräche interessant, indem man den einen Standpunkt mit einem anderen regelrecht bestrahlt. Als Madonna im Gespräch für sich in Anspruch nahm, die Sexualität befreit zu haben, vertrat ich den Standpunkt, unbefreit und schamhaft sei Sexualität erregender. Als sie sich auf »Tabus« herausredete, argumentierte ich, es handele sich nicht um Tabus, denn schließlich werde über nichts so ausufernd und massenwirksam geredet wie über Sex.

Diese Theorien sind nicht von mir, ich dachte an Michel Foucaults Ausdruck vom Menschen als »Geständnistier«, an Batailles »Erotisme«. Aber natürlich behaupte ich nicht, man könne ohne die vulgarisierte Rekapitulation solcher Theorien kein Madonna-Interview führen. Doch der Frager fragt eben nicht bloß, er muß antworten können, um aus Antworten Fragen zu gewinnen. Es hilft auch, wenn man weiß, wo das Gegengift zu jenen Überlegungen zu finden ist, die einem manche Interviewpartner bisweilen als letzte Offenbarungen anpreisen. Es hilft meist auch diesem selbst, denn im Zweifelsfall wird er am Widerstand wachsen. Anders als Madonna, die schließlich lieber nach ihrer Lieblingsfarbe gefragt werden wollte und eine Managerin besaß, die von außen reinrief: »Themenwechsel bitte!«

Der Fall Margaret Thatcher liegt anders. Ihre Autobiographie umfaßte nicht zwei Bände zu über tausend Seiten, wäre sie nicht zu einem guten Teil politischer Schelminnenroman, eine psychologische Abhandlung über das Schicksal einer ambitionierten Krämerstochter, die sich nicht allein durch ihre Machtausübung, sondern durch die Wechselfälle ihres Lebens der Leserschaft empfehlen möchte.

Entsprechend weiß der Interviewer, er wird auch im Gespräch auf ein Gegenüber treffen, das Politik gerne durch Unpolitisches darstellt. Der Politiker aber sollte an dem gemessen werden, was er verändert, nicht an dem, was er verdaut hat. Die Tendenz läuft solchem Anspruch zuwider: Politiker werden bekanntlich nach dem Grad ihrer Unterhaltsamkeit beurteilt, Interviewer danach, wie souverän sie mit ihnen umgehen.

Im Fernsehen liegt in dieser Mesalliance des Journalistischen mit dem Entertainment mehr Gefahr als in den vermeintlichen Absprachen, durch die Politiker angeblich vorab den Verlauf des

Interviews zu steuern versuchen. Die krassesten Interviewauflagen haben mir zumindest nicht Politiker, sondern Showleute angetragen und unter diesen regelmäßig die kleineren Größen.

David Hasselhoff etwa erschien auf dem Set mit zwei Überzeugungen, die er wie ein Mantra wiederholte:»I am Mister Nice Guy« und »I am here to promote my record!« Unter Androhung, er werde andernfalls nicht zum Interview antreten, ließ er mich alle Fragen vorab verlesen. »Ist es wahr, daß Sie Ihre Tochter ›Frankfurt‹ taufen wollten?«»That's a bullshit question!«»Ist es wahr, daß Sie Damenunterwäsche designt haben?«»That's another bullshit question! If you're gonna ask me that, I walk out ahere!« Sieben Minuten nach Beginn des tatsächlichen Interviews stellte ich ihm eine »Bullshit«-Frage nach der anderen. Irgendwann hörte er auf,»Mister Nice Guy« zu sein, simulierte, der Ohrknopf sei defekt, stand auf und ging. In der Tür nannte er mich, leider *off camera*,»asshole«, das einzige authentische Wort, das ich von ihm gehört hatte. Heutzutage verlangen David Hasselhoff oder Gloria von Thurn und Taxis nach Gesprächsbedingungen, die kein Arafat anzumelden wagte.

Ich war schon frühmorgens in der Stadt, setzte mich also in ein unterirdisches Café an der Regent Street und dachte mir weitere Fragen aus. Wie wäre es mit:»Hielten Sie Hillary Clinton für einen besseren amerikanischen Präsidenten, als es ihr Mann ist?« Nur so zum Spaß. Als ich die Frage dann wirklich stellte, wird Lady Thatcher regelrecht schnippisch:»Das glaube ich kaum«, näselt sie – ein bißchen stutenbissig vielleicht?

Ich blicke ratlos durch den Raum des Cafés. Hat Thatcher hier eine Spur hinterlassen? Kann man an Räumen überhaupt die Gestaltung der Welt durch Politik ablesen? Wo wäre die jahrzehntealte Macht der Tories hier faßbar? In den Arbeitsverträgen der Bedienungen? In der Konzessionsurkunde des Lokals? Im Denken des Arbeitgebers?

Auf dem Weg zur *Thatcher Foundation* frage ich wie immer den Taxifahrer.»Die Tories sind Scheiße«, sagt er,»kein Konzept, keine Kraft. Da war die Thatcher noch von anderem Schrot und Korn. Damals habe ich sie nicht gewählt, das gebe ich zu, aber heute hätten wir sie dringend nötig.« Was macht man daraus? Wenn man den Konservatismus stärken will, muß man John Major schwächen. Schwächt man Major, schwächt man die Sache der Tories. Also ist Thatchers Kampf in sich paradox. Vielleicht so:»Wieviel Spielraum bleibt Ihnen beim Versuch, den eigenen Standpunkt zu verdeutlichen, ohne den von Major zu schwächen?« Oder so:»Der Thatcherismus, sagen Sie, ist älter als Sie. Wo lebt er heute denn überhaupt noch?«

Das Stadtpalais der *Thatcher Foundation* liegt im vornehmen Belgravia zwischen dem Astrologischen Institut und dem bulligen Betonkomplex der Deutschen Botschaft. Das Vestibül öffnet sich mit einem Ausblick auf einen eigenen Devotionalienhandel der Frau, die es immer als Kompliment ansah,»die eiserne Lady« genannt zu werden: Fotos von brennenden Ölquellen im Golf, Thatcher und Reagan vertraulich auf einem Imperatorenhügel, Schrappnellstücke aus dem Golfkrieg zu einer Landkarte gepreßt, dazwischen die gerahmten Fotos der Enkel süüüß und das Ölbild ihrer Großmutter als junge Krämerin.

»Lady Thatcher ist nervös, weil Sie gekommen sind«, läßt mich die Assistentin wissen,»übergehen Sie einfach, wenn sie Konzentrationsschwächen haben sollte oder etwas mehrfach sagt.« Thatcher nervös meinetwegen? So verblendet kann kein Journalist sein. Trotzdem ist es der Assistentin wie durch einen Handstreich gelungen, die Spannung zu verlagern und eine merkwürdige Form der Einfühlung, wenn nicht des Mitleids mit dem Gegenüber zu fördern.

Man führt mich in den oberen Stock, bis an die Schwelle ihres Thronsaals. Eine Assistentin sitzt mit Schreibblock schon am Tisch, die Teetassen warten. Das erste, das ich von Margaret Thatcher sehe, ist ihre schmale Rückenansicht in einem blauen Kleid, die Frisur eisgrau am Nacken herabwogend. Aber irgendwie hat sich die Lady im Versuch, das Fenster zu schließen, in der Gardine verfangen und wirkt aus der Ferne, murrend und zerrend, eher wie Dame Edna oder eine andere schrullige Karikatur.

Als sie sich aber dann umdreht, muß ich an mich halten, damit sie mir den Schrecken nicht ansieht, so schmal ist ihr Gesicht, das, offenbar gezeichnet von einer Krankheit, alle Charakteristika desto mehr nach außen zu kehren scheint: den messerscharfen Blick, das Vogelprofil, die Härte der Mundpartie ... Müßig, all das subjektiv und parteiisch zu beschreiben, Fragen müssen es schaffen, alles Physiognomische ins Sprachliche zu übersetzen. Zu jedem Charakterzug eine Frage, und im Resultat der Nachweis, daß sie verantwortlich ist für ihr Gesicht. Selbst diese künstliche Süße, die sie bei der Begrüßung zur Schau trägt, kenne ich schon, und dann höre ich mich fassungslos, noch bevor wir uns hinsetzen, mit ihr über die Art-Deco-Hochbauten von Chicago reden, über ihre Eleganz und *Craftmanship*, ganz als säßen wir bei »Merian«.

Gerade habe ich das Band noch einmal abgehört. Bei der ersten Frage verheddere ich mich, muß offenbar sogar aufs Blatt sehen, ja, welchen persönlichen Vorteil haben Sie bei der Niederschrift Ihrer Erinnerungen aus der Konfrontation mit der eigenen Vergangenheit gezogen? Es kommt die Antwort einer Universalistin, aber sie kommt schwer, voller Abirrungen und Neuansätze. Inwiefern beeinflußte Hitler Ihr politisches Denken? Haben sich Ihre politischen Ansichten jenseits Ihres vierzehnten Lebensjahrs noch verändert? Spielen Sie immer noch so gerne Monopoly?

In der kommenden Dreiviertelstunde wird sie Brisantes und Stereotypes sagen, sie wird sich aus dem Bezirk des Verständlichen herausbewegen und zurückkehren mit grausamen Überzeugungen. Sie wird Michael Schumacher erwähnen und Schleiermacher meinen, wird für eine selbständige DDR eintreten und die Bauern Afrikas die schlimmsten Umweltsünder nennen, und wenn ich sie nach dem probaten Mittel gegen die Arbeitslosigkeit in Burkina Faso fragte, würde sie auch eine Antwort wissen.

Aber genau das ist eben auch schon alles: Ich frage, sie antwortet, oder besser, ich mache das Geräusch des Fragens, sie leitartikelt, und von all dem bleibt nicht mehr übrig als eine Person, die man verliert, weil sie sich aus welchen multiplen Gründen auch immer, partiell außerhalb der kausalen Welt befindet, und all das ist doch nur ein Epilog, ein Nachruf auf eine Frau, die nicht mehr ist, auf eine Politik, die nicht mehr gemacht wird, auf eine Entrüstung, die ich im Angesicht dieser Frau nur noch in kalter Form mobilisieren kann. Schließlich ist aus demselben Grund dieses Interview überflüssig, es wird nichts bewegen, nichts korrigieren und nichts befriedigen. Es wird auch nichts berichten, außer etwas Posthumes, das noch dazu historisch irrelevant ist.

»Die Zeit ist vorbei, Lady Thatcher«, unterbricht die Assistentin, »der Fotograf wartet.« »Lassen Sie«, faucht die Lady, »er soll weiter fragen.« Und ich frage irgendwas, und sie antwortet irgendwas. Noch zweimal wird die Assistentin unterbrechen, aber Lady Thatcher wird, wie an einer Infusion des Interesses hängend, jedesmal erwidern: »Noch eine Frage, bitte.« Und ich werde gehorchen.

Zum Foto soll ich hinter ihrem Stuhl stehen, aber sie springt auf: »Das ist zu viktorianisch.« Statt dessen angelt sie einen großen alten Globus in einem fahrbaren Holzgestell heran und will, daß wir uns hinüberbeugen. »Warten Sie«, herrscht sie den Fotografen an, »erst drehen wir den Westen nach vorn!« Und es blitzt.

Die Kälte bleibt, die Aura von Grausamkeit, als sei die Bereitschaft wach, Gewalt auszuüben. Am schwierigsten sind jene Gäste, zu denen man sich die Fragen erst mühsam ausdenken muß. Am leichtesten sind die vom eigenen Auftrag und Glanz durchdrungenen, großzügigen Sprecher. Und dann war da noch Margaret Thatcher, die alle Fragen provozierte und auch alle beantwortete, aber leider in einer Art Paralleluniversum, wo selbst die Fragen etwas anderes bedeuten und die Antworten ebenso und erst recht die Opfer.

© SAT.1

Jörg Wontorra wurde 1948 in Lübeck
geboren. Nach dem Jurastudium in
Kiel absolvierte er 1972 ein Volontariat
beim Norddeutschen Rundfunk und
blieb dem Sender bis 1982 als freier
Mitarbeiter verbunden. Dann wechselte
er als Sportchef zu Radio Bremen, ab
1985 stand er in der ARD-»Sportschau«
vor der Kamera. 1992 ging er zu SAT.1,
wo er die Sportsendung »ran« und
»Bitte melde dich« moderiert. Bereits
seit 1974 ist Jörg Wontorra bei allen
Olympischen Spielen und Fußballwelt-
meisterschaften als Moderator, Kommentator oder Buchautor tätig. Als
Herausgeber veröffentlichte er 1996
den Band »Wölfe, Schnee und Samba-
lieder. Kinder erzählen Weihnachts-
geschichten aus aller Welt«.

Jörg Wontorra

Jörg Wontorra

Bitte melde dich – der Drahtseilakt
mit der Betroffenheit

Damals, Anfang der Neunziger, traten Deutschlands Fernsehma-
cher gleich in Scharen an, um nur ja nicht den neuen Trend zu
verpassen: Reality-TV. Was sich da alles auf den Bildschirmen
tummelte!»Verzeih mir«, »Retter«, »Akut« oder auch »Spurlos«
und »Ich bekenne«. Es wurde hemmungslos geweint, maßlos
dramatisiert und gnadenlos geoutet; für die Quote war so ziemlich jedes Mittel recht.
Inzwischen sind diese Sendungen ausnahmslos wieder vom Bildschirm verschwunden, nur »Bitte melde dich« ist geblieben – obwohl die Kritik den Montagsrenner von SAT.1 zunächst in einen
Topf mit dem marktschreierischen Rest warf.
»Ein neuer Höhepunkt auf der nach unten offenen Peinlichkeits-
skala«, schrieb der Kollege von einem Hamburger Abendblätt-
chen sogar und traf mitten ins Herz der Redaktion. So ein Satz
tut weh, er wurde aber ganz schnell durch die große Resonanz
und den ungeheuren Zuspruch des Publikums wieder entwertet.
Fünf Millionen Zuschauer wollten und wollen »Bitte melde dich«
im Schnitt sehen, und viele von ihnen bescheinigen uns in ihren
Briefen ein hohes Maß an Sensibilität im Umgang mit den Schicksalen, die durch die Sendung ans Licht der Öffentlichkeit getragen werden.
Es ist schon eine verdammte Gratwanderung – ein Drahtseilakt
mit der Betroffenheit, der jeden Montag abend neu gemeistert
werden muß. Die Frage aller Fragen: Wie kann ich Menschen in
einer schwierigen Familiensituation helfen, ohne daß intime
Details ausgeplaudert werden, ohne daß Seelen-Striptease zum

Programm wird, aber die Geschichte der Vermißten trotzdem für den Zuschauer interessant bleibt? Ist da der Voyeurismus nicht unvermeidbar?

Die Redaktion war sich dessen von Beginn an bewußt und entwickelte auf dieser Grundlage das Konzept für »Bitte melde dich«. Oberste Maxime: Mit Behutsamkeit und äußerstem Feingefühl an die Fälle herangehen. »Wir wollen Menschen helfen, aber wir müssen auch Menschen schützen«, sagt Martina Goernemann, die Redaktionsleiterin, immer wieder. »Und dabei müssen wir in Kauf nehmen, daß spannende Fakten auch mal nur verschlüsselt auf den Bildschirm kommen.« Wenn also beispielsweise ein junges Mädchen von zu Hause ausbricht, weil sie von ihren Eltern geschlagen worden ist, würden wir diese Information nicht unbedingt einem Millionenpublikum weitergeben, sondern nur von internen Familienschwierigkeiten oder Streit reden. Denn auch ein Vater, der Erziehungsfehler macht, hat ein Recht auf Schutz vor der Öffentlichkeit. Der Mann wäre sonst bei Kollegen oder Nachbarn als Brutalo geoutet und damit auch geächtet. Dies aber will »Bitte melde dich« unter allen Umständen verhindern.

Statt dessen nimmt unsere Psychologin Angela Schorr Kontakt mit den Familien auf, die in der Sendung Angehörige suchen, versucht, Einfluß zu nehmen und vorsorglich Ratschläge zu geben für den Fall, daß der Vermißte zurückkehrt. So manches Elternpaar hat da schon eine neue Beziehung zu seinem Kind entwickelt, ohne daß neugierige öffentliche Blicke dabei gestört hätten. Grenzen müssen also eingehalten werden, und diese Grenzen zu ziehen, ist eine der wichtigsten Aufgaben der Redaktion. Der Fernsehzuschauer darf zwar den Blick durchs Schlüsselloch anderer Menschen tun, aber irgendwann wird dieses Schlüsselloch auch mal zugehängt.

Die behutsame Behandlung der Hilfesuchenden setzt sich im Studio fort. Als Infotainment-Programm konzipiert sollte »Bitte melde dich« ursprünglich vor Publikum »gefahren« werden – mit Zuschauern, die während der Live-Sendung reagieren, die klatschen, die betroffen sind, die Leben ins Studio bringen. Denn gerade das, so argumentieren viele Fernsehprofis, macht eine

Live-Sendung aus. Wir haben lange über diesen Plan diskutiert – und ihn dann verworfen, wieder zum Schutz der Betroffenen. Denn wir wollten das Leid von Menschen nicht beglotzen lassen, wir wollten Angehörige, die ihre nächsten Verwandten suchen, nicht den bohrenden Blicken von Neugierigen aussetzen – nicht auf fünf Meter Entfernung, nicht zum Greifen nahe. Eine Frage der Diskretion.

Aber bei Millionen Fernsehzuschauern in der guten Stube sind diese suchenden Menschen doch erst recht im Fadenkreuz, werden Kritiker sofort einwenden. Zugegeben – nur: Die Mattscheibe dient auch als Trennwand, da ist der unmittelbare Kontakt zwischen Zuschauern und Betroffenen nicht möglich, und der Moderator hat es zudem in der Hand, peinliche Situationen zu neutralisieren und aufzulösen. Auf die Befindlichkeiten von Vermißten und Suchenden Rücksicht nehmen – das macht einen großen Teil von »Bitte melde dich« aus. Und mit dieser Philosophie im Hinterkopf geht die Redaktion an unsere Sendung heran.

Die Redaktion, das sind in erster Linie Frauen. Sie haben zwar auch den Erfolg des Produktes vor Augen, aber nicht um jeden Preis. Frauen, das hat die Erfahrung gezeigt, können oft einfühlsamer auf die Probleme zunächst fremder Menschen reagieren, Frauen schaffen schneller eine Vertrauensbasis und bauen Hemmschwellen ab. Womit nicht gesagt sein soll, daß unsere Redaktionsmänner nicht auch großartige Arbeit leisten. Am Dienstag – also sechs Tage vor der Sendung – trifft sich das komplette Team zur Konferenz. Die geplanten Fälle werden diskutiert, Unwägbarkeiten werden besprochen und die Umsetzung innerhalb der Sendung. »Piroschka, eine 15jährige, ist verschwunden«, berichtet Martina Goernemann, »wahrscheinlich abgetaucht in die Drogenszene. Wir müssen diesen Fall schnell auf den Sender bringen, dann ist die Chance größer, das Mädchen noch rechtzeitig aus ihrem verhängnisvollen Umfeld rauszuholen.«

Wie aber soll diese Vermißtengeschichte umgesetzt werden? Ein Film über Piroschka und das Milieu würde das Fernsehpublikum mit Sicherheit faszinieren. Der Ruch von Sex and Crime, dazu der mutmaßliche Abstieg von Menschen, das Ganze effektvoll ins Bild gesetzt, so etwas funktioniert immer – das Beispiel der »Christiane F.« hat es einstmals eindrucksvoll bewiesen. Wir entscheiden uns trotzdem dagegen, denn wir wollen nicht vorführen, sondern versuchen zu helfen. Also wird die Mutter von Piroschka ins Studio eingeladen, sie soll das Schicksal ihrer Tochter erzählen – ohne spektakuläre Bilder, dafür um so authentischer. Das Verschwinden der 15jährigen wird unser Live-Notruf.

Insgesamt finden pro Sendung sechs bis sieben Suchen ihren Platz: zumeist drei Filmbeiträge, zwei Live-Interviews mit Angehörigen und ein oder zwei Briefe, die wir vorlesen und mit Fotos der Vermißten anreichern. Die Redaktionskonferenz achtet neben der Dringlichkeit der Fälle auch auf eine ordentliche Mischung – auf eine unterschiedliche Altersstruktur der verschwundenen Personen, auf die Zeit des Abtauchens oder die Motive. Sechs Ehemänner, die Frau und Kinder verlassen haben, würden »Bitte melde dich« einseitig werden lassen, genau wie sechs Teenager, die wegen Schulstreß verschwunden sind. Sie alle werden natürlich im Verlaufe einer Staffel gesucht, aber verteilt auf verschiedene Sendungen. Damit tragen wir dann auch den Bedürfnissen unseres Fernsehpublikums Rechnung, ansonsten aber sollen und müssen die Nöte der Menschen, die sich an uns wenden, absolute Priorität haben.

Nach der großen Konferenz geht das Team auseinander. Jeder hat seine festgelegten Aufgaben, jeder weiß genau, was er zu tun hat. Filme drehen, schneiden, abnehmen – Recherchegespräche führen, Drehbuch schreiben, Feinabstimmung mit dem Moderator vornehmen. Am Mittwoch und Donnerstag wird die Sendung »gebaut«. Wo plazieren wir die Live-Gespräche, zu welchem Vermißtenfall paßt das Interview mit unserer Psychologin Angela Schorr, wie setzen wir die Werbepause? Freitag ist Kommunikationstag. Da die Redaktion in München sitzt, ich aber in Bremen lebe, geht das nur per Fax und Telefon. Das Drehbuch kommt rüber, ich lese mich in die Geschichten ein, kann sehen, was sich seit der Dienstagskonferenz verändert hat und ob Fälle »weggebrochen« sind. Das ist gar nicht so selten – wir haben eine

Geschichte fest eingeplant, doch kurz vor der Sendung kriegen wir die Botschaft: Der Vermißte hat sich gemeldet. Fatal für uns, denn häufig ist der Film bereits fertiggestellt und hat damit einen Gutteil unseres Etats verschlungen. Dennoch müssen wir auf die Geschichte verzichten, wir wollen schließlich glaubwürdig bleiben. Und so spannend ein Fall auch sein mag: Wenn der Gesuchte auch nur fünf Minuten vor der Sendung wieder auftaucht, ist er kein Fall mehr für »Bitte melde dich«.

Montag, D-day. Am frühen Morgen reise ich in München an und mache mich an die Feinabstimmung des Drehbuches. Formulierungen werden noch modifiziert und die neuen Entwicklungen in unseren Vermißtenfällen eingearbeitet. Anschließend lese ich noch einmal die Briefings durch, die die Redaktion zu jedem einzelnen Fall zusammengestellt hat: Lebenslauf der Verschwundenen, vermutete Motive für das Verschwinden und Familien-Interna. Wenn ich in die Sendung gehe, will ich sämtliche Hintergrundinformationen parat haben, muß sie – falls notwendig – abrufen können, wenn Interviewpartner, die meistens zum ersten Mal im Fernsehen auftreten, vor lauter Aufregung die wichtigsten Fakten über ihre vermißten Angehörigen vergessen.

Um 14.00 Uhr wechselt das »Bitte-melde-dich«-Team den Arbeitsplatz – von der Redaktion ins Studio mitten in München-Schwabing. Dort beginnen die technischen Vorbereitungen für die Live-Sendung und dort findet am Nachmittag die erste Stellprobe statt. Der Regisseur legt die einzelnen Positionen für Moderationen und Gespräche fest, und das Licht wird gesetzt. Routine inzwischen, aber doch immer wieder neu. Dann sehe ich zum ersten Mal die Filme, die am Abend laufen werden; ich bekomme ein Bild von der Sendung. Kleinigkeiten im Text werden noch geändert, aber das Gerüst steht. Und ich habe den allmontäglichen Beweis: Auf diese Redaktion kann ich mich fest verlassen.

18.30 Uhr: Generalprobe. Jetzt werden auch die Live-Gespräche schon simuliert. Wir verzichten dabei aber noch auf die Originalpersonen, denn die Angehörigen, die ihre Verwandten suchen, könnten sich sonst zum Showobjekt degradiert fühlen. Mit

Menschen, auf deren Schultern großes Leid lastet, probt man nicht. Statt dessen stehen Studenten parat, die sich die Geschichten angelesen haben und meine Fragen drehbuchgemäß beantworten. In der Sendung kommt dann meistens ohnehin alles ganz anders.

Eine Stunde vor der Sendung der erste Kontakt mit meinen Gesprächspartnern, aber auch mit den Familienmitgliedern, deren Angehörige durch einen Filmbericht gesucht werden, und die folglich keinen Live-Auftritt haben. Sie sind ebenfalls nach München gebeten worden – für den Fall, daß sich die von ihnen gesuchte Person noch am selben Abend meldet. Jetzt lerne ich auch Piroschkas Mutter kennen: intelligent, von faszinierender Persönlichkeit und als Musikerin sehr beschäftigt. Für ihre Tochter wollte sie immer nur das Beste, doch den Einstieg in die Drogenszene hatte sie auch nicht verhindern können. Ich weise sie darauf hin, daß ich die Sucht von Piroschka nicht als Fakt vor einem Millionenpublikum ausbreiten möchte, denn auch ein 15jähriges Mädchen hat das Recht auf Schutz ihrer Persönlichkeit. Doch die Mutter sagt:»Die Dringlichkeit der Suche wird erst richtig klar, wenn die Zuschauer wissen, in welcher Situation Piroschka ist. Ich kann mir vorstellen, daß dann auch mehr Hinweise kommen.«

Wir einigen uns darauf, daß die Mutter die Details erzählen wird, die ihr wichtig sind. Ich will dabei versuchen, sie dahin zu führen, ohne die Seele des Mädchens zu verletzen. Als Moderator darf ich auch nicht einfach behaupten, daß Piroschka drogenabhängig ist, denn ich habe mich von ihrer Abhängigkeit ja nie selbst überzeugt.

21.00 Uhr: Der Vorspann läuft. Gespannte Erwartung im Studio, dann die ersten Worte:»Montagabend kurz nach 9, Bitte-melde-dich-Zeit«. Das Opening geht glatt über die Bühne, ich fühle mich wohl in der Sendung. Jetzt brauche ich mich nicht mehr um mich zu kümmern, jetzt kann ich mich nur noch darauf konzentrieren, den kameraunerfahrenen Gästen Sicherheit zu geben. Der erste Filmbeitrag liegt hinter uns, dann ist Piroschkas Mutter dran. Sie wirkt nervös. Völlig verständlich in einer Live-Situation – vor allem aber auch in einer Situation, die die schwerste ihres bisherigen Lebens ist. Sie muß sich öffnen, sie muß Dinge preisgeben, die vielleicht ein schlechtes Licht auf sie und ihre Familie werfen. Die Drogensucht der Tochter vor Millionen von Zuschauern auszubreiten – dazu gehört Mut und der feste Glaube daran, daß »Bitte melde dich« helfen kann.

Ich versuche, so behutsam wie möglich zu fragen: »Hat Ihre Tochter Probleme gehabt vor Ihrem Verschwinden?« Jetzt kann die Mutter selbst entscheiden, ob sie alles aufblättert. Sie könnte sagen: »Piroschka war eben in der Pubertät, und da hat es auch mal den einen oder anderen Zwist in der Familie gegeben. Aber wir wollen gemeinsam einen Neuanfang machen, wenn sie zurückkommt.« Es wäre ein Signal für die Verschwundene, und die Intimsphäre bliebe gewahrt.

Doch Piroschkas Mutter entscheidet sich für die schonungslose Wahrheit: »Meine Tochter ist drogensüchtig, sie braucht dringend ärztliche Hilfe, sie muß sich einem Entzug unterziehen, sonst geht sie kaputt. Und darum bitte ich jeden, der auch nur irgendeinen Hinweis hat, meiner Tochter zu helfen.« Harte Worte, die stockend, aber bestimmt über ihre Lippen kommen. Und dann der Appell an die 15jährige: »Piroschka, verschenke nicht dein Leben, melde dich, wir kommen zusammen da raus.«

Das Gespräch hat mich nicht unberührt gelassen. Ich bewundere den Mut der Mutter, und ich hoffe, daß wir ein Lebenszeichen bekommen. In solchen Situationen muß ich mich zusammenreißen, um die Sendung sauber zu Ende zu bringen. Das Schicksal von Piroschka geistert in meinem Kopf herum, doch ich versuche, so tough wie möglich zu moderieren. Denn damit helfe ich auch den Angehörigen im Studio ein wenig in ihrem Leid. Die Öffentlichkeit, das habe ich mir von Beginn an vorgenommen, soll zwar teilnehmen an den Schicksalen, aber Tränen dürfen nie als Zutat für eine Schau benutzt werden. Mit einer sehr direkten Art der Moderation hoffe ich zu vermeiden, daß zu tief in die Gefühle der betroffenen Gäste eingegriffen wird.

Nach der Sendung noch ein langes Gespräch mit Piroschkas Mutter, dann falle ich ins Bett – mitgenommen von den Fällen in der Sendung, besonders aber von den Gedanken an Piroschka. Hat sie die Sendung gesehen, will sie überhaupt nach Hause, oder ist sie schon so tief in der Szene, daß sie keine Chance mehr hat? Vielleicht kann wenigstens ein Zuschauer einen Hinweis auf den Aufenthaltsort geben.

Eine Woche später ruft mich meine Redaktionsleiterin an: »Piroschka ist nach Hause gekommen. Sie hat die Sendung gesehen und sich sogar gewünscht, daß ihre Mutter sie sucht.« Riesenfreude bei mir, aber auch die Nachfrage: »Wieso hat sie sich denn nicht früher gemeldet?« »Weil sie nicht sicher war, ob ihre Mutter nicht total sauer ist. Erst der Auftritt bei ›Bitte melde dich‹ hat Piroschka den Beweis geliefert, daß da noch eine Vertrauensperson zu Hause ist«, sagt Martina Goernemann.

So geht es vielen ausgerissenen Jugendlichen: Sie brauchen einen Anstoß, um die Hemmschwelle zu überwinden, und dann werfen sie sich meist mit wehenden Rockschößen in die Arme ihrer Eltern.

Weit über 200 Menschen haben sich in vier Jahren wieder gemeldet. Und wenn es nur ein einziger gewesen wäre, hätte sich die Sendung schon gelohnt.

Piroschka übrigens hat ihren Entzug erfolgreich überstanden, ihre Mutter war ihr eine wichtige Hilfe, und die Redaktion hat weiterhin regelmäßigen Kontakt zu ihr. »Wenn ich mein Abitur mache«, hat sie gesagt, »dann lade ich Euch alle zur Feier ein.« Für solche Gesten arbeiten wir zwar nicht, aber wir freuen uns, wenn sie kommen. Dann ist der Drahtseilakt mal wieder gelungen.

Bücher über Moderation und Moderatoren

Häusermann, J. u. *Käppeli, H.,* Rhetorik für Radio und Fernsehen. Aarau, 2. Aufl. 1994

Henscheid, E., Dummdeutsch. Stuttgart 1993

Kammann, U. (Hrsg.), Die Schirmherren. 12 politische Fernsehmoderatoren. Köln 1989

Lesche, D., Glanzvolle Versager. Wie Manager und Macher das Fernsehen ruinieren. Düsseldorf und München 1996

Mangold, M., Aussprachelehre der europäischen Fremdsprachen. Mannheim 1964

Ordolff, M. u. *Wachtel, S.,* Texten für TV. München 1997

Pruys, K. H.,»Im Vorfeld wird zurückgeschossen.« Wie Politiker und Medien die deutsche Sprache verhunzen. Berlin 1994

Pawlowski, K., (Hrsg.), Sprechen-Hören-Sehen. München u. Basel 1993

Roth, J. u. *Bittermann K.* (Hrsg.), Das große Rhabarbern. Neununddreißig Fallstudien über die Talkshow. Berlin 1996

Steinbrecher, M. u. *Weiske, M.,* Die Talkshow. 20 Jahre zwischen Klatsch und News. Konstanz 1992

Virchow, M., Die 100 vom Fernsehen. Bergisch Gladbach 1973

Wachtel, S., Sprechen und Moderieren in Hörfunk und Fernsehen. Konstanz, 2. Erw. Aufl. 1995

Wachtel, S., Schreiben fürs Hören. Trainingstexte, Regeln und Methoden. Konstanz 1997

Duden, Aussprachewörterbuch, Band 6, 3. völlig neu bearb. Aufl., Mannheim, Leipzig, Wien und Zürich 1990